Troßmann · Der Wüste begegnen

Thomas Troßmann

Der Wüste begegnen

Mit Motorrad, Auto, Kamel und zu Fuß durch die Sahara

Frederking & Thaler

Bildnachweis:

Thimo Bolinski: S. 108
Jutta Kleinschmidt: S. 94/95
Sven Markurt: S. 73, S.86/87, 101
Dr. Werner Nöther: S. 55, 58/59, 61
Martin Pahr: S. 69
Robert Schäfer: S. 77, 85, 92 oben
Sandra Troßmann: S. 10, 181, 186
Antje Vogel: S. 185
Alle übrigen Fotos: Thomas Troßmann

Die Deutsche Bibliothek – CIP-Einheitsaufnahme
Troßmann, Thomas:
Der Wüste begegnen: mit Motorrad, Auto, Kamel und zu Fuß durch die Sahara / Thomas Troßmann. – München: Frederking und Thaler, 1993
ISBN 3-89405-319-4

© 1993 Frederking & Thaler GmbH, München
Alle Rechte vorbehalten
Umschlagfotos: Thomas Troßmann, München
Umschlaggestaltung: Christine Paxmann, München
Produktion: Tillmann Roeder, München
Karten: Isolde Notz-Köhler, München
Fotosatz: Uhl + Massopust, Aalen
Reproduktion: ColorLine, Verona
Papier: Das Papier wurde aus chlorfrei gebleichtem Zellstoff hergestellt und enthält keine optischen Aufheller
Druck und Bindung: Appl, Wemding
ISBN 3-89405-319-4
Printed in Germany

Inhaltsverzeichnis

Vorwort — 11

Der Wüste begegnen: Wandern in der Sahara — 12

Reportage: Der Dünentrip — 14
Ratgeber: Wüstenwanderungen — 18
Hintergrund-Info: Freilichtmuseum Sahara –
   prähistorische Funde in der Wüste — 20

Der Wüste begegnen: Mit dem Kamel durch die Sahara — 24

Reportage: Meharée — 26
Ratgeber: Saharareisen per Kamel — 30
Hintergrund-Info: Das Kamel – geschaffen für ein Wüstenleben — 33
   Mustangs der Sahara — 33
   Weltrekord im Wassersparen — 35

Der Wüste begegnen: Sahara extrem mit dem Geländewagen — 42

Reportage: Im Erg — 44
Ratgeber: Mit dem Geländewagen durchs »Dünenmeer« — 51
   Fahrzeugtechnik — 51
   Beladung — 53
   Ausrüstung — 53
Hintergrund-Info: Mit Motorfahrzeugen in die Sahara –
   abenteuerliche Versuche und erste Durchquerungen
   (von Dr. Werner Nöther) — 54

Der Wüste begegnen: Sahara per Motorrad — 62

Reportage: Wüstenmarathon — 64
   Die Idee — 64
   Unser »Prolog« — 64
   Die Rallye — 68
Ratgeber: Als Privatfahrer mit dem Motorrad
   bei einer Sahara-Rallye — 81
   Image — 81
   Motivation — 81
   Voraussetzungen — 82
   Persönliche Vorbereitung — 83
   Technische Vorbereitung — 83
   Durchführung — 91
Hintergrund-Info: Mythos »Paris-Dakar« –
   die Geschichte der größten Motorrad-Rallye (von Barbara Thiel) — 94

Ratgeber: Saharareisen per Motorrad	104
Gepäck und Beladung	104
Bereifung	109
Schutzbekleidung	110
Fahrtechnik	113

Der Wüste begegnen: Abseits üblicher Reisewege   116

Streckenbeschreibungen für Auto- und Motorradreisen	118
Route 1: Von Illizi über die »Gräberpiste« nach Amguid	
(von U. und W. Eckert)	119
Route 2: Von Amguid nach Hassi bel Guebbour	
(von U. und W. Eckert)	126
Route 3: Von Tamanrasset über Hoggar und Teffedest nach Amguid	
(von U. und W. Eckert)	129
Route 4: Von Amguid über die verbotene Piste nach In Salah	
(von U. und W. Eckert)	138
Route 5: Von Hassi Messaoud nach Deb Deb	
(von U. und W. Eckert und T. Troßmann)	141
Route 6: Von Ain El Hadjadj nach Bordj Omar Driss	
(von T. Troßmann)	145

Der Wüste begegnen: Notsituationen auf Saharareisen   158

Reportage: Feuer	160
Ratgeber: Notfälle verhindern und bewältigen	169
Wer verunglückt in der Wüste?	169
Notfallsituation 1: Zurücklassen eines Verletzten oder Kranken	169
Notfallsituation 2: Ausfall der Fahrzeuge	174
Notfallsituation 3: Verirrt	177
Notfallsituation 4: Wassermangel	179
Notfallsituation 5: Reisepartner verloren	180
Notfallsituation 6: Skorpionstich, Schlangenbiß	181
Notfallsituation 7: Raubüberfall	184

Gesamtregister   187

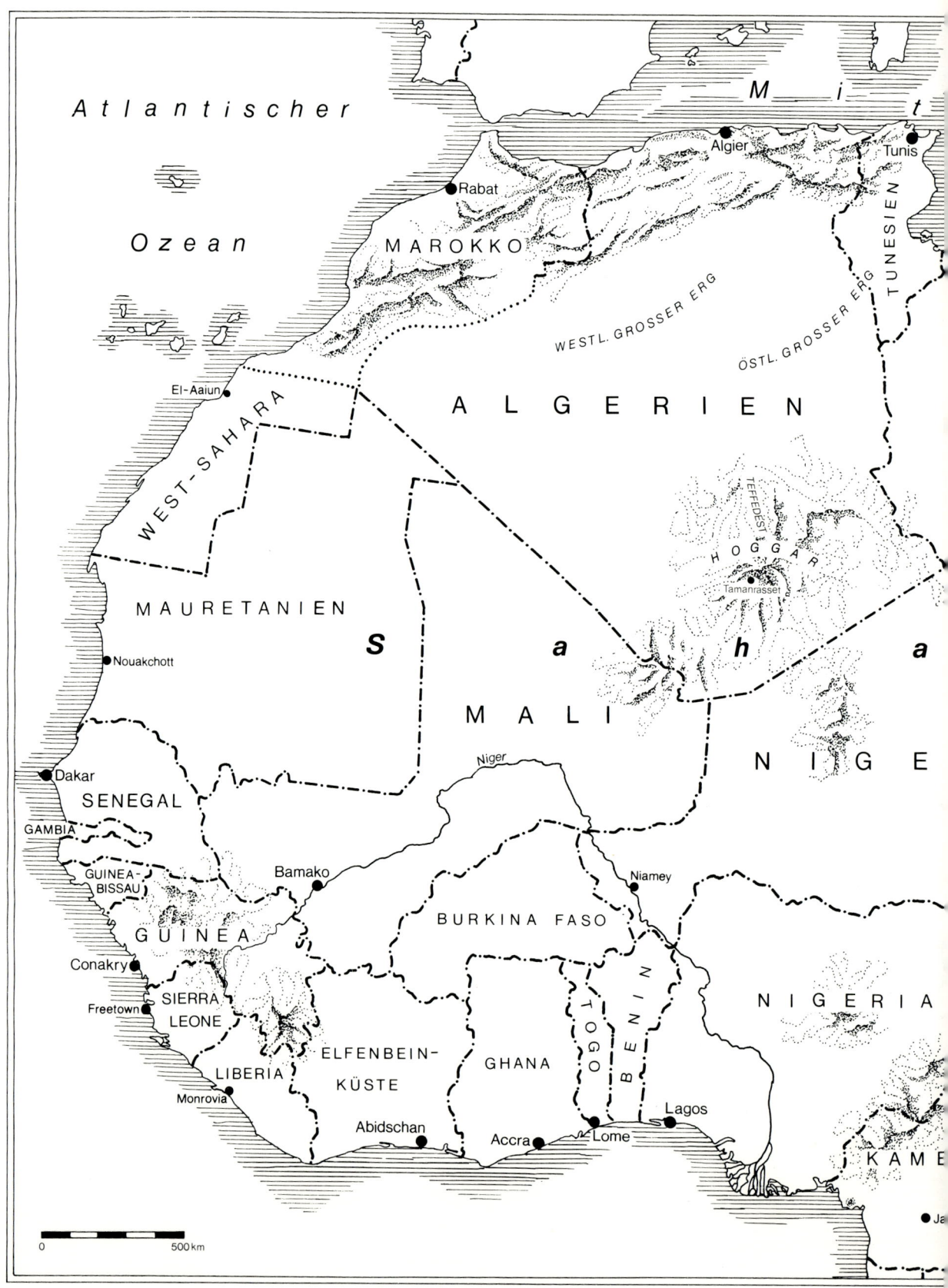

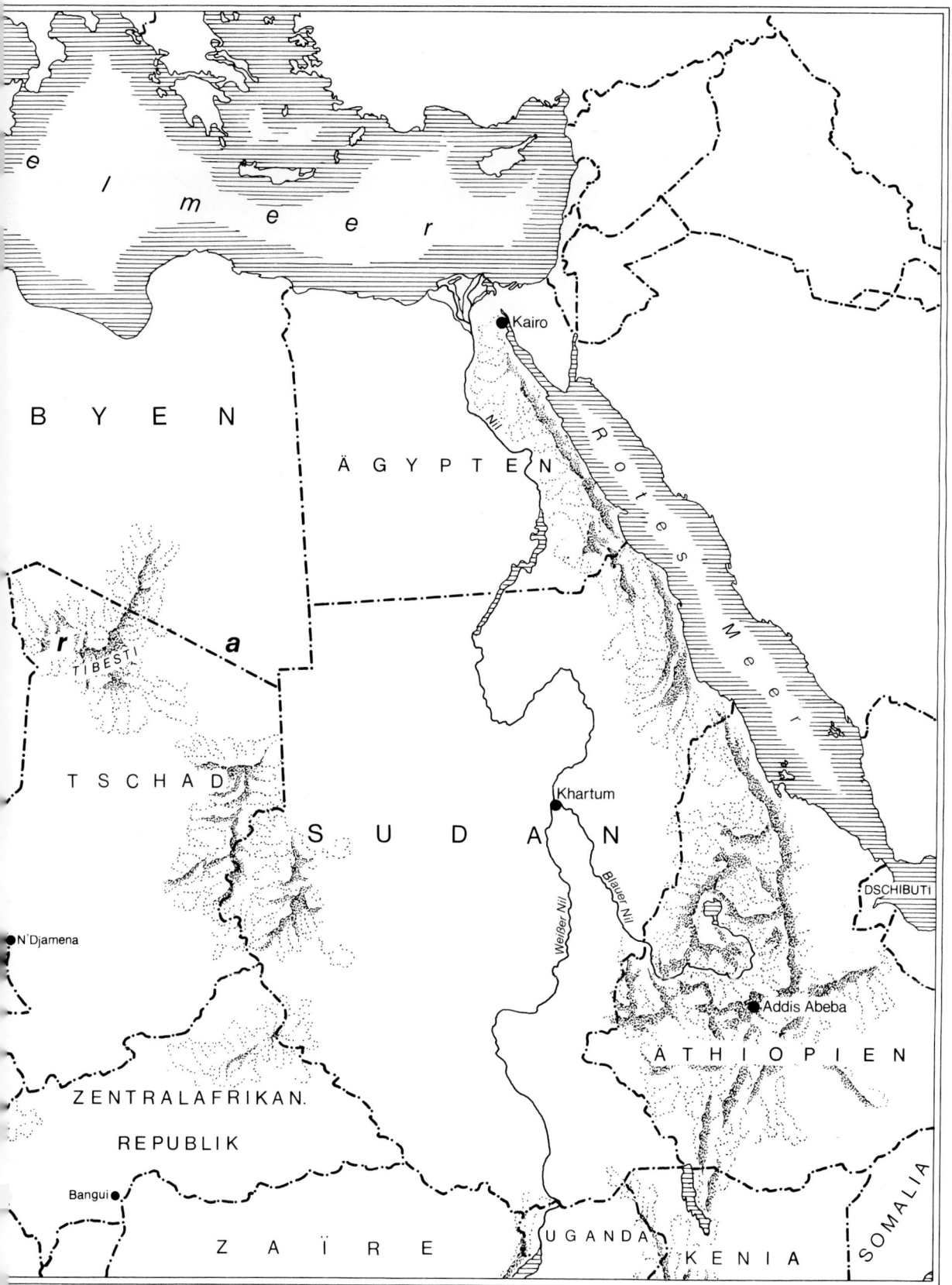

Vorwort

Liebe Leserin, lieber Leser,

Nach mehr als sechs Monaten intensiver Arbeit ist die Realisierung eines Buchprojekts abgeschlossen, das mir seit langem am Herzen liegt. Natürlich ist es ein Buch über das Reisen in der Wüste, aber nicht einfach nur eines mehr auf dem mit Sahara-Reiseführern und -Bildbänden vollgestopften Markt, sondern eines, das eher ungewöhnliche Reisemöglichkeiten beleuchtet. Trotz seiner zum Teil ausgefallenen Thematik ist es ein Buch für *alle* Freunde der Sahara und richtet sich im Gegensatz zu meinen früher erschienenen Bänden[1] nicht in erster Linie an den Motorradfahrer. »Der Wüste begegnen« ist eine Kombination aus Handbuch – in Form von Ratgeber und Reiseführer – und Bilderbuch – in Form von Erzählungen und Fotos.

»Die Wüste fühlen« hätte der Titel des ersten Kapitels auch lauten können: In der Tat sollte man nicht versäumen, auch einmal in der Sahara zu wandern, ihre Größe und Weite ohne die Mobilität eines Fahrzeugs zu erleben. So groß sie ist, so viele Details gibt es zu sehen, Dinge, die nur der Fußgänger entdecken kann.

Die für den Saharabesucher wohl fremdartigste, aber vielleicht intensivste Art, in der Wüste zu reisen, ist die *Meharée*: Das Kapitel »Mit dem Kamel durch die Sahara« berichtet darüber – natürlich nicht über eine der in Touristenzentren organisierten Pseudo-Karawanen, sondern über eine von und mit wirklichen Tuareg-Nomaden durchgeführte Reitexkursion.

Mit dem Auto zu fahren, ist sicherlich die populärste Reiseart in der Sahara, die wohl gerade deswegen so unterschiedliche Gesichter hat. Was Ihnen das Kapitel »Sahara extrem mit dem Geländewagen« schildert, ist nicht unbedingt typisch für eine Wüstenfahrt per »4x4«.

Dennoch zeigt es den großen Vorteil des Autos in der Sahara auf – die Möglichkeit, auch für ausgefallene Reiserouten genug Treibstoff und Wasser mitzunehmen.

Das Kapitel »Sahara per Motorrad« behandelt neben ausführlichen Tips für Enduroreisende auch eine eher umstrittene Art, durch die Wüste zu fahren: die Teilnahme an einer Sahara-Rallye. Bis 1991 war dies für mich nicht nur kein Thema, ich zählte mich sogar zu den erklärten Gegnern solcher Sportveranstaltungen. Zu oft hatte ich mich auf meinen Reisen über die Hinterlassenschaften von Rallyefahrern geärgert. Im Frühling 1992 ließ ich mich dann doch selbst einmal auf ein solches Unternehmen ein – nicht zuletzt, um aus eigener Erfahrung über etwas berichten zu können, das doch weit mehr Wüstenreisende interessiert, als ich vermutet hatte. Immer wieder stellte ich das bei den seit 1987 von mir organisierten Motorrad-Gruppenreisen fest. Urteilen Sie selbst über Risiko, Problematik und Faszination einer Sahara-Rallye.

Der Abschnitt »Sahara abseits üblicher Reisewege« ist der Reiseführerteil dieses Buches. Er soll Sie in Form detaillierter Routenbeschreibungen dabei unterstützen, der Wüste dort zu begegnen, wo sie am schönsten ist. Die ersten vier Strecken wurden von zwei der erfahrensten Spezialisten auf diesem Gebiet beschrieben, von Ursula und Wolfgang Eckert. Alle sechs Routen wurden von mir speziell für die Belange von Motorradreisenden ausführlich kommentiert.

Das letzte Kapitel, »Notfallsituationen auf Saharareisen«, beginnt mit dem Bericht »Feuer« recht dramatisch. Es endet für Sie mit einer realistischen Einschätzung der vorhandenen Gefahren, mit Informationen, die Ihnen helfen können, Notfälle zu verhindern bzw. zu bewältigen.

Viel Spaß beim Lesen und gute Wüstenfahrt wünscht Ihnen

Februar 1993   Thomas Troßmann

---

[1] *Motorradreisen zwischen Urlaub und Expedition*; Vorbereitung, Ausrüstung und Durchführung von »Enduroreisen« (Sachbuch; Verlag Reise Know-how)
Wüstenfahrer; mit dem Motorrad durch das Land der Tuareg (Reiseberichte; Verlag Frederking & Thaler)
Wüstenzeit – Sahara grenzenlos; Reportagen von 1000 Tagen Wüstenfahrt (Verlag Frederking & Thaler)

Der Wüste begegnen

Wandern in der Sahara

Reportage
Der Dünentrip

Mein Herz schlägt wie ein Preßlufthammer, meine Atemfrequenz steht kurz vor dem Kollaps, die Oberschenkelmuskeln zittern. Erschöpft lasse ich mich gegen die beinah senkrecht erscheinende Schräge des Dünengiganten sinken, spüre, wie der feine rote Sand meine Beine herunterrinnt wie Wasser, wie meine Knie durch die schmerzhaft heiße Oberfläche in kühlere, vor der sengenden Saharasonne geschützte Schichten eindringen. Der Gipfel ist nicht mehr weit, zehn, vielleicht fünfzehn Höhenmeter. Zum Greifen nah erscheint der messerscharfe Dünengrat, doch die »Puste« hat einfach nicht gereicht, zu mühsam war die Kraxelei seit der letzten Pause – kaum zwanzig Höhenmeter unterhalb – am Anfang der obersten, der »Fließsand«-Zone dieses gewaltigen Sandbergs. Jeder einzelne Schritt kostet hier so viel Kraft wie ein Dutzend Kniebeugen. Der bodenlos tiefe und weiche Sand zieht wie ein Bleigewicht an meinen Füßen, fließt mir fast schneller entgegen, als ich dagegen-»anstapfen« kann, und läßt jeden noch so großen Schritt zu kaum mehr als einem Auf-der-Stelle-Treten schrumpfen.

Ein strapaziöses Vorhaben, eine der höchsten Dünen der *Ténéré*, der größten Sandwüste der Sahara, über die Direttissima zu erklimmen. Über die windgeschaffenen Serpentinen der Dünengrate, die zum Teil von den Schritten meiner Reisepartner schon in »Drachenrücken« verwandelt sind, wäre der Anstieg leichter gewesen. Mir war die in einer einzigen glatten Fläche ansteigende Wand »meiner« Route reizvoller erschienen. In ihrer Makellosigkeit hatte sie mir zudem einen kürzeren Weg als den über die Dünenkämme vorgegaukelt.

Ein Schluck lauwarme Feldflaschen-»Brühe« löst meine sich wie ein Pappkarton anfühlende Zunge vom staubtrockenen Gaumen. Wie bei jeder Pause, grabe ich – wieder zu Atem gekommen – eine kleine Mulde in den Sand und lasse mich mit dem Rücken zur Düne darin nieder, um ein geradezu unwirklich schönes Panorama zu betrachten: Weit unter mir, wo aus der »Insektenspur« meiner Schritte allmählich ein haarfeiner Strich wird, durchschneidet ein breites Tal das Dünengebirge von *Temet*. Riesige Akazienbäume, deren ausladender Schatten das Lagern angenehm, deren reifenmordende Stacheln das Fahren unangenehm machen können, sehen von hier oben wie winzige Büsche aus. Was unten im Tal als vereinzelte, spärliche Vegetation erscheint, entpuppt sich aus der Vogelperspektive als der breite und für Wüstenverhältnisse dicht bewachsene Vegetationsgürtel eines vom Regenwasser des *Aïr*-Berglands gespeisten Trockenflusses, des *Oued*[1] *Temet*.

Auch das System der Dünen wird von hier erkennbar. Die so ästhetischen, aus dem Zusammenspiel von Wind und Sand entstandenen Formen erscheinen logisch. Ein Gefühl von Geborgenheit und dennoch Losgelöstheit von zivilisatorischen Wertmaßstäben erfüllt mich beim Anblick dieser unbeschreiblich schönen Landschaft. Ich bin erschöpft, verschwitzt, total »eingesandet«, die letzte Dusche liegt Tage zurück, jenseits der *Ténéré*. Ich vermisse sie nicht im geringsten – es muß an der makellosen Sauberkeit, ja fast Sterilität der *Erg*-Landschaft liegen. Was für ein Gefühl, am Gipfel einer riesigen Düne zu lehnen und zu spüren, wie die oberste Schicht von Milliarden Tonnen feinen Sandes sanft und anschmiegsam unter dem Rücken nachgibt! Wie in einer Sanduhr rieseln die winzigen, rötlich schimmernden Körner durch die Finger meiner geschlossenen Hand – greifbar und doch nicht zu fassen. Die Zahl »unendlich« kommt mir in den Sinn – wo könnte man sie sich besser vorstellen als auf einer riesigen Düne, während man eine Handvoll Wüstensand in den Wind streut?

Allmählich zieht sich die selbst am späten Nachmittag noch glühend heiße Sonne des *Ténéré*-Frühlings zurück, steht nur noch eine Handbreit über der bizarr zerklüfteten Silhouette des *Greboun*. Der 1944 Meter hohe Berg ist mit Abstand der höchste des nördlichen *Aïr*-Gebirges. Er bildet hier, wo der Sandozean der *Ténéré*-Wüste in gigantischen Dünen an die Bergketten brandet, eine Steilküste von beeindruckender Schroffheit.

Der Gipfel ruft, zumal es plötzlich recht ungemütlich wird hier oben und in die Augen stechende Sandschwaden über den Dünenkamm geflogen kommen. Mehr und mehr zerfranst der

Wüstenwind den Gipfelgrat zu nebelhaften, meterhohen Sandfahnen. Auf allen Vieren krabble ich die letzten Meter voran und ramme meine Fußspitzen, so tief es geht, in den watteweichen Dünenhang. Wie der Schaum am Strand ausrollender Meereswogen fließt der feine Sand vom Rand meiner Greif- und Trittspuren talwärts.

Wie stark die von der anderen Seite hochwehenden Windböen wirklich sind, merke ich erst ganz oben, habe das Gefühl, plötzlich in einem Sandstrahlgebläse zu stehen. So gut es geht, wickle ich mir den *Chech*[2] um den Kopf und ziehe den feinen Leinenstoff bis unter die Sonnenbrille. Hoffentlich hält mein kleiner Höhenmesser dem »Gipfelsandsturm« stand. Ich *muß* die Höhe dieses »Berges« einfach erfahren. Unglaublich, aber wahr: 412 Meter erhebt sich der Sandkoloß über unseren Lagerplatz unten im Wadi – für eine Düne weltrekordverdächtig! Die Stürme der *Ténéré* haben allerdings auch mehr Platz, »Anlauf« zu nehmen, als irgendwo sonst in der Sahara. Nicht selten sind sie so heftig und langanhaltend, daß sie den Wüstensand in höchste Luftschichten befördern, wo er manchmal sogar den Weg bis nach Europa findet.

Um einen normalen Berg dieser Höhe, vor allem dieses Neigungswinkels, ohne Hilfsmittel zu erklettern, erst recht, um ihn wieder hinabzusteigen, bedürfte es absoluter Schwindelfreiheit. Hier oben aber wird das Schwindelgefühl, die Angst vor dem Fall, zur Vorfreude, ja fast lustvollen Sehnsucht nach dem »fliegenden«, vom weichen Sand abgefederten Abstieg.

Ich winke zwei meiner Mitreisenden zu, die – wie Ameisen auf dem Rücken eines roten Dinosauriers – eine riesige, abgerundete Nachbardüne erklettern. Dann springe ich mit aller Kraft vom Gipfelgrat in die noch steiler als beim Anstieg erscheinende Dünenwand. Wie auf Wolken lande ich einige Meter tiefer, versinke bis an die Knie im hoch aufspritzenden Sand, renne wie schwerelos in federnden Riesensprüngen den Steilhang hinunter, stolpere, schlage zwei ungewollte Purzelbäume, renne weiter – bis ich plötzlich festen Untergrund spüre und ein weiterer

Im Gegensatz zum »normalen« Bergwandern besteht in Sandgebirgen keine Absturzgefahr.

Sturz, diesmal auf hart vom Wind zusammengepreßten Sand, mich schmerzhaft aus dem »Dünentrip« zurückholt.

Was ist das? Ein Flugzeug? Ein Lastwagen? In dieser Gegend? Das Brummen wird immer lauter, vibriert geradezu in der Luft, schwillt an zu einem unwirklich klingenden Synthesizer-Baß-Crescendo.

Schon einige Male habe ich es erlebt, doch nie war dieses legendäre Wüsten-Phänomen so eindrucksvoll. Die gewaltigen Sandlawinen meines »Abstiegs« haben den Sandberg zum Vibrieren gebracht: Die Düne »singt«!

---

[1] Auch *Wadi:* periodisch Wasser führendes Flußbett, in der Sahara manchmal viele Kilometer breit

[2] Turban-ähnliche Kopfbedeckung der Tuareg

Bild auf den Seiten 16/17: Die Dünen von Temet am Westrand der Wüste Ténéré zählen zu den höchsten der Sahara. Der dünne Strich am linken Rand der Düne ist übrigens die gut autobahnbreite Piste zur nigrischen Bergoase Iferouane.

DER WÜSTE BEGEGNEN: WANDERN IN DER SAHARA

Ratgeber
Wüstenwanderungen

Eine Wanderung durch ein Dünengebiet oder über ein bizarr erodiertes »Tassili«[1], eine Klettertour in ein sich zur Schlucht verengendes Wadi oder auf den Gipfel eines Berges ist eines der intensivsten Erlebnisse, das man in der Sahara haben kann.

Ob allein, zu zweit oder in einer kleinen Gruppe – man wird nach mehr oder weniger Tagen im Auto oder auf dem Motorrad zum ersten Mal das Gefühl haben, der Wüste wirklich zu begegnen, ihre Weite und Ruhe zu spüren, die Ästhetik und Fremdartigkeit ihrer Natur nicht nur wie einen vorbeilaufenden Film, sondern ganz real, zum Greifen und Fühlen nah zu erleben.

Eigentlich ist die Sahara eine alles andere als ideale Region für Fußmärsche. Dafür sind die körperlichen Strapazen aufgrund der oft hohen Temperaturen, vor allem aber wegen der extrem niedrigen Luftfeuchtigkeit (nur zwischen etwa $1/6$ und $1/10$ der mitteleuropäischen) zu groß. Die Notwendigkeit, zum Wandergepäck auch noch relativ große Mengen Trinkwasser mitzu-»schleppen«, schränkt den Aktionsradius zu sehr ein. Mehrtägige oder gar mehrwöchige Wandertouren – eigentlich eine traumhafte Vorstellung – sind ohne Transporthilfe durch Tragetiere kaum zu realisieren, es sei denn im Bereich relativ dicht besiedelter Regionen oder auf Pisten und Spuren (z. B. auf der sog. »Assekrem-Rundfahrt« im algerischen *Hoggar*-Gebirge). Dort allerdings ist die Hauptfaszination des Wanderns in der Wüste, das Gefühl, durch (zumindest scheinbar) »unberührte« Saharalandschaft zu laufen, in keinster Weise zu erleben.

---

[1] Plateau-Landschaft der Sahara, im Bereich der Abbrüche oft zu wahren Labyrinthen aus pilz- und nadelförmigen Felsen, »Gebäude«-Ruinen und anderen skurrilen Formen verwittert

[2] Flüssigkeitsmangel im menschlichen Organismus ist nicht nur ein vorübergehendes, durch Trinken wieder rückgängig zu machendes Symptom, sondern ein Zustand, der zu dauerhaften Schädigungen und Erkrankungen, insbesondere der Nieren, führen kann. Daher sollte niemals leichtsinnig oder gar vorsätzlich zu wenig getrunken werden.

Vom Wind geschaffene Linien.

Im Gegensatz zu unfreiwilligen oder extremen, bewußt die physischen Grenzen anstrebenden Unternehmungen sind kürzere Wüstenwanderungen von ein bis drei Tagen problemlos und ohne große Strapazen machbar. Folgendes sollte man beachten:

- Je leichter man beladen ist, desto größer ist der Genuß einer Wüstenwanderung. Dennoch sollte man auch Kurztouren nicht mit zu wenig oder gar ohne Wasser in Angriff nehmen. Für

RATGEBER: WÜSTENWANDERUNGEN

eine Eintagestour sind je nach Jahreszeit zwischen zwei und fünf Liter Wasser zu kalkulieren (am besten mit Elektrolyt-Pulver angereichert). Für eine Zweitagestour sollte mehr als das Doppelte mitgenommen werden, da man ja nicht schon am ersten Abend ein eventuell angesammeltes Flüssigkeitsdefizit durch »Nachtrinken« ausgleichen kann[2].

- Ein kleiner Rucksack (unbedingt mit Hüftgurt) trifft Vorsorge, daß das Erlebnis einer Wüstenwanderung nicht innerhalb kürzester Zeit durch Kreuz- oder Nackenschmerzen getrübt wird.

- Nur auf den ersten Kilometern ist es angenehm, barfuß (siehe dazu auch Kapitel »Notfall / Skorpionstich, Schlangenbiß«) durch ein Dünengebiet zu wandern. Spätestens wenn der rauhe Sand für die ersten Blasen und wundgelaufenen Stellen gesorgt oder ihn die Mittagssonne so aufgeheizt hat, daß man glaubt, über glühende Kohlen zu laufen, wird man bereuen, keine knöchelhohen Trekking- oder Turnschuhe auf die Wanderung mitgenommen zu haben.

- Mit den am Lagerplatz zurückgebliebenen Reisepartnern gegebenenfalls einen Rückkehrzeitpunkt vereinbaren. Eventuelle Abschußzeiten für Signal-Leuchtzeichen ausmachen.

- Ausrüstung für Tageswanderungen:
  1. Erste-Hilfe-Ausrüstung: Verbandszeug, Desinfektionsmittel, »Schlangenbiß-Set«
  2. Orientierungs-Ausrüstung: Kompaß, Landkarte (1:200.000), Fernglas, falls vorhanden Satelliten-Navigationsgerät
  3. Etwas Proviant (Orangen, »Energieriegel«, Müsli u. ä.)
  4. Signal-Ausrüstung: Leuchtpatronen und Abschußgerät
  5. Für Notübernachtungen: Alu-Rettungsfolie(n), Feuerzeug, Taschenlampe
  6. Sonnenschutz: Kopfbedeckung, Sonnenschutzmittel

- zusätzliche Ausrüstung für Wanderungen von 2 bis 3 Tagen:
  1. Schlafsack, Isoliermatte
  2. Ausreichend Proviant
  3. Wichtige Medikamente
  4. »Brunnen-Ausrüstung«: Wasserentkeimungsmittel, Schnur, Schöpfbehälter (faltbar)

Hintergrund-Info
Freilichtmuseum Sahara – prähistorische Funde in der Wüste

Was die Sahara für den Reisenden so eindrucksvoll macht, ist nicht nur die unvergleichliche Schönheit ihrer Natur, ihre Weite und Ruhe sowie die Abwesenheit von Moderne und Hochzivilisation. Ganz besonders ist es auch der allgegenwärtige Nachlaß der steinzeitlichen Frühgeschichte des Menschen. Fast überall stößt der aufmerksame Betrachter in diesem neun Millionen Quadratkilometer großen »Freilichtmuseum« auf Überreste aus jener Zeit, auf Werkzeuge, Gebrauchs- und Schmuckgegenstände. Das Fehlen jeder Vegetations- und Humusdecke hat Tausende prähistorischer Siedlungsplätze direkt an der Oberfläche verbleiben lassen, die sich nun wie ein offenes Buch dem Archäologen und auch dem interessierten Laien darbieten.

Der Großteil dieser Funde stammt aus dem sog. *Neolithikum,* der Jungsteinzeit, einer etwa vom 8. bis zum 5. Jahrtausend vor unserer Zeitrechnung dauernden Menschheitsepoche. Das Gebiet der heutigen größten Wüste der Erde war damals eine an Flora wie Fauna reiche subtropische Klimazone, bevölkert von jungsteinzeitlichen Jägern und Sammlern und ab dem 4. Jahrtausend v. Chr. von den Siedlungsgemeinschaften der Hirtenkultur. Tausende von Felsbildern aus jener Zeit (Gravuren oder Malereien, letztere besonders gut erhalten auf dem Hochplateau des *Tassili N'Ajjer*) überliefern einen Eindruck von den damals im Sahara-Raum heimischen Großtieren (Giraffen, Nashörner, Büffel usw.) und vom Leben der neolithischen Jäger und Hirten.

Aber auch menschliche Werkzeuge aus dem *Paläolithikum* (Altsteinzeit) und dem *Mesolithikum* (Mittelsteinzeit) finden sich in der Sahara. Die einfachsten und ältesten stammen vom sog. *Vormenschen,* werden bis zu zwei Millionen Jahre zurückdatiert und können nur von Spezialisten mit Sicherheit identifiziert werden.

Die Werkzeuge des sog. *Frühmenschen,* des *homo erectus,* sind mindestens 350.000 Jahre alt und bereits deutlich als bearbeitet zu erkennen: spatelförmige Faustkeile und große Schaber mit ungleichmäßiger, gezackt verlaufender Schneidekante, hergestellt aus nur grob zugeschlagenen Felsstücken.

Beidseitig und flächig bearbeitete Faustkeile und Schaber mit relativ gerader Schnittkante sind dem sog. *Neandertaler-Menschen* zuzuordnen und nach Form und Material in vielen Varianten auffindbar. Er lebte als Jäger und Sammler von etwa 350.000 bis 40.000 vor unserer Zeitrechnung in der heutigen Sahara und wurde vom sog. *homo sapiens sapiens* abgelöst, dem bis heute lebenden Menschentyp.

Die auffälligsten steinzeitlichen Werkzeuge sind die aus neolithischer Zeit stammenden. Selbst vom Fahrzeug aus gut zu erkennen sind sog. Reibschalen, Arbeitsunterlagen bzw. Gefäße aus flachen, seltener auch dicken Felsplatten, die zum Zerkleinern, Zerreiben und Zerstampfen von Nahrung benutzt wurden. Das Spektrum reicht hier von Exemplaren, die als Gebrauchsgegenstände nur an den durch das Reiben entstandenen kleinen Ausbrüchen in der Oberfläche zu erkennen sind, bis hin zu kreisrunden, tief ausgehöhlten Schüsseln oder mörserähnlichen Steintöpfen. Wer in der Nähe ein wenig sucht, findet in der Regel den passenden Reibstein (»Läufer«), meist kugel-, scheiben- oder walzenförmig, durch die Benutzung mehr oder weniger stark abgeflacht und mit feinen Ausbrüchen punziert.

Dem Fußgänger in der Wüste fallen immer wieder Ansammlungen kleiner Steinscherben auf – aus glattem, glänzendem, manchmal leicht durchsichtigem Material (Feuerstein, Achat, Chalzedon, Kieselschiefer, Hornstein, Quarzit). Es sind steinzeitliche »Werkstatt-Abfälle«, die bei der Herstellung von Werkzeugen entstandenen Bearbeitungsreste. Wo solche Abschläge liegen, besteht natürlich auch die Chance, auf ein richtiges Werkzeug zu stoßen. Wellenförmige Abschläge an einer oder mehreren Kanten des

---

Dieses Kapitel entstand mit Unterstützung und Beratung von Horst Quehl (Mitglied mehrerer archäologischer Sahara-Expeditionen und Koautor wissenschaftlicher Publikationen des Vorgeschichtlichen Seminars der Philipps-Universität Marburg).

Jungsteinzeitliche Werkzeugherstellung in handwerklicher Vollendung: Lanzen- und Pfeilspitzen aus Feuerstein. Als Unterlage dient eine Reibschale.

Fundstücks (ähnlich dem Schliff eines Brotmessers) sind ein sicheres Indiz dafür, daß man ein Werkzeug, zumindest ein Stück davon, in der Hand hat. Völlig intakte Funde erkennt auch der Laie problemlos. Die Form von Pfeil- und Lanzenspitzen, Äxten und Messerklingen ist eindeutig. Für andere, sog. »Mikrolithen«, muß der Blick schon geschult sein, will man die kleinen Schaber und Klingen, Trapeze, Rechtecke und Dreiecke, Nadeln und Spitzen (zum Bohren von Steinperlen und Straußenei-Plättchen für Halsketten und anderen Schmuck) von bloßen Bearbeitungsabschlägen unterscheiden.

Auch Bruchstücke von Tongefäßen sind leicht und häufig zu finden – im Gegensatz zu steinernen Mörsern, Stößeln und Beilen. Diese sind, weil meistens gut erkennbar und erhalten, echte Kostbarkeiten – natürlich findet man sie auch in den Büros einheimischer Reiseagenturen und Souvenirläden.

Womit wir beim weniger erfreulichen Teil des Themas »Freilichtmuseum« wären: Leider wird von den prähistorischen Fundstätten der Sahara weit mehr zerstört als erforscht. Zahllose zerbrochene Steinwerkzeuge liegen auf den kilometerbreiten Spurenbündeln der Wüstenpisten, in der »Baustellenlandschaft« neben den Teerstraßen. Einheimische sammeln mit geübtem Blick Fundstellen ab und verkaufen in Massen Pfeilspitzen, Faustkeile, Steinäxte usw. an die »Antiquitäten«- und Souvenirläden der größeren »Oasenstädte«, auf Märkten oder direkt an Touristen.

Zumindest die zuständigen Regierungsstellen des touristisch wichtigsten Sahara-Staates sind sich inzwischen der Schutzwürdigkeit ihrer archäologischen Schätze bewußter geworden: Weite Gebiete der algerischen Sahara haben den Status von Nationalparks erhalten. Es ist offiziell verboten, steinzeitliche Werkzeuge und Artefakte – gleich ob gekauft oder gefunden – außer Landes zu bringen. Kontrolliert wird allerdings nur selten.

Auch vielen Saharareisenden ist es anzulasten, daß Fundplätze verändert, verschmutzt und zerstört worden sind. Von jedem Fachwissen »unbelastetes« Hobby-Archäologentum hat an ehemals intakten Fundstellen nichtwiedergutzumachende Schäden angerichtet. Durch wahlloses Absammeln von Steinwerkzeugen werden die Erforschung von Zusammenhängen und Aussagen über die Lebensbedingungen manch neolithischen Fundortes unmöglich gemacht. Natürlich fällt es nicht leicht, auf so reizvolle Sahara-Andenken zu verzichten, wie es steinzeitliche Küchen-, Jagd- oder Kampf-Utensilien nun einmal sind. Auf oder im Bereich der Pisten muß man dies auch nicht tun, denn dort ist mit Sicherheit kein Fundplatz unberührt (Notieren Sie dennoch so exakt wie möglich den Fundort. Fundstücke ohne diese Angabe sind wissenschaftlich wertlos). An sog. sterilen, also noch unberührten Fundstellen, wie man sie auf Querfeldetappen abseits von Pisten und Spuren oder auf Fußwanderungen gelegentlich findet, sollte man seinen Sammeltrieb allerdings wirklich zügeln.

Wen die Rücksichtnahme auf eine eventuelle künftige Erforschung dazu nicht motivieren kann, der möge sich einen Satz zu Gemüte führen, der im kleinen Museum der algerischen Oase *Djanet* (sinngemäß) zu lesen ist: »Jahrtausendealte Werkzeuge sind in der Sahara lebendig geblieben. Tot werden sie erst, wenn man sie aus ihrer Umgebung entfernt.«

Wer wie ich schon auf zahllose unberührte Stellen mit Steinwerkzeugen und -geräten gestoßen ist, kann diesen Satz nur bestätigen: Für »Ewigkeiten« vom Wüstenwind unter Sand verborgen und wieder freigegeben, gruppieren sich da um die Steinhaufen prähistorischer Feuerstellen Reibschalen, Steinbeile, Schaber, Stößel, Pfeil- und Lanzenspitzen und Tongefäße, als seien sie noch vor ein paar Jahren benutzt worden. Eine solche Fundstätte abzugehen ist Höhepunkt einer Sahararreise. An einem solchen Ort einen Faustkeil – wahrscheinlich als erster Mensch nach dem letzten Benutzer – in der Hand zu halten, eine zerbrochene Reibschale wieder zusammenzusetzen, den dazu passenden »Läufer« hineinzulegen und sich vorzustellen, welche Menschen diese Werkzeuge besaßen, wie sie sie herstellten und benutzten – das ist nicht nur für archäologisch Interessierte ein eindrucksvolles Erlebnis. In keinem Museum, schon gar nicht in einer mehr oder weniger unsystematischen Privatsammlung hat ein steinzeitliches Fundstück so viel Aussagekraft und lassen sich Jahrtausende der Menschheitsgeschichte auch nur annähernd so verstehen und empfinden wie dort, wo Zeit und Zeitlosigkeit so nahe beinander liegen – im »Freilichtmuseum Sahara«.

Eine der in der Sahara zahlreichen Felsgravuren aus jungsteinzeitlicher Zeit (hier in Tinterhert, einer besonders fundreichen Region des Hochplateaus von Ajjer in der algerischen Zentralsahara).

Lebensgroße Felsgravur einer Giraffe mit Jungem (Südsahara, Niger).

Der Wüste begegnen

Mit dem Kamel durch die Sahara

Reportage
Meharée

Das Knacken und Knistern des brennenden Holzes weckt mich auf. Ich öffne die Augen. Nur noch wenige Sterne glitzern über mir. Der schwarze Nachthimmel hat sich bereits zu einem tiefen Blau erhellt. Ein paar Meter rechts von meinem Schlafsack sehe ich den alten *Hadj*, den Senior unserer drei Tuareg, sitzen – hinter den gelbrot aufzüngelnden Flammen des »Frühstücks-Feuers«, vermummt mit *Burnus* und *Chech*. Wie eine Gestalt aus 1001 Nacht erscheint er vor dem violetten Leuchten des östlichen Horizonts.

Vielleicht noch eine halbe Stunde bis Sonnenaufgang – ich schaue auf meine Armbanduhr. Ach nein – mein Handgelenk ist ja leer: Schon vor einer Woche, als unsere *Meharée* begann, habe ich das letzte, hier draußen so bedeutungslose Attribut der Zivilisation in meinem Rucksack verschwinden lassen. Ich richte mich auf, lasse meinen Blick über das *Oued* schweifen. Unwirklich, fast wie ein Gemälde, erscheint das für Saharaverhältnisse so üppig bewachsene Tal im diffusen Morgenlicht. Deutlich heben sich die Silhouetten der *Kalotropis*-Bäumchen von den vielen anderen, eher dürr und trocken wirkenden Wüstenpflanzen ab: fleischige, tellergroße Blätter, große runde Früchte, eine Rinde, so knorrig-faltig wie die einer tausendjährigen Eiche. Weder Mensch noch Tier haben allerdings mehr von diesem opulenten, bei Helligkeit so leuchtendgrünen Gewächs als seinen schönen Anblick, denn es ist hoch giftig.

Ein sanfter Windhauch trägt den süßen Duft blühender Oleanderbüsche vom anderen, felsigen Ufer des breiten Trockenflusses zu unserem Lager hinüber. Es liegt auf einer großen Sandbank mehrere Meter über den breiten Kanälen der gelegentlich durch das Wadi strömenden Regenfluten.

Dort wo die acht Reit- und vier Lasten-Sättel sowie der Großteil unseres Gepäcks liegen, haben *Mohamed* und *Mahmud*, die anderen beiden Tuareg, die diese *Meharée* begleiten, ihre Decken ausgebreitet. Unser schielender, trotzdem sicher führender Karawanen-Chef wickelt gerade seinen *Chech* um die kurzgeschnittene Lockenkrause und läßt seinen auffälligen Augenfehler hinter den fingerdicken Gläsern einer Brille verschwinden. Auch in einigen der in weitem Umkreis verstreuten Schlafsäcke ist schon Bewegung zu erkennen: Die meisten Mitglieder unserer kleinen Reisegruppe sind bereits aufgewacht. Sie haben sich ebenfalls längst an den Rhythmus einer Karawane gewöhnt. Von unseren vierbeinigen Reisepartnern ist natürlich wie fast jeden Morgen erst einmal nichts zu sehen. Trotz eines kurzen Seiles um ihre Vorderbeine haben sie sich durch den »Kamel-Feinkostladen« dieses Wadis außer Sichtweite gefressen. Wir werden sie nach dem Frühstück wie üblich erst einmal suchen müssen.

»*Artufat!*« begrüßen Hadj und Mohamed mich am Feuer. »*Artufat*«, antworte ich ebenfalls in *Tamaschek*. Außer für »Guten Morgen« und noch ein Dutzend andere Ausdrücke reichen meine Kenntnisse der Tuaregsprache natürlich nicht. Aber das ist nicht weiter schlimm, auch wenn unsere »Indianer«, wie wir die drei urwüchsigen Nomaden zum Spaß manchmal nennen, fast kein Wort Französisch sprechen. Die Unterhaltung klappt trotzdem hervorragend, per Kauderwelsch, Zeichensprache und ein paar Wörtern aus der Sprache des anderen. Leichte Verständigungsprobleme gab es nur am allerersten Tag – und die waren eher erheiternder Natur. Z. B. als Bernd unseren Führer Mohamed nach den ersten Stunden im Sattel bitten wollte, den ganzen Trupp mal anzuhalten. Doch der saß ganz vorne auf dem ersten Kamel der zu diesem Zeitpunkt noch in Reihe gehenden Karawane und winkte Bernd nur freundlich, aber verständnislos zu.

»Thomas, was soll ich ihm denn sagen, damit er mal anhält? ›Toilette‹ versteht er einfach nicht!«

»Probier's mal mit dem Namen deines Motorrades. Der bedeutet bei den Tuareg auch ›aufs Klo gehen‹.«

Ungläubiger als Bernd in diesem Moment kann man nicht schauen, doch es pressierte offensichtlich: »*Mohamed! Ténéré!*«[1]

Nach und nach finden sich alle am Feuer ein. Unser Müsli-Frühstück wird nur vom alten *Hadj* verschmäht. Er macht sich lieber noch einmal seine »rote Suppe« von gestern abend warm.

Schon bald habe ich mit dem Kamelhengst »Absaou« Freundschaft geschlossen.

Mohamed und Mahmud hatten dagegen unserem für sie erst mal ungewohnten »Wüstenfrühstück« schnell etwas abgewonnen – wie übrigens die meisten Tuareg, mit denen ich bisher gereist bin. Nur noch eine unserer beiden großen Kaffeekannen kommt zum Einsatz. Mehr als die Hälfte der Gruppe zieht als Muntermacher mittlerweile den *Thé* vor, einen starken, in drei Aufgüssen genossenen Sud aus wenig Wasser und sehr viel grünem Tee. In der Tat könnte nicht mal ein Espresso den Kreislauf so auf Touren bringen wie die »Tuareg-Droge«.

Als die Sonne über den Horizont steigt, stehen Hadj, Mohamed und Mahmud vom Feuer auf: Zeit, die Kamele zu holen. Ich gehe mit – drei Tiere für jeden. Ein bis zwei Kilometer folgen wir den suppentellergroßen Abdrücken der Kamel-»Plattfüße« durch das *Oued*. *»Là bas!«* Mahmud, der vierzehnjährige *Targui*-Junge und stolze Besitzer zweier Kamele, hat sie zuerst gesehen. Es sind nur vier unserer Reittiere, die am Fuß eines riesigen Tamarisken-Wurzelstocks im Sand hocken. Meines ist nicht dabei. Schon aus hundert Meter Entfernung würde ich es an seiner charakteristischen Zeichnung, an je einer handflächengroßen, kahlen Stelle auf beiden Seiten des Höckers, erkennen. Aber von der Anhöhe des gut zehn Meter hohen Hügels entdecken wir schnell auch die anderen, gut getarnt in der hier beinahe waldartigen Vegetation des Trockenflusses. *Absaou*, mein »Grauer«, hockt im Schatten und schaut mich wie jeden Morgen erwartungsvoll aus seinen tiefgründigen, hinter langen Wimpern liegenden Augen an. Ich begrüße ihn mit Zischlauten und ein paar Streicheleinheiten, binde vorsichtig das lange Seil des Zügels an seinem Nasenring fest. Aus den samtweichen Nüstern bläst trockener Atem wie ein Fön über meine Finger. Ein kleiner Klaps auf den Hals und zwei kurze Schnalzlaute lassen das Tier zu seiner vollen Größe aufstehen – natürlich nicht in einem Satz, sondern wie bei Kamelen üblich in drei Stufen: Abwechselnd – erst vorne, dann hinten, dann wieder vorne – werden die Gelenke der langen, im Sitzen eingefalteten Beine ausgeklappt. Ich nehme ihm den »Schrittbegrenzer« der Fußfessel von den Vorderbeinen, führe ihn am Zügel zum nächsten, etwa hundert Meter entfernt liegenden Kamel. Es ist das Tier von Gabi, der einzigen richtigen Reiterin in unserer Gruppe – allerdings eher auf Turnierpferden als auf Kamelen. Ein Stück weiter steht »Kuschelohr«, die dunkelbraune Stute von Lilo.

Als ich mit Absaou und den beiden Braunen am Lagerplatz eintreffe, sind Hadj, Mohamed und Mahmud schon längst angekommen, haben ja auch etwas mehr Routine beim »Kamele-Einsammeln« als ich. Lilo und Gabi kommen mir ein Stück entgegen, haben für ihre »Lieblinge« wie üblich kleine »Bestechungs-Naschereien«, ein paar Brotstücke, in der Hand.

Ich führe Absaou zu der Stelle, wo mein Sattelzeug im Sand liegt. Direkt hinter dem Kamel von Sandra – sie hat ihren riesigen Hengst, das Prachtstück unserer Karawane und persönliches Eigentum von *Ahmed Zegri*, dem Organisator der Meharée, bereits fast fertig gesattelt.

Vorsichtig, aber nachdrücklich ziehe ich Absaous großen Kopf nach unten, gebe ihm mit einem »Tschschsch…, tschschsch…« Anweisung

---

[1] *Ténéré* heißt in der Tuaregsprache »draußen«. Das kann ein Ort sein, etwa die Wüste Ténéré (»das Land dort draußen«), das kann ein Zustand sein, z. B. eine Reise im Gegensatz zum festen Wohnsitz, das kann aber auch ein menschliches Bedürfnis sein, nämlich wenn man mal nach »draußen«, also austreten muß.

zum Hinsetzen und wickle den Zügel um sein linkes Vorderbein. Wie immer lege ich erst die drei bunten Decken, beinahe schon Teppiche, auf Absaous Rücken und baue damit vor dem Höcker eine »Plattform« für den Sattel. Dann fixiere ich das aus Holz und Leder bestehende »Sitzmöbel« mit einem unterhalb des Schwanzansatzes um das Kamel-Hinterteil geführten Seil. Bevor ich den breiten Sattelgurt um Absaous ausladenden Bauch spannen kann, muß ich erst mal eine kleine »Durchreiche« in den weichen Sand unter ihm graben und ernte dabei einen – für Kamelverhältnisse wahrscheinlich sanften, für mich aber recht kräftigen – Nasen-Stupser. »*Le bes, Thomas?*«[2], ruft Hadj vom »Ladeplatz« herüber, hat das Ganze wohl beobachtet. »*Le bes, Hadj!* Ich glaube, Absaou ist kitzlig«, antworte ich und verdeutliche meine Worte mit den entsprechenden Gesten. Ein verschmitzt-gönnerhaftes Lächeln legt das Gesicht des alten Mannes in tausend Falten. Wie ein Großvater, der seinen Enkeln beim Spielen zusieht, kommt er mir vor.

Ich hänge meine Wasserflasche und die Sandalen an den filigranen *Atakor*, wie der dreigezackte vordere Sattelknauf genannt wird, befestige Sitzkissen und den kleinen Rucksack an der ovalen Holzplatte der Rückenlehne. Dann nehme ich das Zügelende vom Boden auf und stelle meinen linken Fuß auf Absaous linken »Oberarm«. Rasch schwinge ich mich, eine Hand am stabilen unteren Ansatz des Atakor, das rechte Bein voraus, auf den Sattel, stelle beide Füße in den Nacken des Tiers und greife mit einer Hand in den dichten Pelz des Höckers – sicher ist sicher: Auf der nach oben offenen Richterskala ist das Aufstehen eines Kamels ziemlich hoch anzusetzen – zumindest wenn man darauf sitzt.

Alle sind im Sattel. Die vier Lastentiere stehen in Reih und Glied hinter Mohameds Reitkamel. Inzwischen geht das Beladen auch bei unserem »Raufbold«, einem noch nicht fertig abgerichteten, erst dreijährigen Hengst ohne das übliche Gerangel ab. Zum Glück, denn schon am ersten Tag unserer *Meharée* verwandelte er, wegen einer kleinen Rempelei wild um sich schlagend, unseren Kochtopf in einen Suppenteller.

Mohamed setzt sein Kamel in Bewegung. Ich lasse den Zügel locker, schnalze zweimal mit der Zunge und gebe Absaou mit meinem rechten, in seinem Nacken plazierten Fuß zwei leichte Tritte, das Kommando zum Losmarschieren. Schaukelnd setzt sich eine halbe Tonne Kamel in Bewegung. Bei jedem Schritt bewegt sich der große Kopf vor und zurück – im Takt meiner Fußstupser, dem »Metronom« für den Lauf-Rhythmus und das Tempo eines Kamels. Jeden Morgen aufs neue stimmt mich das erste Losreiten geradezu euphorisch. Ich genieße das herrliche Gefühl, in zwei Meter Höhe auf einem Reittier zu sitzen, das mir trotz seiner Fremdartigkeit mittlerweile so vertraut ist, als hätte ich die Wüste noch niemals anders bereist.

Wie schon gestern nachmittag folgen wir weiter dem Verlauf des riesigen Wadis. Es geht eng her in dem zerklüfteten Labyrinth aus den Wurzelhügeln uralter Tamarisken, dichter Buschvegetation und tief ausgespülten Wasserrinnen. Immer wieder kommt es an engen Passagen zu Staus in unserer kleinen Karawane, suche ich mir etwas abseits selbst meinen Weg und genieße das unbeschreibliche Gefühl, diese mystisch anmutende Landschaft auf einem Kamel zu durchreiten. Mehr und mehr verliere ich die Kette unserer *Meharée* aus den Augen, merke es erst, als ich in einer Sackgasse stehe, vor einem hausdachsteilen, etwa fünf Meter tiefen Schwemmkanten-Abbruch. Er ist das Ufer eines besonders breiten, vielleicht sogar des Hauptkanals dieses Wadis. Lange kann es noch nicht zurückliegen, daß gewaltige Wassermassen durch das Flußbett geströmt sind: Soweit das Auge reicht, sind die Schwemm-Abbrüche scharfkantig und steil. Kein leichter Abstieg ist zu entdecken. Ich steige ab, binde Absaou an einen Ast und klettere auf einen der gut zehn Meter hohen Wurzelhügel.

Auf der anderen Seite des Flußbetts, vielleicht zweihundert Meter entfernt, entdecke ich unsere Karawane. Sie scheinen einen besseren Weg gefunden zu haben und haben jetzt wohl angehalten, um auf mich zu warten. Eine dunkle Gestalt mit schwarzem *Chech* reitet zurück.

Es war ein Fehler, in diesem schwierigen und unübersichtlichen Gelände nicht bei ihnen zu

---

[2] Arabisch und Tamaschek für den französischen Allerweltsausdruck »Ça va (?)«: Es geht (gut), geht's (gut)? (Ist alles) o.k. (?)

Eine Reise mit dem Kamel durch die Sahara ist nicht nur ein überaus ungewöhnliches, sondern auch ein verbindendes Erlebnis.

bleiben. Merkwürdig – auf einer Motorrad- oder Autoreise hätte ich eine solche Dummheit niemals begangen. Es muß an dem Sicherheitsgefühl liegen, das so ein Kamel seinem Reiter vermittelt.

Wenn ich verhindern will, daß Mohamed auf der Suche nach mir sinnlos im Wadi-»Wald« herumreitet, muß ich ihm jetzt jedenfalls so schnell wie möglich den Weg abschneiden, habe keine Zeit, nach einem leichteren Abstieg in das Flußbett zu suchen.

Absaou ist beim Anblick des Gefälles offenbar nicht wohler als mir. Er zögert, als ich ihm mit dem Fußballen das Abmarschkommando gebe. Erst nach ein paar Zungenschnalzern setzt er sich in Bewegung. »Ruhig, Absaou, ganz ruhig!« rede ich mehr mir selbst als ihm Mut zu, greife mit der linken Hand hinter mich ins dichte Fell des Höckers und stütze mich mit der rechten am Ansatz des Sattelkreuzes ab: Ich will mit meinem Gewicht nicht auch noch den Hals des Tiers belasten, da ich bei dem Abstieg den Zügel ohnehin schmerzhaft kurz halten muß. Doch anders kann ich das Kamel bei diesem Gefälle nicht unter Kontrolle halten und verhindern, daß es zu schnell wird, noch einmal das gleiche passiert wie vor drei Tagen: Mitten im Abstieg von einer steilen Düne war Absaou gestolpert,

mußte ich seinen Rücken in einer unfreiwilligen Hechtrolle verlassen. Zum Glück war der Untergrund an meinem »Landeplatz« relativ weich gewesen, so daß Sandra außer einer Prellung nichts zu verarzten hatte.

Kurz vor der Abbruchkante halte ich den Zügel so kurz, daß Absaous Hinterkopf gegen mein Schienbein drückt. Mit unwilligem Grunzen schlittert er in kurzen, schnellen Schritten den Steilhang hinunter. Kaum unten angekommen, lasse ich das Seil locker und beschleunige meinen »Fußtritt-Takt«, bis Absaou in Trab verfällt. Rasch erreichen wir die freie Fläche des nur noch vereinzelt mit niedrigen Büschen bewachsenen Flußbetts und reiten zügig nach links, um dem sich immer weiter entfernenden Mohamed den Weg abzuschneiden. Doch der entdeckt uns trotz dicker Brille relativ schnell. Ich bin froh, den armen Absaou nicht mehr so jagen zu müssen.

Jetzt wird's erst mal eine Standpauke setzen – zu Recht!

Mohamed winkt mir zu. »*Le bes?*«, ruft er. »*Le bes*«, antwortete ich nicht ganz wahrheitsgemäß. Er lacht. Ich auch.

Für den Rest der *Meharée*, so nehme ich mir fest vor, bleiben wir in der Karawane, mein »Grauer« und ich.

Ratgeber
Saharareisen per Kamel

Es gibt viele Arten, der Sahara zu begegnen. Kaum eine paßt zu einer so weiten und ruhigen Landschaft besser als eine Reise per Kamel. Es ist eine Erfahrung ganz besonderer Art, die Wüste in einer Karawane aus Reit- und Lastkamelen zu durchqueren und mit den Nomaden der Sahara auf deren eigene Art zu reisen, in Beschaulichkeit und Ruhe, befreit von jeglicher Hektik und von den oft störenden Attributen motorisierter Wüstenfahrten. Der Reise-Rhythmus einer Karawane mag mehr oder weniger anstrengend sein, doch er ist Balsam für das menschliche Gemüt, für manchen eine Meditation.

Im Prinzip gibt es zwei Möglichkeiten, mit Kamelen durch die Sahara zu reisen. Die erste ist allerdings nur bei sehr guten Beziehungen vor Ort realisierbar. Es ist die Mitreise bei einer regulären Karawane, z. B. einem der legendären, noch immer stattfindenden Salztransporte. In Mali schaffen noch heute riesige Karawanen, die *Azalai's*, das Salz 750 km weit durch die Wüste – von *Taoudenni* an den Nigerhafen *Tombouctou*. Auch in der *Ténéré*-Wüste verkehren zwischen der nigrischen Stadt *Agadez* und den Salzpfannen der Oase *Bilma* gelegentlich noch solche unmotorisierten »Schwertransporte«.

Wesentlich realistischer und im Prinzip an vielen Orten Algeriens und an einigen des südlichen Nachbarstaates Niger durchführbar sind sog. *Meharées*, zuhause bei Spezial-Reiseveranstaltern oder einer lokalen »Agence de voyage« zu buchende Saharaexkursionen mit Kamelen. Je nach Gruppenstärke kommt da durchaus eine kleine Karawane zusammen. Schon bei sieben Teilnehmern ergibt sich zusammen mit den Lastkamelen, dem Reittier des *Meharée*-Führers und denen der Tuareg-Begleiter (*Chameliers*) eine Gruppe von gut einem Dutzend Tieren.

Auch wenn eine solche Exkursion schon wegen der viel kürzeren Tagesetappen nicht mit einer großen Salzkarawane zu vergleichen ist, sollte man doch alle Klischees, vor allem auch die vielleicht einmal in touristischen Ländern wie Marokko, Tunesien, oder Ägypten gemachten Erfahrungen vergessen. Mit den dortigen »Touristen-Karawanen« haben in Algerien und Niger weder die Kamele noch die begleitenden Tuareg – wirkliche Nomaden – irgend etwas gemeinsam.

Schon auf nur wenige Tage langen *Meharées* lernt man, mit dem ungewöhnlichen Reittier umzugehen, es zu satteln, zu zäumen, problemlos auf- und abzusteigen, denn fast alle Reitkamele sind im Gegensatz zu Lastkamelen von eher berechenbarem Temperament, meist sogar ausgesprochen gutmütig. Sie machen es unter kundiger Anleitung auch Reitanfängern leicht, schnell mit ihnen klarzukommen. In der Regel reitet auch ein Kamel-Neuling schon am zweiten Tag selbst, muß sein Tier nicht mehr von einem der *Chameliers* geführt werden. Diese sind meist ebenso geduldige wie hilfsbereite Lehrmeister und scheinen gerade bei längeren *Meharées* respektvoll anzuerkennen, daß sonst so »komfortabel« reisende Europäer Interesse und Bereitschaft für ihre ureigene Lebensweise zeigen und die Mühen einer Kamelreise auf sich nehmen. Gleiches gilt auch, wenn man während einer *Meharée* auf eine richtige Karawane oder auf ein Nomadenlager stößt – nicht selten übrigens, denn man wählt ja statt Pisten oder gar Straßen die Wege der Nomaden. Die Anerkennung solcher Menschen war mir in solchen Situationen immer eine Selbstbestätigung der ganz besonderen Art – z. B., wenn ich während einer Begegnung mit einer anderen Karawane mein Tier ruhighalten konnte – was gar nicht so einfach ist beim Auftauchen fremder Kamele – oder wenn ich es inmitten eines Nomadenlagers sich hinsetzen ließ, regelgerecht abstieg, es absattelte, an den Vorderbeinen fesselte und dann zum Fressen »schickte«.

Auch wenn in der Zentralsahara von Massentourismus noch nicht gesprochen werden kann, sollte man eine *Meharée* doch nicht gerade in den Fremdenverkehrszentren Algeriens (*El Oued, Ghardaia, Tamanrasset, Djanet*) oder des Niger (*Agadez*) in Angriff nehmen, sondern eher in kleineren Orten. Dort erhält man als Reittier ganz sicher kein ausrangiertes, weil zum Arbeiten nicht mehr taugliches »Touristen-Kamel«, sondern ein gut abgerichtetes und gesundes Tier. Denn ein von der mehr oder weniger falschen Behandlung zahlreicher ungeübter Reiter »versautes Kamel« kann einem den

»Kamel-Surfen« könnte man dieses Tuareg-Spiel nennen.

Spaß durchaus verleiden, ganz im Gegensatz zu einem, das präzise auf die beim Abrichten erlernten Befehle reagiert. Nachteilig ist bei einem solchen Kamel allerdings – zumindest bei der ersten Begegnung –, daß es auf das ungewohnte Erscheinungsbild eines Europäers erst einmal leicht panisch reagiert. Tauscht man aber Hose und T-Shirt – beides womöglich noch in »kamelfremden«, knalligen Farben – gegen das »Outfit« der Nomaden, das lange Hemdgewand der *Djellabah* oder zumindest eine schwarze, erdfarbene oder blaue *Sarouel*-Hose, und wickelt sich dazu einen *Chech* um Kopf und Gesicht, sieht die Sache schon anders aus.

So ausgestattet stünden sogar die Chancen gut, an ein »wildes« (siehe nächstes Kapitel) Kamel bis zum Anfassen nah heranzukommen, zumindest wenn man sich ihm in langsamen Schritten nähert. Stößt man dazu Zischlaute richtiger Länge und Lautstärke aus (ein stimmloses »Tschschsch.... tschschsch..... tschschschsch« usw.), wird ein als Last- oder Reittier abgerichtetes Kamel sich sogar hinsetzen, weil es dieses Geräusch als den Befehl kennt, zum Bepacken oder Besteigen auf die Knie zu gehen. Doch Vorsicht: Der selbe Zischlaut, kurz und schnell ausgestoßen (»Tsch-tsch-tsch-...« usw.), dient einem Kamelreiter als »Kupplung«. Er hat bei temperamentvollen Tieren u. U. übergangsloses Lostraben zur Folge. Meist muß allerdings schon noch zusätzlich »Gas« gegeben werden – in Form schnell aufeinanderfolgender Fußstupser in den Nacken.

Genug des »Kamel-Reitkurses«! Den kann in schriftlicher Form ohnehin niemand ausreichend vermitteln. Aber ein paar praktische Tips, die eine mehrere hundert Kilometer und einige Wochen lange Meharée-Exkursion auch für einen noch nicht Sahara-»gestählten« Europäer problemlos machen, sind durchaus möglich. Folgende Tips hat *Mujiba* Antje Vogel zusammengestellt:

- Nur weitsitzende(!), luftige Baumwollbekleidung ist in einem Kamelsattel angenehm zu tragen. Da man Tag für Tag mehrere Stunden

Nach beendeter Kastration wird die Operationswunde mit Salzwasser desinfiziert.

einer wegen der geringen Luftfeuchtigkeit sehr intensiven Sonnenbestrahlung ausgesetzt ist, müssen Arme und Beine unbedingt geschützt sein, kann auch auf eine Kopfbedeckung nicht verzichtet werden. Eine *Sarouel* (die Pluderhose der Araber) oder eine *Djellabah* (das Hemdgewand der Tuareg) in Verbindung mit einem *Chech* sind am praktischsten (auf lokalen Märkten erhältlich). Jeans sind wegen ihrer harten Nähte wie auch enge T-Shirts am unangenehmsten zu tragen! Bei Verwendung europäischer Kleidung sollten stark gemusterte und knallbunte Stoffe vermieden werden, da sonst bei Begegnungen mit anderen Kamelen Unruhe aufkommen kann. Da man während des Reitens die – natürlich nackten – Füße auf den Hals des Kamels legt, um es damit dirigieren zu können, eignen sich am besten Schuhe, die man vor dem Aufsteigen rasch ausziehen und an das Sattelkreuz hängen kann, um sie nach dem Absteigen gleich parat zu haben.

- Eine Sonnenschutzcreme mit hohem Lichtschutzfaktor ist während der ersten *Mehareé*-Tage unentbehrlich, da sonst die der Saharasonne ständig ausgesetzten Hautpartien (Fußoberseiten, Hände) schwer verbrennen.

- Die Trinkwasserflasche sollte einen Trageriemen haben, damit man sie griffbereit an den Kamelsattel hängen kann.

- Da Kamelsättel ungepolstert sind, empfiehlt sich ein kleines Kissen oder eine Decke. Die Polsterung sollte nicht höher als ein paar Zentimeter sein, da sonst im schwierigen Gelände jedes Reitgefühl verlorengeht. Zudem muß sie auf dem Sattel fest fixierbar sein, z. B. mit zwei Spannriemen.

- Da das Gepäck fest auf den Lastkamelen verzurrt ist, kommt man nur morgens, bei der – meist mehrstündigen – Mittagspause und abends an es heran. Für die kleinen Dinge des persönlichen Bedarfs wie Fotoausrüstung, Sonnenmilch, Lippenpflegestift, Sonnenbrille usw. sollte deshalb ein kleiner Rucksack oder ein ähnliches, am Sattelknauf zu befestigendes Behältnis mitgeführt werden. Es darf in keinem Fall zu unförmig oder zu schwer sein, da es sonst beim Reiten mitschaukelt, das Kamel unnötig belastet oder gar nervt.

Hintergrund-Info
Das Kamel – geschaffen für ein Wüstenleben

Mustangs der Sahara

Kein Tier bekommt der Wüstenreisende so oft zu Gesicht wie das einhöckrige, auch Dromedar genannte Kamel. Auch in menschenleeren Regionen weitab von Siedlungen oder Pisten erwecken immer wieder große Gruppen, manchmal riesige Herden den Anschein, daß die Sahara voll von wilden Kamelen sei. Doch der Schein trügt: Wenn man es schafft, sich den Tieren genug zu nähern, wird erkennbar, daß die meisten ausgewachsenen Kamele Brandzeichen – in der Regel auf dem Oberschenkel des linken Hinterbeins – und Fußfesselmarken – kahle Stellen dicht über den Vorderfüßen – aufweisen: Sie sind domestiziert.

Tatsächlich sind *alle* in der Sahara herumlaufenden Kamele Eigentum von nomadisch lebenden Wüstenbewohnern, werden aber immer wieder mehr oder weniger lang sich selbst überlassen, manchmal bis zur Dauer von mehreren Jahren. Nur wirklich zum Arbeitseinsatz als Last- und Reittiere benötigte, für den Verkauf oder als Mitgift bestimmte Kamele leben in Gefangenschaft – nur selten in einer Umzäunung, aber durch Fußfesseln am Davonlaufen gehindert. Der Großteil der Kamele durchstreift die Wüste in Freiheit, dient dem Erhalt und Zuwachs des einzigen materiellen Reichtums der Nomaden, ihres Viehbestandes. Obwohl Kamele auf der Suche nach Nahrung und Wasser enorme Entfernungen zurücklegen müssen, finden die Tuareg sie meist problemlos wieder, kennen die oft verschlungenen Pfade der »Wüstenschiffe« genau. Neben dem Einfangen aus kommerziellen Gründen kann auch die Zählung der nach kurzer, aber heftiger Brunftzeit[1] geschwängerten Stuten, 13½ Monate später der Fohlen, Anlaß sein, eine Herde aufzusuchen.

Nur jeweils ein einziges, zwischen 30 und 50 kg schweres Junges, bringt ein Kamel auf die

---

[1] etwa von Dezember bis April

Für die zwischen den Gebirgszügen des Aïr und Hoggar nomadisierenden Tuareg ist das wasser- und futterreiche Oued Temet wichtiger Weide- und Rastplatz. Im Hintergrund der zerklüftete, scheinbar nur aus Schutt bestehende Greboun, mit 1944 m nach dem Bagzane (2022 m) und dem Tamgak (1988 m) der dritthöchste Berg des Aïr.

Welt. Es lernt innerhalb kürzester Zeit zu laufen, was wegen seiner anfangs überproportional langen Beine für den Betrachter ein erheiterndes Schauspiel ist. Erst nach drei Jahren werden die Jungtiere in der Regel das erste Mal zum Brandzeichnen und Abrichten eingefangen. Am Ende jeder Brunftzeit ist auch eine Verringerung der für den Zusammenhalt der Herde ungünstigen Rivalitätskämpfe notwendig – durch die Kastration ausgewachsener Junghengste. Angenehmes Nebenprodukt: Die Operation macht aus schwer abzurichtenden, wilden Burschen potentiell hochwertige Reit-und Arbeitskamele.

Weltrekord im Wassersparen

Das Ur-Kamel, ein nur etwa kaninchengroßes Tier, lebte vor 50 Millionen Jahren in Nordamerika und wanderte erst zur Zeit des Vormenschen[2] über eine damals zwischen den beiden Kontinenten bestehende Landverbindung nach Asien ein. Bereits damals gab es zwei Arten, die Vorfahren des noch heute in Asien heimischen, zweihöckrigen Kamels oder Trampeltiers (lateinisch *camelus ferus)* und des einhöckrigen *camelus dromedarius*. Letzteres verbreitete sich über die arabische Halbinsel bis nach Nordafrika und bevölkert heute die ganze Sahara. Bei keinem anderen Großtier gibt es eine so weitgehende Anpassung an einen extremen Lebensraum. Die Evolution hat aus dem in besonders heißen Regionen heimischen Dromedar ein Wesen gemacht, dessen Lebens- und Überlebensfähigkeit bei Hitze und Trockenheit ebenso verblüffend wie faszinierend ist und dessen Physiologie jedes vergleichbare Tier – etwa ein Pferd – als »Eintagsfliege« erscheinen läßt, zumindest unter Wüstenbedingungen.

Entscheidend für ein perfekt angepaßtes Saharasäugetier, insbesondere ein relativ großes und schweres[3], ist seine Fähigkeit, zugeführte Flüssigkeit mit so geringen Verlusten zu verwerten, daß es erst möglichst spät zu einem für den Körper gefährlichen Wasserdefizit, nämlich zu einer tödlich endenden Verdickung des Blutes,

---

[2] vor rund 2 Millionen Jahren

[3] Ein ausgewachsenes Kamel wiegt in normal ernährtem Zustand zwischen 500 und 600 kg

Auch heute noch ist für die Tuareg-Nomaden das Kamel unentbehrliches Transportmittel.

kommt: Ein Kamel kann bei starkem Gewichtsverlust die Abnahme der Blutmenge[4] geringer halten als die an Muskel- und Fettgewebe. Im Klartext: Verliert es durch Nahrungs- und Flüssigkeitsmangel ein Viertel seines Gesamtgewichts, reduziert sich die Blutmenge statt um 25 % nur um 10 %! Bis zu drei Wochen kann das Dromedar während der relativ kühlen Perioden in der Sahara ohne zu saufen überleben. Selbst während der extremen Temperaturen des Hochsommers[5] legen freilaufende Kamele zwischen Wasserstellen mehr als 500 km zurück, was einer Marschzeit von rund einer Woche entspricht! Folgende physiologische Besonderheiten verschaffen dem »Weltmeister im Wassersparen« seine Ausdauer:

[4] rund 1/12 des Körpergewichts

[5] Die Überlebenszeit des Menschen beträgt dann ohne Wasserzufuhr nur ein bis zwei Tage

- In den Depots dreier Vormägen, aufgeteilt in etwa je 1/4 Liter fassende Speicherzellen, kann das Kamel bis zu rund 200 Liter Wasser unterbringen – getrunken übrigens in nicht mehr als etwa einer Viertelstunde!

- Die roten Blutkörperchen des Kamels sind in der Lage, bis zum 200fachen ihres Eigenvolumens an Wasser aufzunehmen, und sie sind, um dem enormen osmotischen Druck einer solchen Flüssigkeitsmenge widerstehen zu können, oval statt wie bei allen anderen Säugetieren rund.

- Die Nieren- und Harnorgane sind so konstruiert, daß der Harnflüssigkeit vor Ausscheidung ein Großteil des darin enthaltenen Wassers wieder entzogen und in den Körper zurückgeführt wird. Diese extreme Urinverdickung ermöglicht dem Kamel übrigens auch, Salzwasser und salzhaltige Pflanzen zu verwerten. Die ausgeschiedene Restflüssigkeit wird beim Ab-

Kamelstuten mit Jungtieren am Erg Issaouane (Algerien).

lassen mit dem dann automatisch schlagenden Schwanz auch noch zusätzlich als Kühlflüssigkeit für das Hinterteil verwendet. Spezielle Zellen des Enddarms entziehen dem Kot des Kamels vor Ausscheidung ebenfalls den Großteil der darin enthaltenen Flüssigkeit. Dieser besteht dann aus nur walnußgroßen, für ein so schweres Tier auch nur wenigen Kugeln. Bei in Gefangenschaft gehaltenen, immer gut gefütterten und getränkten Kamelen sind die wassersparenden Funktionen der Ausscheidungsorgane augenscheinlich nicht so aktiv.

- Kamele verfügen über ein spezielles Kühlsystem des Blutkreislaufs: Vor dem Ausatmen wird der Luft hinter den Nüstern in einem ausgedehnten Labyrinth von Nasenschleimhäuten Feuchtigkeit entzogen und zur Kühlung von Gehirn, Augen und Blutgefäßen verwendet. Dies ist der Grund, warum der Atem eines Kamels sich heiß und trocken anfühlt.

- Bei sehr hohen Außentemperaturen läßt ein Kamel seine Bluttemperatur von ca. 37° C auf 40° bis 42° C ansteigen und verringert dadurch den Flüssigkeitsverlust, der durch Schwitzen entsteht. Während der Nacht kann es sich bis auf 34° C abkühlen. Sein Körper gewinnt durch diese »Kühlschaltung« die Schweißproduktion von ein bis zwei Stunden – der Zeit, die es länger dauert, bis der Körper während der Hitzeperiode des nächsten Tages wieder Temperaturen erreicht hat, die zu Schweißbildung führen.

- Der Höcker des Kamels dient, auch wenn in seinem Fettgewebe eine gewisse Menge Wasser gebunden ist, nicht als Flüssigkeitsspeicher, sondern als Energiereserve für besonders harte Lebensbedingungen. Zum Beispiel zehren bei einer Salzkarawane, dem Anstrengendsten, was es im Leben eines Kamels geben kann, die schwer beladenen und aus Transportgründen nicht gerade üppig gefütterten Tragekamele von ihrem Höcker.

- Dicke Knorpelschichten an Knien, Ellbogen und Brustbein, also den Stellen, mit denen das Kamel beim Sich-Hinsetzen hauptsächlich den Boden berührt, isolieren Gelenke und Bauchhöhle vor großer Bodenhitze.

Auch eine Reihe anderer körperlicher Anpassungen verhelfen dem Kamel zu optimaler Wüstentauglichkeit:

- Die »Hufe« sind breite und weiche Teller und sinken auch in tiefem Sand nur wenig ein. Eine federnde, dicke Hornschwiele bildet die Sohle, schützt den Fuß vor scharfkantigen Steinen und Dornen. Der Paßgang (zwei rechts, zwei links, zwei rechts usw.) wirkt im Sand wie ein Allradantrieb. Er sorgt vor allem bei schnellem Marsch für geringeren Flächendruck pro Fuß als beim Galopp.

- An den Augen verhindern lange Wimpern und starker Tränenfluß, an den Ohren starke Behaarung und an den Nüstern ein Schließmuskel das Eindringen von Sand.

- Ein Horngaumen und sehr starker Speichelfluß ermöglichen dem Kamel, auch dornige Nahrung zu sich zu nehmen, etwa die mit langen und harten Stacheln besetzten Zweige der Sahara-Akazien.

»Minikarawane«.

Der Wüste begegnen

Sahara extrem mit dem Geländewagen

Reportage
Im Erg

Die Ergs der Sahara sind wie Ozeane aus Sand, scheinbar erstarrt, in Wirklichkeit von den »Gezeiten« des Wüstenwindes bewegt und von seinen Stürmen zu Riesenwogen aufgewühlt. An einem Tag wie heute – heiß, klar und windstill – zeugen allerdings nicht mal an den höchsten Dünen Sandfahnen vom Fließen des Sandmeeres.

Wir sind mitten im *Erg Issaouane*, auf einer *passage impossible*, wie mein algerischer Reisepartner *Ahmed* das Unternehmen vor unserer Abfahrt vom Städtchen *Illizi* genannt hat – mit verschmitztem Lächeln und einem unternehmungslustigen Blitzen in den Augen.

Bei vielen Fahrten über die »Gräberpiste« – eine landschaftlich besonders reizvolle Route im Südosten der algerischen Sahara – hatten mich die Formschönheit, die tiefrote Farbe der Dünen fasziniert, die kurz vor dem *Oued Samene* den Südrand des *Erg Issaouane* bilden. Von dort aus dieses ebenso malerische wie unerschlossene Dünengebiet zu durchqueren, wurde für mich Traum und Herausforderung zugleich, für den Chef des ältesten Wüsten-Reisebüros in *Illizi* Anlaß zu »unbezahltem Urlaub«, zu einer ganz privaten Saharareise. Schon lange weiß ich den unglaublichen Orientierungssinn des Targui, seine genaue Ortskenntnis, seine Abenteuerlust wie auch Besonnenheit zu schätzen – insbesondere in der unter Tuareg seltenen Kombination mit überragendem Fahrkönnen. Vor allem im Erg: Ahmed ist ein wahrer Dünenspezialist. Mit niemand anderem hätte ich ein Unternehmen wie dieses in Angriff genommen, denn Fahrfehler können hier fatale Folgen haben, das Auto aufs Dach legen oder in einem heimtückischen Weichsandtrichter versenken. Seit vier Tagen sind wir nun mittendrin im Dünenmeer des *Issaouane*, unterwegs in zwei stark motorisierten, nur mit dem Nötigsten beladenen Geländewagen: genug Treibstoff für 500 km – der doppelten Luftliniendistanz – bei Höchstverbrauch, Wasser und Proviant für eine Woche, Schaufeln, Sandbleche, Abschleppseile, Werkzeug und Ersatzteile.

Wieder einmal haben wir eine potentielle, besonders hohe und steile Dünen-Auffahrt zuerst zu Fuß erklommen, haben erkundet, was uns oben, vor allem aber auf der anderen Seite erwartet. Schwer atmend nach dem langen Aufstieg sitzt Ahmed neben mir, er hat eine große Kuhle in den nur sandkornbreiten Gipfelgrat gedrückt. Ich stelle unsere Orientierungs-Rückversicherung, das kleine GPS-Satelliten-Navigationsgerät, neben mich. Eine Minute später bestätigt es mit ebenso beruhigender wie faszinierender Genauigkeit: Wir befinden uns planmäßig auf Kurs Nord, exakt 129 Luftlinienkilometer nördlich des Ausgangspunktes unserer Erg-Durchquerung im Tuareg-Dorf *Tanarine*. Die wirklich zurückgelegte Entfernung beträgt unserem Autotachometer zufolge doppelt so viel – ungezählte Höhenmeter inklusive.

Der Ausblick von hier oben ist atemberaubend: Endlose Ketten riesiger Dünen bilden die »Brecher« des Sandmeeres. An ihrem Fuß kräuselt sich der Erg wie aufgewühlte See zu ineinander verschlungenen Kleindünen, Trichtern und Kesseln. Dazwischen, in den Tälern und Senken der freigewehten *Gassis*[1], können sich »Dünen-Surfer« wie wir vor dem Ritt über die nächste »Welle« ein wenig erholen. Am Südfuß unseres Aussichtspunktes stehen die beiden Autos, surrealistische Spielzeuge in einem Riesensandkasten, am Ende aus dem Nichts kommender Reifenspuren, am Anfang der »Insektentrassen« unserer Fußabdrücke. An der Nordseite breitet sich ein gewaltiges, über fünfzig Kilometer langes, von einem Felsabbruch durchzogenes Tal vor uns aus – das größte Gassi des Erg Issaouane.

Erinnerungen an eine andere Reise werden wach. Jenseits dieses Tales war ich vor zwei Jahren an die Grenzen des Machbaren gelangt. Vom *Khanfoussa* – einem düsteren Felsschuttberg an einer alten Kolonialpiste – hatten wir versucht, den Erg in Richtung Nordosten zu durchqueren – in einem schwer beladenen Auto, Begleitfahrzeug für eine Motorradfahrer-Gruppe. Auf halbem Weg – inmitten der höchsten und am dichtesten zusammenstehenden Dünen des Erg Issaouane – brachten zahllose mit

---

[1] Freie, meist festgrundige Fläche zwischen Dünenketten in Form von kilometerbreiten Tälern und Kesseln, manchmal auch schmalen Einschnitten.

Ahmed auf der Suche nach einer Passage.

dem schweren Auto unüberwindbare Passagen den Entschluß zur Umkehr. Allerdings nicht – eigentlich eine Sahararegel bei Querfeldeinfahrten – entlang unserer Spuren: Der direkte Rückweg war wegen der in Gegenrichtung für das Auto unpassierbaren »Schlitten-Abfahrten« nicht möglich. Unser »Fluchtweg« wurde das nicht weit südlich liegende »Große Gassi«. Von seinem Westende gelangten wir auf wahren Sandautobahnen zum *Khanfoussa*, zum Brunnen von *Hassi Touill*, schließlich nach *Bordj Omar Driss*. Als wir von der letzten Düne des Erg auf die Oase hinunterblickten, war eine Fahrt zu Ende, die man nicht besser charakterisieren könnte, als es damals ein Mitreisender tat: ein »Dünentrip für Adrenalin-Süchtige«.

Auch bei unserer jetzigen Reise erreicht der Verbrauch an dem körpereigenen »Doping«-Hormon nicht selten Spitzenwerte – mit Sicherheit jedes Mal, wenn nach einer langen Vollgasauffahrt die in den Himmel ragende Motorhaube plötzlich über den Dünengrat kippt. Genau das steht uns auch jetzt bevor, denn die Überquerung unserer Aussichtsdüne ist die einzige halbwegs machbare Passage weit und breit!

»*On va essayer le passage ici*« (wir werden die Überquerung hier versuchen), bringt mich Ahmed mit einem »Es-wird-schon-gutgehen«-Lächeln aus meinen Gedanken zurück auf den Boden der Tatsachen. Bevor wir die Düne runterrennen, markiert er die Stelle, an der wir gesessen haben, mit dem Fuß, malt einen Pfeil in den Sand. Mehr aus psychologischen Gründen, denn auf dieser Düne spielt es keine Rolle, ob wir die Auffahrt zwanzig Meter weiter rechts oder links in Angriff nehmen. Überall im sanft nach oben gewölbten mittleren Teil des riesigen Hanges ist der Sand einigermaßen fest. Erst ganz oben ändert sich das, kurz bevor ein scharfer Grat *Luv*- und *Lee-Seite*[2] der Düne trennt.

---

[2] Die windabgewandte Seite einer Düne. Der dort abgelagerte, von der Luv-Seite, also dem windzugewandten Dünenhang, über den Dünenkamm gewehte Sand, ist nur sehr locker aufeinandergehäuft, hat vor allem im Bereich des Dünengrates die Tendenz, ständig in Form kleiner Lawinen zu fließen.

Ahmed wird es als erster versuchen, setzt seinen Wagen erst einmal bis zum Fuß eines Gegenhanges zurück. Dann schießt sein nicht mehr ganz taufrischer Toyota los. Das »Dünenauto« seines Fuhrparks konsumiert zwar unglaubliche Mengen Benzin, hat aber einen kräftigen Motor unter der Haube – und ohne den wäre eine Auffahrt wie diese von vornherein zum Scheitern verurteilt. Mit heulendem, ausgedrehtem fünften Untersetzungsgang passiert mich der Wagen, jagt den sicherlich an die zweihundert Meter hohen Sandberg hinauf. Nur wenige Zentimeter tief sind die Spuren der mit gerade einem atü aufgepumpten Räder. Wie die breiten, federnden Sohlen eines Kamels schmiegen sich die Reifen an den Sand.

Etwa auf halbem Weg läßt Ahmeds Tempo sichtlich nach. Der Anlaufschwung ist aufgebraucht, die Steigung der Düne nimmt langsam aber sicher extreme Ausmaße an. Wie ein großer Käfer auf der Schräge eines Hausdachs »krabbelt« der Wagen in Richtung Dünenkamm. Der erste Schaltvorgang: Ruckartig brechen die Hinterräder wie durch dünnes Eis nun doch in den Sand ein, fräsen eine breite Spur hinein. Dritter..., zweiter Gang – nur wenige Autolängen trennen Ahmed noch vom Dünengrat. Muß er in den ersten Gang wechseln? Selbst ein noch so schneller Schaltvorgang würde den Kraftschluß unterbrechen, bei dem jetzigen Tempo und Neigungswinkel den letzten Vortrieb kosten. Schon überragt die Kühlerhaube den Dünengrat, der Wagen kippt nach vorne – bleibt waagrecht über dem Dünengrat stehen! Ahmed hat auf dem Kamm »geparkt« – alle vier Räder in der Luft! Das sieht nach Arbeit aus. Der Sand muß unter dem Wagen weggegraben werden, bis wenigstens zwei Reifen belastet sind und Sandbleche für Vortrieb sorgen können.

Ahmed steigt aus und stellt sich auf die vordere Stoßstange. Offensichtlich versucht er, den Toyota mit seinem Körpergewicht über den Grat zu wippen. Tatsächlich – das Auto rutscht ein kleines Stück nach vorne, vielleicht weit genug. Der Motor heult auf, Sand spritzt über den Dünenkamm, dann kippt der Toyota hinter zwei plötzlich aufsteigenden Sandfontänen über den Dünenkamm, als wäre er in ein Loch gefallen.

Ich drehe auch erst einmal um und versuche, nicht an die »Schlittenfahrt« jenseits des Dünengrats zu denken, die Ahmed gerade hinter sich hat. In weitem Bogen fahre ich über die leichte Steigung des Gegenhanges und trete auf Höhe von Ahmeds Anlauf-Wendemarke das Gaspedal durch. Der »Schiffsdiesel«, das riesige V8-Aggregat meines amerikanischen Pickup, brüllt auf, mehr als genug Pferdestärken, unterstützt von der »kurzen« Getriebeabstufung der Geländeuntersetzung, drücken mich in das Polster der Sitzbank. Schon am Fuß der Düne hat das Automatikgetriebe in den letzten der vier Gänge geschaltet. Weniger noch als Ahmed muß ich mir an solchen Passagen Gedanken um die Motorleistung machen, muß dazu nicht in einem Schaltgetriebe »rühren«, um den Wagen über einen Dünenkamm zu »kitzeln«. Gasgeben genügt. Scheinbar mühelos wuchten die 7,3 Liter Hubraum das Auto den steilen Hang hinauf, lassen den Grat rasch näher kommen. Erst jetzt wird die Fahrt zur Nervensache: Um nicht kurz vor dem Ziel hängenzubleiben, muß ich den Grat mit einer Geschwindigkeit erreichen, die mindestens die Hälfte des Wagens darüber schiebt – bei dem riesigen Radstand des über sechs Meter langen Pickup schnell genug für den Abflug! Nur eine zentimetergenaue Vollbremsung vor der Dünenkante kann einen verhängnisvollen Sprung mit nachfolgender Kopflandung oder gar Überschlag verhindern.

Wenige Meter noch bis zur Sekunde Null. Schon verschwindet der Dünengrat hinter der in den Himmel ragenden Kühlerhaube. Ruckartig stemme ich meinen Oberkörper gegen die von hinten zerrende Schwerkraft aus dem Seitenfenster, halte mich mit der linken Hand am Außenspiegel fest. Trotz *Chech* und Sonnenbrille treffen die Sandkörner wie Nadelspitzen auf die freien Stellen meines Gesichtes. Nur undeutlich sehe ich durch die Sandwolke des Vorderrades, was vor mir liegt, muß mich an Ahmeds etwas weiter links verlaufenden Spuren orientieren. Mit angehaltenem Atem bleibe ich auf dem Gas, warte mit höchster Konzentration auf den Moment, wenn der Dünenkamm unter dem Fahrzeug verschwindet.

Jetzt! Den Fuß vom Gaspedal reißen und mit aller Kraft in die Bremse treten ist eins. Die Hinterräder übertragen die Vollbremsung so abrupt, daß ich gegen den Sicherheitsgurt falle. Noch während der Beinahe-Sprung zur Kippbewegung wird, noch bevor die Vorderräder im weichen Sand der windabgewandten Dünenseite versinken, trete ich das Gaspedal wieder durch. Der Ruck der »Landung« läßt Kisten und Kanister auf der Ladepritsche krachen. Wie rotierende Baggerschaufeln wühlen die Vorderräder im zerfließenden Sand und ziehen den Wagen langsam talwärts. Mir ist, als stünde er auf seinem Kühlergrill, so steil erscheint der Dünenhang. Hoffentlich hat die »Hinterhand« bald Boden unter den Füßen! Bis jetzt sorgt sie nur für Sandsturm in den Rückspiegeln: Mit Mühe erkenne ich, daß beide Hinterräder weit ausgefedert sind, noch zu wenig belastet, um das aufsitzende Fahrzeug endgültig vom Dünengipfel zu schieben.

Fast ohne Übergang beginnt die »Schlittenfahrt« – allerdings anders, als ich sie erwartet hatte. Mit einem Ruck rutscht der Wagen seitlich ab, sackt das rechte Vorderrad weg, als fehle in der Düne ein Gulli-Deckel! Sand spritzt über Motorhaube und Windschutzscheibe, das Fahrzeugheck driftet unaufhaltsam nach rechts: Drei Tonnen Eisen, Gummi und Plastik setzen zur Rolle seitwärts an!

Für Bruchteile einer Sekunde bin ich wie gelähmt. Dann mache ich, was ich in Gedanken schon oft »geübt« habe – das einzige, was den bevorstehenden Überschlag verhindern kann: Ich wirble das Steuer am Lenkradknopf gegen die Kipprichtung, betätige gleichzeitig kurz die Feststellbremse und gebe Vollgas. Der Wagen bäumt sich spürbar auf. Gegenlenken, Traktion vorne und Schubunterbrechung hinten beenden das Ausbrechen des Hecks so schnell, wie es begonnen hat. Fast gleichzeitig geht die Fließsandzone in festeren Untergrund über. Noch einmal Glück gehabt!

Unübersehbar in seinem leuchtend türkisfarbenen Burnus steht Ahmed unten im Tal und

In der Sahara verwischen weder Pflanzen noch die dazugehörige, mehr oder weniger dicke Humusschicht das Landschafts-Relief. Tektonische Verwerfungen sind deutlich sichtbar, wirken wie Grafiken aus einem geomorphologischen Lehrbuch.

fuchtelt wild mit beiden Armen, winkt immer wieder in Richtung Boden. Trotz meiner sich überschlagenden Gedanken verstehe ich sofort, was er meint: ein Defekt an Rad oder Reifen! So sanft wie möglich bremse ich den Wagen ab. Es scheint eine Ewigkeit zu dauern, bis er steht. Wohl ist mir nicht dabei, an einem solchen Gefälle auszusteigen. Noch immer auf der Bremse stehend, schlage ich die Lenkung bis zum Anschlag nach rechts ein, schalte den Motor aus, lege den Rückwärtsgang ein und ziehe die Handbremse. Zu plötzlich nehme ich dann den Fuß vom Pedal. Das Auto »fällt« geradezu über den Leerweg des Antriebswellenspiels gegen den Rückwärtsgang, rutscht trotz blockierter Räder ruckartig eine halbe Wagenlänge!

So vorsichtig, als wäre Nitroglycerin auf der Ladefläche, öffne ich, als der Wagen steht, die Türe und lasse mich langsam hinausgleiten. Auf allen Vieren klettere ich den steilen Sandhang hinten um das Auto herum. Nur aus den Augenwinkeln registriere ich die tiefen Spuren dieser chaotischen – noch immer nicht überstandenen – Dünenüberquerung. Das oberste Stück meines »Hakens« verläuft im 45-Grad-Winkel zum Dünengrat – wirklich ein Wunder, daß sich der Wagen nicht überschlagen hat.

Ein »Plattfuß« vorne rechts war die Ursache des Ganzen. Nur noch ein Loch ist statt des Ventils zu sehen. Offenbar hat es der Reifen abgerissen. Er muß sich auf der Felge gedreht haben, als er auf dem Dünengipfel »unter Sand« gewühlt hat. Auch links vorne steht das Ventil schon bedenklich schräg!

Ein Radwechsel ist hier oben unmöglich. Selbst wenn ich zwei Sandbleche unter den Wagenheber lege – bei diesem Gefälle könnte schon ein kleiner, beim Abnehmen und Aufschieben des schweren Rades kaum zu vermeidender Ruck zum Desaster führen. Daß die Fahrt ins Tal den platten Reifen zerstören könnte und ich den Rest der Reise ohne Ersatzrad fahren muß, ist wirklich das kleinste der jetzt denkbaren Übel.

In Zeitlupe schiebe ich mich wieder auf den Fahrersitz, lasse den Motor an und rolle mit dem Fuß auf der Bremse im Schrittempo den endlos erscheinenden Hang hinunter. Schon etwas oberhalb des Dünenfußes kann ich an einer relativ waagrechten, kleinen Stufe anhalten. Es stinkt nach verbrannten Bremsbelägen, die Felgen sind glühend heiß. Wenigstens ist der Schlauch des linken Vorderreifens heil geblieben.

Ahmed rennt mir entgegen. *»Oh, là là! Thomas, c'était très dangereux«*, kommentiert er die Aktion und begutachtet den defekten Reifen. Der hat wie erwartet auf der Talfahrt breite Risse bekommen. Das Gewebe der Karkasse ist an mehreren Stellen zu sehen. Ich ärgere mich über mich selbst, hätte wissen müssen, daß das Drehmoment meines »Dünenmonsters« für einen – bei normalen Geländewagen durchaus fahrbaren – Sandluftdruck von einem atü wohl zu hoch ist.

Eine Stunde später haben wir mit vereinten und nun reichlich erschöpften Kräften das Reserverad montiert, den rechten Vorderreifen entleert und ausgerichtet sowie alle Räder beider Autos auf 1,5 atü aufgepumpt – für die vor uns liegende, mit Sicherheit nicht reifenschonende Überquerung des großen Gassi.

Je mehr wir uns der Abbruchstufe im nördlichen Teil des Tales nähern, desto unangenehmer machen Geröll und harte Abflußkanten das Fahren, desto unüberwindlicher erscheint die erste Dünenkette jenseits der Stufe. Wir drehen nach Westen ab und folgen dem Verlauf des Gassi, bis der Abbruch nahe an die Dünenkette heranrückt, um schließlich von ihr verschluckt zu werden. Ein kleines Stück weiter stoßen wir auf eine Öffnung, einen nach Norden führenden Einschnitt in der gigantischen Sandbarriere. Ich erkenne die Stelle sofort wieder, nicht zuletzt wegen der noch relativ gut sichtbaren Motorradspuren in den zahlreichen Schwemmton-"Pfannen": Hier sind wir auf der abgebrochenen Erg-Durchquerung vor zwei Jahren herausgekommen.

Als der unebene Boden des »großen Gassi« in eine makellose Fläche ebenen Sandes übergeht, gibt Ahmed Gas, hält auf einen Einschnitt zwischen zwei Sterndünen zu. Die fast strukturlose Oberfläche spielt unseren Augen wieder mal einen Streich: Über hundert Stundenkilometer werden zu scheinbarem Stillstand, und eine kaum merkliche Steigung hat uns schon bald hoch über das Gassi getragen. Ein gewaltiger Kessel tut sich vor uns auf, läßt die wirkliche Dimension der beiden Dünenriesen und des sie verbindenden Sandwalls erahnen. Nach Ahmeds zielstrebiger Fahrweise zu schließen, wird dies wohl auch unser Einstieg in den Nordteil des Issaouane werden.

In rasanter Schräghangfahrt schneidet er den Krater rechts an, umgeht den weichen Sand an seinem Grund und klettert auf der harten Oberfläche der Kesselwand weit nach oben. Dort wo der Krater in die riesige, in einem abgerundeten Sattel endende Steigung übergeht, bricht der Wagen schlagartig bis an die Achsen in ein Weichsandfeld ein. Nur knapp reicht die Geschwindigkeit, um einen Bogen zu fahren und nach unten abzudrehen, dann »taucht« der Toyota wie ein Sturzbomber wieder ab in Richtung Kraterboden und nimmt an dem langen Gefälle noch einmal Schwung für einen zweiten Versuch. Diesmal mehr links, wo Hang und Sterndüne ineinander übergehen und Wellen, Stufen und Plattformen bilden. Mit »Röntgenblick« legt Ahmed eine Spur zwischen die zahlreichen Weichsandfelder, klettert immer weiter den Hang hinauf. Noch im Bereich des Kraters bekomme ich die Enge seiner »Ideallinie« zweimal zu spüren: Kaum zehn Meter neben ihr sackt der Ford beide Male regelrecht weg und wird mit der Wucht einer Vollbremsung verzögert. Nur ein *Kickdown*, das blitzschnelle Vollgas-Herunterschalten des Automatikgetriebes, wuchtet den Wagen durch die Sandfallen. Danach bleibe ich metergenau an Ahmeds Spur, erreiche kurz nach ihm den Dünensattel, als sei die Auffahrt geteert gewesen.

Wir beschließen, auf der sanft gerundeten Fläche zwischen den beiden Dünenriesen für heute Schluß zu machen. Fast die ganze Fläche des von Sandgebirgen eingerahmten »großen Gassi« – von der Abendsonne mittlerweile in warme Rottöne getaucht – ist von hier oben zu überblicken.

»*Voilà, le Khanfoussa.*«

Ahmed deutet auf den Horizont. Ein Stück links von dem nun schon die Dünen berührenden Sonnenball ragt der vierzig Kilometer entfernte Geröllberg aus dem Erg – ein unheimlich wirkender Kontrast zu den in Form und Farbe so weichen Linien der Dünen.

Trotz des im *Erg Issaouane* vergleichsweise geringen Pflanzenbewuchses findet sich auch heute wieder ein wenig Feuerholz. Wo Sattel und linke Sterndüne ineinander übergehen, wächst eine kleine Kolonie teilweise blühender Pflanzen. Etwas abseits steht ein zwei Meter großer, baumartiger Rutenginster, der seine Größe wahrscheinlich einigen für die Sahara regenreichen Jahren verdankt. Vielleicht haben seine viele Meter langen, wie alte Starkstromkabel aus dem Sand ragenden Wurzeln einst sogar auch das unter dem Erg vorhandene Grundwasser erreicht. Heute abend und morgen früh wird uns das seit langem abgestorbene Bäumchen jedenfalls als Brennholz dienen.

Während Ahmed unser Abendessen-*Taguella* zubereitet, ziehe ich in den schadhaften Reifen einen neuen Schlauch ein und »repariere« die durchgerissenen Stellen der Karkasse mit großen, von innen aufgesetzten Flicken: lieber ein angeschlagenes Reserverad als gar keines.

Wie schon oft mundet das zwischen Feuerglut und heißem Sand gebackene, anschließend in eine scharfe Gemüsesauce eingebrockte Fladenbrot köstlich, macht uns das auf Saharareisen ebenso praktische wie stimmungsvolle Tuareg-Gericht satt und zufrieden.

Als der grüne Tee in Ahmeds kleiner Blechkanne auf der Glut köchelt, ist auch vom letzten Schimmer des Abendrots nichts mehr zu sehen, kehrt mit der Nacht endgültig Ruhe nach diesem nicht gerade langweiligen Tag ein.

Mondlos liegt der Wüstenhimmel über dem noch immer ungewöhnlich windstillen Erg. Kein Dunst, kein Staub, nicht die kleinste Wolke trübt das Sternenmeer. Das breite Band der »Milchstraße« zeichnet sich weltraumklar ab. Wie schon so oft unter dem Nachthimmel der Sahara erfüllt mich dieser Anblick mit einem Anflug kosmischen Bewußtseins. Es ist, als würde ich die unvorstellbaren Dimensionen dort draußen, die Winzigkeit unseres Planeten, seine Position am Rande eines gigantischen »Wirbels« aus Sonnen, ein wenig spüren.

Im Zentrum unserer Galaxie, dort wo Millionen dichtgedrängter Sonnen wie am Himmel verschüttete Milch aussehen, entdecke ich eine Bewegung: Mit deutlich wahrnehmbarer Geschwindigkeit bewegt sich ein »Stern« über den Himmel, wird von der Milchstraße nur an besonders hellen Stellen »verschluckt«: Ein Satellit, dort oben noch immer vom Licht unserer Sonne zum Glänzen gebracht, zieht seine Bahn.

Das Taguella ist ein direkt in der Glut des Lagerfeuers gebackenes Fladenbrot aus Hirsemehl, Wasser und Salz. Die Hitze schließt die Poren des Teigs so schnell, daß kein Sand daran hängen bleiben kann.

»*Là haut, une étoile pour ton guide électrique*« (da oben, ein Stern für deinen elektrischen Führer), witzelt Ahmed im selben Moment.

»*Bonne idée, on va demander ta concurrence*« (gute Idee, fragen wir mal deine Konkurrenz), scherze ich zurück und stehe auf, um das »GPS« für eine »Gute-Nacht-Position« aus dem Auto zu holen. Das Satelliten-»Menü« auf dem LCD-Display des kleinen Geräts zeigt kurz die Kommunikation mit sieben Satelliten an, dann steht die Position: Noch rund fünfzig Kilometer bis zum Ziel unserer Süd-Nord-Durchquerung des Issaouane, der kleinen Piste durch das *Djoua*-Tal nach *Bordj Omar Driss*.

Daß diese fünfzig Luftlinien-Kilometer über hundert Fahr-Kilometer werden dürften, daß wir dafür vielleicht zwei Tage brauchen werden, das weiß der »elektrische Führer« natürlich nicht.

Er weiß auch nicht, daß die Wüste dort am schönsten ist, wo sie am unzugänglichsten ist: im Erg.

Ratgeber
Mit dem Geländewagen durchs »Dünenmeer«

Fahrzeugtechnik

Auch wenn bei Rallyes einige wenige Spezialisten in sog. »Buggys« immer wieder demonstrieren, daß man auch Autos ohne Allradantrieb durch tiefen und weichen Sand fahren kann – zumindest solche mit sehr hoher Motorleistung und extrem niedrigem Gewicht –, ist im Normalfall für das Vorankommen in Dünenregionen der Antrieb aller Räder unerläßlich. Ist der Allradantrieb wahlweise zuschaltbar, sollte er in Dünengebieten trotzdem immer eingelegt bleiben. Nicht nur wegen des besseren Vortriebs – an vielen Stellen würde es auch mit Zweiradantrieb weitergehen –, sondern auch wegen der Schonung der Antriebsmechanik durch Verteilung der Motorkraft auf alle statt nur zwei Räder.

Ob der Wagen ein Schalt- oder ein Automatikgetriebe besitzen sollte, ist eine Frage persönlicher Vorliebe. Als objektiver Vorteil eines Automatikgetriebes gegenüber dem Schaltgetriebe kann gelten:

- Wegfallen von Kraftschlußunterbrechungen beim Gangwechsel, die häufig über Steckenbleiben oder Durchkommen entscheiden.
- Für das Anfahren im Sand günstige, weiche Kraftübertragung
- Materialschonung durch das Fehlen von ruckartigen Belastungsspitzen (vor allem bei Fahrt mit Untersetzungsgetriebe)
- Kein Kupplungsverbrennen möglich
- Geringere Beanspruchung des Fahrers

Vorteil eines Schaltgetriebes gegenüber der Automatik ist:

- Geringere Kraftverluste zwischen Motor und Rädern
- Direkteres Fahrgefühl: Gewählter Gang, Motordrehzahl und -geräusch, Dosierung von Kupplung und Gas, Geschwindigkeit und Raddrehzahl stehen in deutlicher fühlbarem Zusammenhang.

Kleine Dünen sind oft schwerer zu überqueren als große und erfordern entschlossene Fahrweise.

Unerläßlich für extreme Dünenfahrten ist ein zusätzliches Untersetzungs-Getriebe (in der Regel beträgt das Übersetzungsverhältnis etwa 1 : 2), nicht nur wegen der kürzeren Übersetzung und damit höheren Kraftausbeute, sondern auch wegen der viel engeren, bei Schaltvorgängen kraftverlustärmeren Getriebestufung. Speziell auf langsamen, engen und weichen Streckenabschnitten oder bei Steilauffahrten ist das von großem Vorteil: Statt nur einem oder zwei stehen in dem Geschwindigkeitsbereich, in dem man sich bewegt, dann drei oder vier Gänge zur Verfügung. So läßt sich der Motor leichter im leistungs- und drehmomentstärksten Drehzahlbereich halten.

Ein für lange Dünenfahrten geeignetes Auto sollte mit zu 100 % sperrenden Blockiervorrichtungen für die Achs-Ausgleichsgetriebe, mit sog. Differentialsperren, ausgerüstet sein. Sie verhindern, daß bei Schrägfahrt oder teilweisem Aufsitzen der Fahrzeugunterseite, also bei ungleichmäßiger Belastung der Räder, der Allradantrieb wirkungslos wird. Denn ein Differential – eigentlich für den Ausgleich unterschiedlicher Raddrehzahlen (z. B. bei Kurvenfahrt) zuständig – tut im Sand genau das Falsche: Es leitet, wird ein Rad einer Achse mehr vom Sand abgebremst als das andere, die Kraft zum sich leichter drehenden Rad. Typischer Effekt: Das fest im Sand steckende Rad dreht sich gar nicht mehr, das andere dreht durch!

Entscheidend für den Gebrauchswert von »Diff.-Sperren« bei Erg-Durchquerungen ist übrigens die Möglichkeit, sie während der Fahrt zuzuschalten und in allen Gängen, also auch bei höherer als Schrittgeschwindigkeit, benutzen zu können. Dies ist nicht bei allen allradgetriebenen Fahrzeugen möglich. »Sperren«, die sich nur im Stand einlegen lassen und nur im ersten Gang der Untersetzung benutzt werden dürfen, sind nicht mehr als Anfahr- oder Schlepphilfen. Solche, die während der Fahrt (z. B. wie bei den G-Modellen von Daimler-Benz hydraulisch oder elektropneumatisch) aktiviert werden können, machen selbst relativ schwach motorisierte Geländewagen zu erstaunlichen »Dünen-Kraxlern«: Legt man die Sperren während einer Steilauffahrt ein, setzt wie ein kleiner »Nachbrenner«-Effekt plötzlich spürbarer Vortriebszuwachs ein.

Bei gesperrten Differentialen sind Kurvenfahrten auf hartem Untergrund, z. B. in freigewehten Senken zwischen Dünen, wegen der Gefahr mechanischer Schäden zu vermeiden. Sollte eine Sperre nach dem Deaktivieren nicht gleich wieder herausspringen, Rückwärtsgang einlegen und einige Meter zurück, dann wieder vorwärts fahren.

Vor allem Autos mit permanentem Allradantrieb besitzen ein Ausgleichsgetriebe zwischen Vorder- und Hinterachse. Auch dieses Zentraldifferential sollte für Dünenexpeditionen zu 100 % sperrbar sein, will man nicht in Kauf nehmen, daß es an Steilauffahrten zu einer ähnlich unsinnigen Kraftverteilung zwischen Vorder- und Hinterachse kommt wie bei ungesperrten Achs-Differentialen zwischen den Rädern.

Grundsätzlich sollte ein für lange Dünenreisen geeigneter Geländewagen möglichst stark motorisiert sein. Dieselmotoren sind wegen ihrer Durchzugskraft und »Zähigkeit« im Bereich niedrigster Drehzahlen ideale Sandantriebsaggregate und ermöglichen in Ergs besseres Vorankommen als deutlich stärkere Benzinmotoren, die zudem bei extremem Sandeinsatz enorm durstig werden. Bei einem mit Untersetzungsgetriebe, Vorder- und Hinterachs-Differentialsperre ausgerüsteten Geländewagen mit einem effektiven Fahrgewicht von ca. 2,8 t ist ein Dieselmotor mit einen Hubraum von 3 bis 3,5 l und einer Motorleistung von ca. 100 bis 120 PS auch für die Bewältigung extremer Passagen ausreichend – zumindest wenn Bereifung und Luftdruck stimmen.

Beides ist entscheidend für das Vorankommen in tiefem und weichem Sand. Niedriger Luftdruck (im Extremfall bis unter 1 atü!) sorgt für eine Vergrößerung der Reifenaufstandsfläche. Flächendruck und damit das Einsinken des Fahrzeugs im Sand werden vermindert. Entgegen weitverbreiteter Ansicht ist im Sand ein relativ schmaler Reifen mit hohem Querschnitt und damit großem Außendurchmesser einem Breitreifen vorzuziehen. Beispielsweise vergrößert der für Dünenfahrten sehr bewährte Michelin XS (7.50 x 16" oder 9.00 x 16") nach Absenken des Luftdrucks seine Aufstandsfläche in Achs- *und* in Fahrtrichtung so enorm, daß er weit niedrigere Flächendrücke erreicht als der voluminöseste, alternativ montierbare Breitreifen.

Die Profilgestaltung eines für Dünenreisen geeigneten Autoreifens sollte flächig, an den Reifenflanken nicht kantig, sondern abgerundet sein. Nur Autos mit dem Leistungsgewicht professioneller Rallye-Fahrzeuge brauchen im Sand – wie auch Motorräder – grobstollige Reifen zum Vorankommen. Wenn deutlich weniger als 50 PS pro angetriebenem Rad (bei rund 2,8 t Fahrgewicht) zur Verfügung stehen, geht es damit allerdings eher abwärts als vorwärts.

Schlauchlosreifen sind für Reisen durch Sandwüsten ungeeignet: Sie sind ohne Hochdruck-Kompressor nach einem Defekt nicht wieder aufblasbar und werden bei starker Luftdruckabsenkung durch Sand zwischen Felge und Reifen schnell undicht.

Eine angenehme und nützliche Kleinigkeit zum Thema Ergonomie sei noch verraten: Es ist ein Lenkradknopf. Er ermöglicht Einhandbedienung des Steuers, schnelles »Kurbeln« ohne Nachfassen und gefühlvolle »Maßarbeit« bei kritischen Manövern.

Beladung

Dünenfahrten bringen immer wieder einmal Neigungswinkel mit sich – in Fahrt- wie in Seitenrichtung –, die ein ungünstig beladenes, kopflastiges Auto zum Umkippen bringen können. Durch schwerpunktgünstige, bodennahe Anbringung schweren Materials und Gepäcks kann man hier einige Sicherheitsreserven schaffen. Also nur leichte Gegenstände auf den Dachgepäckträger laden, schwere Ausrüstung, wie volle Treibstoff- und Wasserkanister, Werkzeug, Ersatzteile usw. möglichst auf dem Boden des Fahrzeuginnenraums unterbringen!

Ausrüstung

- 2 Leichtmetall-Sandbleche (»Luftlandebleche«) von mindestens 1,5 m, höchstens der Länge des Fahrzeugradstandes minus 1 Reifendurchmesser.

- 1 große Schaufel für Grabarbeiten *am*, 1 Klappspaten für solche *unter* dem Fahrzeug

- 1 Wagenheber mit mindestens 1 m Arbeitshub (»Highlift«)

- 1 Bergegurt (ca. 10 m lang)

- Motorseilwinden sind nur dann sinnvoll einsetzbar, wenn eine ausreichend stabile Verankerungsmöglichkeit für das Seilende vorhanden ist. In Dünengebieten wird mangels Bäumen oder anderer fest genug im Boden verankerter Vegetation in der Regel der Wagen des Reisepartners dafür herhalten müssen.

- Mit Hilfe eines extralangen Abschleppseils kann ein hoffnungslos scheinender Fall nochmal gerettet werden. Ist z. B. ein Wagen in einem engen und steilen Dünentrichter »versackt«, kann ihn der des Reisepartners niemals aus dieser Falle schleppen, wenn er dabei über ebenes oder gar leicht ansteigendes Sandgelände fahren muß. Die einzige Chance, genügend Kraft auf den Boden zu bekommen, besteht darin, das Wagengewicht miteinzusetzen: durch möglichst steile Bergabfahrt. Dafür muß allerdings das Abschleppseil bis zum nächsten geeigneten Gefälle reichen! Führt in einem Zweier-Konvoi jedes Fahrzeug zusätzlich zum Bergegurt etwa 50 m Abschleppseil mit, beträgt der Aktionsradius des Bergefahrzeugs satte 120 m! Wo Seil oder Bergegurt auf dem Rand des Dünenkessels unseres Beispiels aufliegen, muß vor dem Anschleppen ein Sandblech untergelegt werden. Andernfalls wird der Gefällevorteil und ein Teil der Abschleppkraft dadurch verbraucht, daß erst die Düne »zersägt« wird. Die Zugfestigkeit des Seils sollte wegen des u. U. enormen Widerstandes des Sands (je nach Steigung) für etwa das doppelte Brutto-Wagengewicht ausreichen.

Reisen durch die »Bilderbuchwüsten« der Sahara-Ergs zählen zu den faszinierendsten, aber auch fahrerisch anspruchsvollsten Unternehmungen, die man mit einem Geländewagen unternehmen kann.

Die meisten Dünengebiete sind mit einem geeigneten und entsprechend ausgerüsteten Auto befahrbar, zumindest unter einem versierten Fahrer, der den für das Gelingen eines solchen Unternehmens wichtigsten, nur im Lauf vieler Wüstenreisen erlernbaren Faktor im Griff hat: den »Blick für das Gelände«.

Hintergrund-Info
Mit Motorfahrzeugen in die Sahara – abenteuerliche Versuche und erste Durchquerungen

(Von Dr. Werner Nöther)

Fahrzeuge, Zubehör und Ausrüstung, die heute zur Verfügung stehen, sind meist so zuverlässig, technisch ausgereift und erprobt, daß bei sorgfältiger Planung und Vorbereitung eine Sahara-Reise zu einem unvergeßlichen und vor allem unbeschwerten Erlebnis werden kann. Das Risiko technischer Defekte kann sehr klein gehalten werden, und über Streckenführung und Befahrbarkeit geben Reiseführer oder andere Sahara-Reisende Auskunft.

Den Pionieren der Sahara-Fahrten mit Motorfahrzeugen stand alles dies noch nicht zur Verfügung.

Als sich 1901 der erste Automobilbesitzer auf seinem Fahrzeug der Marke Panhard & Levassor und begleitet von seinem Fahrer und Mechaniker in die Sahara bis nach Ghardaia (Algerien) wagt, liegt die Erfindung des Automobils gerade erst fünfzehn Jahre zurück, und die neue Erfindung steckt noch in den Kinderschuhen. Apropos »Schuhe«: Die damaligen luftgefederten Reifen und die dazugehörenden Schläuche sind eines der vielen Probleme, mit denen nicht erst in der Sahara zu rechnen ist.

1905 wirbt die Firma Continental mit der begeisterten Zuschrift eines Herrn Willy Poege aus Chemnitz, der in Deutschland unter anderem bei einer Langstreckenfahrt mit einem Satz Reifen 3000 Kilometer zurückgelegt hat und sich darüber freut, daß die Reifen »trotzdem noch völlig intakt« sind.

1919 starteten zwei Automobile in Ouargla, um für eine vom Militär geplante Expedition Ersatzteile und 100 Schläuche nach In Salah zu bringen. Die Schläuche waren den vergangenen Sommer in einem Schuppen in Ouargla gelagert, was der Gummimischung nicht bekommen ist.

Als die beiden Fahrzeuge nach der Hälfte der rund 700 Kilometer langen Strecke in Hassi Inifel eintreffen, haben sie nicht nur die reichlich mitgenommenen eigenen Reserveschläuche verschlissen, sondern auch die 100 für In Salah gedachten. Jedes der Automobile hat im Durchschnitt alle 25 Kilometer einen Satz Schläuche verbraucht. In Salah wird auf Reifen erreicht, die mit den in Streifen geschnittenen Überresten der Schläuche ausgestopft sind.

Nachdem 1901 das erste Automobil in der Sahara erschienen ist, dauert es nur ein paar Jahre, bis das erste Motorrad dort auftaucht, und das sogar in El Golea, viel weiter südlich, als je ein Automobil gekommen ist. Was den aufkeimenden stillen Triumph der Freunde motorisierter Zweiräder etwas dämpfen mag, ist die Tatsache, daß der Leistungsvergleich zwischen Motorrad und Automobil bei genauerem Hinsehen nicht mehr so günstig für das Motorrad ausfällt. Zwar war das Automobil bis zu seinem Eintreffen in Ghardaia öfter einmal kräftig geschoben oder von Eseln gezogen worden, aber es rollt dort immerhin aus eigener Kraft ein.

Dagegen erreicht das Motorrad El Golea auf dem Rücken eines Kamels, genauso wie der französische Offizier und sein Mechaniker, die zu der wagemutigen Motorradfahrt aufgebrochen sind. Die beiden Franzosen und ihr Motorrad befinden sich in einem stark erholungs- beziehungsweise überholungsbedürftigen Zustand. Immerhin gelangen die Abenteurer bis auf das Plateau von Tademaït, bevor sie mit defektem Zweirad, am Ende ihrer Kraft und ohne Wasser von einem vorsorglich hinterhergeschickten Kamelreitertrupp gerettet werden.

Die Erfahrungen dieser ersten Motorrad-Expedition führen dazu, daß erst rund zwanzig Jahre später Motorräder weiter nach Süden vordringen.

Zum Trost für die Motorradfreunde sei gesagt, daß das erste Automobil, das im August (!) 1916 in In Salah einfährt, auch nicht gerade ein Ruhmesblatt in der Geschichte der Sahara-Fahrten für sich beanspruchen kann. Das Fahrzeug ist bei seiner Ankunft in In Salah fluchbeladen im Sinne des Wortes. Die Flüche stammen von den Soldaten der begleitenden Kamelreitereinheit und sind im Laufe von zwanzig Tagen angehäuft worden. So viele Tage hat es nämlich gedauert,

1916/17: Renault-Lkw mit Metallketten. Das Fahrzeug erreichte immerhin das französische Kolonialfort Hassi Inifel (algerische Sahara, rund 100 km südöstlich von El Golea). Teile der Ketten sind dort noch auffindbar.

bis der kleine Fiat-Lastwagen von Ouargla aus über Hassi Inifel nach In Salah gefahren, gezogen und geschoben worden ist. Ein zweites Automobil des gleichen Typs muß unterwegs mit einem irreparablen Defekt stehenbleiben. Ohne die Behinderung durch die Automobile wären die Kamelreiter schneller in In Salah gewesen.

Das Ergebnis dieser Expedition: Die Förderer des Automobils in den französischen Sahara-Truppen haben bewiesen, daß es möglich ist, mit dem Automobil nach In Salah zu gelangen. Die Gegner des Automobils können jedoch ergänzend und bis auf weiteres unwiderlegbar anführen, daß erstens nur die Hälfte ankommt, und es zweitens wenig sinnvoll ist, im Automobil auf eine Sahara-Reise zu gehen, wenn man es eilig hat.

Trotz der Schwierigkeiten, die es auf der Erstfahrt nach In Salah mit den beiden Fiat-Lastwagen des Typs 15 TER gibt, gehört dieses Automobil, dessen Motor mit 3 Liter Hubraum rund 30 PS bei 1500 Umdrehungen pro Minute leistet, zu den Motorfahrzeugen, die sich von 1911 bis in die zwanziger Jahre hinein am besten in der Sahara bewähren. Nicht ohne Grund wird der Fiat von den Franzosen in ihren Sahara-Kolonialgebieten häufiger eingesetzt.

1911/12 beginnt das italienische Militär mit der Eroberung Libyens und setzt dabei auch von Anfang an den Fiat 15 TER ein. Auf dem Vormarsch durch die Sahara in den Fezzan sind einige dieser Automobile dabei, die am 3. März 1914 Murzuk erreichen. Bis zum Herbst 1917 ist dies der südlichste Punkt, der in der gesamten Sahara mit Automobilen erreicht worden ist. Im September dieses Jahres erreicht ein Fiat des französischen Militärs dann die Wasserstelle Tadjemout, die auf der später so genannten »Hoggar-Piste« nördlich der Arak-Schlucht liegt.

Die Erfahrungen der ersten Jahre

Ab 1913 beginnen die französischen Sahara-Truppen auszuprobieren, welche Motorfahrzeuge sich am besten für Wüstenfahrten eignen. Die Erfahrungen werden nach dem Prinzip von Versuch und Irrtum gesammelt, wobei sich die meisten Versuche als Irrtum herausstellen.

Folgende Fahrzeuge werden ausprobiert: Panzer, Panzer mit abmontierter Panzerung, Kettentraktoren, Traktoren mit Rädern, Halbkettenfahrzeuge, Lastautomobile mit Ketten aus Holz(!), Lastautomobile mit Rädern (Holzspeichenräder, Metallräder, Vollgummireifen, luftgefederte Reifen, Einzelbereifung und Zwillingsbereifung an einer oder mehreren Achsen), Lieferwagen, Personenwagen und Propellerfahrzeuge.

Ketten aus Metall und natürlich erst recht aus Holz halten nicht lange, da der Sand für schnellen Verschleiß sorgt. Ein Renault-Lastwagen mit um die Vollgummireifen der Vorderachse gelegten Metallketten und einer weiteren Metallkette, die die Reifen der beiden Hinterachsen umspannt, gelangt unter großen Schwierigkeiten bis nach Hassi Inifel. Dort sind die Ketten so verschlissen, daß sie nicht mehr zu reparieren sind. Sie bleiben an Ort und Stelle zurück. Reste dieser Ketten sind noch heute, mehr als 75 Jahre nach dem Versuch, an Ort und Stelle zu besichtigen.

Abgesehen vom Verschleiß der Ketten sind die Treibstoffkosten von Kettenfahrzeugen nicht dazu angetan, großangelegte Versuche zu unternehmen. Den Rekord im Treibstoffverbrauch erzielt ein Kettentraktor namens »Baby Holt« auf der rund 200 Kilometer langen Teststrecke von Touggourt nach Ouargla. Bei Geschwindigkeiten ab drei Kilometer in der Stunde bis zur atemberaubenden Höchstgeschwindigkeit von acht Kilometern ist das »Baby« 11 Tage unterwegs und entpuppt sich dabei als wahrer Säufer. Genaue Angaben über den Treibstoffverbrauch liegen leider nicht vor, doch schreibt General Laperrine in einem Artikel, daß der Verbrauch dem von 11 Klein-Lastwagen entsprochen habe. Solche Automobile verbrauchten damals auf Pistenfahrten 30 bis 60 Liter Benzin auf 100 Kilometer. Das »Baby« hat also mehr als 500 Liter Treibstoff auf 100 Kilometer geschluckt, und bei dem traditionell sehr schmalen Etat der französischen Saharatruppen kann man gut verstehen, daß von weiteren Versuchen Abstand genommen wird.

Phantasie und handwerkliches Geschick lassen aber auch Fahrzeuge entstehen, die trotz ihrer Skurrilität wenigstens eine kurze Zeit funktionieren und die heute ein Schmuckstück für jedes Automobilmuseum wären.

1907 oder 1908 rüstet der Franzose Liégeard seinen privaten Peugeot mit einem hohen Gestell aus Eisenrohren und mit Laufbändern aus Sisalstreifen aus. Die normalen Räder rollen über die Laufbänder, die hinter dem Automobil nach oben über das Dach und wieder nach vorne unter die Vorderräder geführt werden. Versuche zeigen einerseits die Brauchbarkeit im Sand, andererseits stellt sich heraus, daß halbwegs enge Kurvenfahrten nicht möglich sind, da die eingeschlagenen Räder seitwärts aus den Sisalstreifen laufen.

Der Urheber eines weiteren Eigenbaus, diesmal mit Luftschraubenantrieb, ist Max de Lafargue. Ursprünglich bei der französischen Kavallerie, meldet er sich zur Luftwaffe und wird nach kurzer, aber erfolgreicher Umschulung Pilot. Als Offizier am neugeschaffenen Fliegerstützpunkt in Biskra, zu dem auch motorisierte Versorgungsfahrzeuge gehören, merkt er, daß der Hauptgrund für das Einsanden eines Automobils im Einwühlen der Antriebsräder liegt. Würde der Vortrieb des Fahrzeugs jedoch von einer Luftschraube übernommen, wären keine Antriebsräder vorhanden, die sich einwühlen können.

Als Mann der Tat geht de Lafargue mit einem Helfer daran, diese Idee zu verwirklichen. Bei dem ersten Versuchsfahrzeug handelt es sich einfach um ein Flugzeug, dessen Tragflächen demontiert sind und dessen Fahrwerk verstärkt wird. Ein zweites und schließlich ein drittes Fahrzeug wird gebaut, das durch seine eigenwillige Konstruktion auffällt.

Die Karosserie besteht aus Holz und Leinwand und erinnert an ein zu kurz geratenes Ruderboot. Der Flugzeugmotor ist im Heck untergebracht und treibt über eine Kette den auf einem Podest befindlichen Propeller an, dessen einzelne Blätter mehr als zwei Meter lang sind. Das Fahrwerk fällt besonders aus dem Rahmen. Am Fahrzeugheck sind rechts und links zwei kurze Achsen *nebeneinander* befestigt, und jede der Achsen trägt an ihren Enden Zwillingsbereifung auf Drahtspeichenrädern, die heutigen Speichenrädern eines Fahrrads nicht unähnlich sind. Somit befinden sich hinten insgesamt acht Räder, die quer zur Fahrzeuglängsachse in einer Reihe angeordnet sind. Die lenkbare Vorderachse besitzt ebenfalls Zwillingsbereifung, so daß das Propellerfahrzeug auf insgesamt zwölf Rädern steht.

Nach mehreren kleinen Versuchsfahrten, die erfolgversprechend verlaufen, unternimmt de Lafargue mit dem Kommandanten Bailloud an Bord eine Fahrt von Biskra nach Touggourt. In den unterwegs liegenden Ortschaften gibt es jedesmal den gleichen Aufruhr, wenn sich die von dem Propellerfahrzeug verursachte Staubwolke mit ungeheurem Getöse nähert. Menschen, Kamele, Esel, Ziegen und Hühner geraten in Angst und Schrecken und flüchten in Panik aus dem Gefahrenbereich. Bald darauf gerät das Versuchsfahrzeug in Brand, und der Beginn des Ersten Weltkriegs verhindert weitere Versuche.

Von der Erstfahrt ins Hoggar-Gebirge bis zur ersten Durchquerung der Sahara

Seit 1918 bereiten die Franzosen den ersten Transsahara-Flug vor. Treibstoffe, Ersatzteile und Funkanlagen sollen zu diesem Zweck von einem Automobilkonvoi bis nach Tamanrasset gebracht werden. Der zuvor geschilderte fehlgeschlagene Versuch, 100 Reserveschläuche nach In Salah zu bringen, gehört zu den Vorbereitungen dieser Expedition.

Insgesamt sind an dem Konvoi ins Hoggar fünfzig Fahrzeuge, fast alles Fiat-Lastwagen des Typs 15 TER, beteiligt. Da das Geld wie immer knapp ist, sind die meisten dieser Automobile Überbleibsel aus dem Ersten Weltkrieg, die aus Frankreich geholt und wieder fahrtüchtig gemacht werden. Die Fahrer sind junge Rekruten, die, frisch aus Frankreich gekommen, einen dreitägigen Schnellkurs in der Technik des Wüstenfahrens erhalten. Somit sind alle Voraussetzungen dafür geschaffen, daß die Fahrt nach Süden zu einer abenteuerlichen Strapaze wird. Gefahren wird tagsüber, soweit nicht reichliche Reifen- und Schlauchpannen sowie provisorisch behebbare Defekte für anderweitige Beschäftigung sorgen oder eingesandete Fahrzeuge wieder flottgemacht werden müssen. Größere Instandsetzungs- und Wartungsarbeiten werden nachts erledigt.

Die Chauffeure und Mechaniker derjenigen Automobile, die planmäßig nach und nach zur Errichtung der Stützpunkte zurückbleiben, werden jedesmal von denen beneidet, die noch weiter nach Süden müssen. Völlig abgerissen und erschöpft erreichen schließlich vier Wochen nach der Abfahrt von Ouargla die Besatzungen von neun der Fahrzeuge in der Nacht zum 1. Januar 1920 Tamanrasset.

Im Verlauf dieser Expedition werden von den 50 beteiligten Automobilen nach einem Bericht des Militärs rund 1000 Reifen und 2000 Schläuche verschlissen.

Die eigentliche Flugzeugexpedition verläuft genauso chaotisch und endet mit einem tragischen Unglück. Bis zwei der sechs an dem Unternehmen beteiligten Maschinen in Tamanrasset zum Abflug nach Süden bereitstehen, hat es bereits eine Serie von Motorschäden, Notlandungen und auch einen Totalschaden gegeben.

Am 18. Februar starten zwei zweisitzige Flugzeuge Richtung Niger-Fluß. In einer der beiden Maschinen befinden sich sogar drei Personen: Hinter dem Piloten sitzt ein zusätzlich mitgenommener Mechaniker, und auf dessen Schoß nimmt General Laperrine Platz.

Beide Flugzeuge kommen vom Kurs ab, und das mit General Laperrine an Bord ist verschollen. Im Rahmen einer großangelegten Suchaktion werden auch zwei der in Tamanrasset stehenden Fiat-Lastwagen eingesetzt, die bis Tin Rerho, rund 300 Kilometer südwestlich von Tamanrasset, vordringen. Dies ist der südlichste Punkt, den Motorfahrzeuge bisher in der Sahara erreicht haben.

Sechzehn Tage nach einer mißglückten Notlandung in unbekanntem Gelände, fast zweihundert Kilometer von der geplanten Flugroute entfernt, stirbt General Laperrine an seinen inneren Verletzungen. Durch eine unglaubliche Verkettung glücklicher Zufälle werden der Pilot und der Mechaniker in wirklich allerletzter Minute am 25. Tag nach der Notlandung noch lebend geborgen, als niemand mehr mit ihrer Rettung rechnet.

Die erste vollständige Durchquerung der Sahara mit Motorfahrzeugen gelingt 1922/23 einer sorgfältig vorbereiteten Expedition, die von André Citroën finanziert und mit Citroën-Automobilen durchgeführt wird. Was heute fast vergessen ist: Eine, vielleicht sogar die entscheidende Voraussetzung für das Gelingen der Expedition stammt aus Rußland. Der französische Ingenieur Kégresse hat als Direktor der Automobil-Garagen des Zaren für dessen Automobile ein Halbkettensystem mit einem Gummilaufband entwickelt, damit Nikolaus II. auch im winterlich verschneiten Rußland nicht auf seine Luxuskarossen verzichten muß. Nach der russischen Revolution geht Kégresse nach Frankreich zurück, wo er von André Citroën eingestellt wird, der erkennt, daß diese Erfindung nicht nur für Schnee, sondern auch für Sand einsetzbar ist.

Die »Autochenille« genannten Raupenfahrzeuge besitzen einen 1,5-Liter-Motor, der 20 PS leistet. Bei voller Beladung kommt jedes der Expeditionsfahrzeuge auf ein Gesamtgewicht von rund zwei Tonnen.

1923: Citroen »Autochenilles« (20 PS stark) im Großen Westlichen Erg (Algerien) während der Erstdurchquerung der Tanezrouft-Wüste.

Am 17. Dezember 1922 brechen die fünf Raupenfahrzeuge der Expedition von Touggourt auf. Über Hassi Inifel, Ain Guettara, In Salah, Silet, Tin Rerho, Tin Zaouaten und Kidal wird am 5. Januar 1923 der Niger bei Bourem erreicht, und am 7. Januar rollen die Automobile in Timbuktu ein. Die erste Durchquerung der Sahara mit Motorfahrzeugen ist gelungen.

Mit Citroën-Raupenfahrzeugen werden noch einige weitere Erstfahrten durchgeführt. Dazu gehören die erste Durchquerung der Tanezrouft bis Tessalit (Mali) Ende 1923, mehrere Expeditionen des ägyptischen Prinzen Kemal el Din von 1923 bis 1926 bis zum Uweinat-Gebirge im Grenzdreieck Libyen – Ägypten – Sudan und bis in den Norden des damaligen anglo-ägyptischen Sudan sowie eine Erstdurchquerung der Sahara von Südtunesien über Djanet und Bilma zum Tschad-See, die 1924/25 von der französischen Militärverwaltung Tunesiens organisiert wird. Es ist jedoch nicht die tunesische Militärexpedition, die als erste Djanet mit einem Motorfahrzeug erreicht. Das erste Automobil, ein ganz normales Serienfahrzeug der Firma Delagem mit Zwil-

Einer der drei geschleppten Anhänger bestand aus einem Flugzeug mit hochgeklappten Tragflächen.

lingsbereifung an der Hinterachse, das in Djanet eintrifft, gehört zwei Touristen. Der Franzose de Précourt und der Belgier Rossion sind auf der gleichen Route wie die tunesische Militärexpedition unterwegs und überholen 30 Kilometer vor Djanet das Führungsfahrzeug der Militärs. Dieser Überholvorgang fällt allerdings nicht sehr schwer, denn das Raupenfahrzeug der Militärexpedition hat kein Benzin mehr. Die anderen fünf Fahrzeuge des Konvois haben bereits vorher wegen technischer Defekte und wegen Treibstoffmangels stehenbleiben müssen.

Am 25. Januar 1925 meldet der Wachtposten des französischen Forts in Djanet Motorengebrumm. Da im Fort die Militärexpedition bereits seit einigen Tagen erwartet wird, wird die Flagge gehißt, und der Kommandant von Fort Charlet läßt die gesamte Besatzung zum großen Empfang antreten. Als dann jedoch de Précourt und Rossion vorfahren, gibt es bei den Militärs einige lange Gesichter.

Konkurrenz für die Raupenfahrzeuge: 12 Räder von Renault

Ende 1923 testet Renault zum ersten Mal in der Sahara ein speziell für Wüstenfahrten entwickeltes Automobil, das bald den Citroën-Raupenfahrzeugen den Rang abläuft. Es handelt sich um den »Sechsrad-Renault«, das erste zivile und in Serie gebaute Automobil mit zwei angetriebenen Hinterachsen. Alle drei Achsen können mit Zwillingsbereifung ausgerüstet werden, wodurch sich das Fahrzeuggewicht auf insgesamt zwölf Reifen verteilt, von denen acht angetrieben werden.

Anfang 1924 fährt ein Sechsrad-Renault durch die Tanezrouft und weiter am Niger entlang bis Labézanga (heutige Grenze Mali/Niger), und ab Winter 1924/25 bietet eine Reiseorganisation Fahrten durch die Dünen des Grand Erg Oriental von Tozeur über El Oued nach Touggourt und weiter bis nach Ghardaia an.

Ein nach dem gleichen Prinzip konstruierter Luxus-Bus von Renault, der acht Passagiere auf Polstersesseln befördern kann, die nachts zu Betten umgewandelt werden, und der außerdem eine eingebaute Küche und einen Waschraum enthält, nimmt im Winter 1927/28 den regelmäßigen Liniendienst von Algerien über die Tanezrouft-Piste in den Niger auf.

Die erste Durchquerung der Sahara mit dem Motorrad

Im Frühjahr 1927 machen sich die beiden Franzosen Bruneteau und Gimie sowie der belgische Motorradsportler Weerens mit drei FN-Motorrädern des Typs M 70 von Paris aus auf den Weg, um die Sahara zu durchqueren. Die Reisevorbereitungen sind wohldurchdacht: Gimie erhält in der Umgebung von Paris einen mehrtägigen Kurs im Motorradfahren, da er noch nie auf einer Maschine gesessen hat, und auch Bruneteau frischt vorsichtshalber seine mehr als ein Jahrzehnt zurückliegenden Erfahrungen wieder auf. Die Ausrüstung, inklusive Funkanlage und Jagdwaffen, wiegt anfangs fast 200 Kilogramm pro Motorrad.

Auf der Fahrt von Bechar nach Süden erleichtern häufige Stürze den Entschluß, nach und nach Teile des Gepäcks zurückzulassen. Als Bruneteau ungefähr in der Mitte der Tanezrouft seinen sechzigsten Sturz notiert, hat er nur noch rund 100 Kilogramm Gepäck dabei.

Die waghalsige Fahrt endet beinahe in einer Katastrophe. Vor Erreichen des Niger-Flusses muß der Belgier Weerens krank, erschöpft und bewußtlos zurückgelassen werden. Die beiden Franzosen erreichen mit letzter Kraft einen Militärstützpunkt, von dem aus sofort eine Suchmannschaft aufbricht, die den Belgier noch lebend bergen kann.

Erstfahrten und Expeditionen mit Ford-Automobilen in Ägypten und im Sudan

Bereits im Ersten Weltkrieg werden die meisten ägyptischen Oasen von »Light Car Patrols« erreicht, die mit Ford-T-Modellen, der legendären »Tin Lizzie«, ausgerüstet sind.

Ab 1925 beginnen einige britische Offiziere, Urlaubsreisen mit »Tin Lizzies« in die Wüste zu unternehmen. Zu diesen Offizieren gehört Ralph A. Bagnold, der im Verlauf mehrerer kleiner Expeditionen nicht nur zum absoluten Experten auf allen Gebieten der Vorbereitung und Durch-

1924/25: Renault-Linienbus auf der Strecke Touggourt – El Oued – Biskra (Algerien). Beide Hinterachsen angetrieben, Zwillingsreifen auf allen Rädern.

führung von Wüstenfahrten wird, sondern auch zum anerkannten Wissenschaftler.

Ob es sich um die Reparatur eines Motors, um die Fahrzeugvorbereitung, Navigationsverfahren oder astronomische Standortbestimmung handelt, Bagnold kennt sich in allem aus.

Mit den weitgehend serienmäßigen und natürlich nur zweiradgetriebenen Ford-T- und ab 1929 Ford-A-Modellen werden Erstfahrten durch die Dünen der libyschen Sandsee, vom Uweinat-Gebirge ins Tibesti und in mehrere andere Gebiete des ägyptischen und des sudanesischen Teils der Sahara unternommen. 1932 gelingt dann die erste Durchquerung der Sahara abseits des Nils von Kairo aus zum Uweinat-Gebirge nach El Fasher und zurück. Alle diese Expeditionen sind privat organisierte »Urlaubsfahrten«, auf denen allerdings auch von verschiedenen Fachleuten reichhaltige wissenschaftliche Ergebnisse mit nach Hause gebracht werden.

Wissenschaftliche Untersuchungen über Form, Struktur und Bildung von Dünen, die er teils auf seinen Expeditionen, teils in einem selbstgebauten Windkanal in England durchführt, faßt Bagnold in einem wissenschaftlichen Werk zusammen, das auch heute noch Bedeutung hat. Im Zweiten Weltkrieg gründet er in Ägypten eine Spezialeinheit, die »Long Range Desert Group«, die mit zweiradgetriebenen Kleinlastwagen von Ägypten aus quer durch die Sahara bis nach Tunesien operiert. Ganz nebenbei gehen auf ihn die Einmann-Verpflegungsration, die Erfindung eines Kühlwasser-Ausgleichsbehälters für Motorfahrzeuge und ein Rechenverfahren für die Routenaufnahme in nichtkartographiertem Gelände mit Hilfe von Kompaß oder Sonnenkompaß, Kilometerzähler, Geschwindigkeitsanzeige und Stoppuhr zurück. Auf einer Expedition im Jahre 1929 werden von seiner Mannschaft zum ersten Mal Sandbleche benutzt, die den heutzutage gebräuchlichen sehr ähnlich sind.

1990 starb Ralph A. Bagnold im Alter von vierundneunzig Jahren. Bis zuletzt interessierte er sich für die große Leidenschaft seines Lebens, die Sahara.

Der Wüste begegnen

Sahara per Motorrad

Reportage
Wüstenmarathon

Die Idee

31. Dezember 1991. Europa empfängt uns, das alte Jahr verläßt uns – mit Graupelschauern und trüb-tristem Winterwetter. Auch hinter unserem Geländewagen kein schöner Anblick – vor allem nicht nach fünf Wochen Saharasonne: Die Sand-»Patina« der zwei Motorräder auf dem Anhänger ist schon nach hundert Autobahn-Kilometern schmutziggrau übertüncht. An der letzten Raststation vor der französisch-italienischen Grenze wechsle ich auf den Beifahrerplatz. Ein »Moto verte«[1] bringt mich zurück nach Afrika, denn es ist Rallye-Zeit für Frankreichs Endurofahrer. Fast das ganze Heft besteht aus »Paris-Kapstadt«-Berichterstattung.

»*Lieben Sie die Wüste? Haben Sie 15.800.- Francs, zehn Tage Urlaub und eine Enduro? Warum fahren Sie nicht mit bei der 11. Tunesien-Rallye, der ›Paris-Dakar‹ für den Privatfahrer?*« steht in einer hübschen ganzseitigen Anzeige zu lesen. Schiff, Unterkunft, Verpflegung im Startgeld mit drin – so einfach ist das? Am 6. April beginnt im nördlichen Tunesien die erste Sonderprüfung der »Mini-Paris-Dakar«. Am 3. April ist die letzte meiner für die Saison 91/92 durchgeführten Saharareisen zu Ende. »*Sandra, was hältst du denn davon, wenn wir mal selbst an einer organisierten Reise in die Wüste teilnehmen? Die Franzosen hätten da was Interessantes im April.*«

Unser »Prolog«

5. April 1992. Gegen zehn Uhr morgens fahren mein Reise- und Rallye-Partner *Franz Pamminger* und ich von unserem Hotel im tunesischen Badeort *Sidi Bou Said* ab – zum nahen *La Goulette*, dem Hafen der tunesischen Hauptstadt. Es fährt sich ungewohnt auf den hohen Stollen nagelneuer *Deserts*-Reifen. Die alten waren besser für Asphalt geeignet – zumindest nach 6000 Sahara-Kilometern.

Vorgestern mittag hatte unsere Reisegruppe mitsamt Begleitauto und drittem Reiseleiter im Fährschiff *Habib* Richtung Europa abgelegt. Eineinhalb Tage mußten für Franz und mich genügen, um unsere von der langen Reise etwas mitgenommenen Motorräder auf Vordermann zu bringen, moralisch unterstützt von Sandra, die für die drei Tage bis zum Rallye-Start extra nach Tunesien geflogen war – als Betreuerin und Ersatzteil-Lieferant, nicht als Teilnehmerin: »Eine Nummer zu groß« war ihr letzlich der Geländesport-Einstieg in Form einer Sahara-Rallye erschienen – auch wenn sie »nur« sieben Tage und 2500 km lang ist.

Ganz so einfach wie in der *Moto-Verte*-Anzeige war der Weg bis zu unserer Startaufstellung übrigens nicht – angefangen bei den Renn-Lizenzen, über die Sondergenehmigung, ohne *Prolog*[2] starten zu dürfen, bis hin zur Aus- und Umrüstung der Motorräder. Auch unsere anfängliche Hoffnung, die nicht unerheblichen Kosten selbst einer so »kleinen« Rallye durch ein wenig *Sponsoring*[3] zu reduzieren, mußten wir bald aufgeben. Eine Reportage über das Unternehmen, ein für den Fall meiner Zielankunft in Aussicht gestelltes Buchprojekt, ist das Einzige, was vielleicht einen Teil der Kosten ersetzen könnte. *Wenn* ich ins Ziel komme – etwas, dessen Wahrscheinlichkeit ich noch nicht im geringsten abschätzen kann.

Kein Schiff erwartet uns in *La Goulette*, dafür die Nachricht, daß die Rallye-Fähre mit allen Fahrzeugen mindestens zehn Stunden Verspätung habe, alle Teilnehmer per Flugzeug angereist und schon im Hotel in *Hammamet* seien. Die Organisation erwarte uns, heißt es, in dem 80 km entfernten Ort zur technischen Abnahme und Einweisung.

---

[1] französische Motorradzeitschrift (*Moto verte* = Enduro)

[2] Prolog: Der noch in Frankreich stattfindende erste Wertungslauf. Er hat keinen Einfluß auf den Rallye-Ausgang, ist nur aus *Publicity*-Gründen und zur Aufstellung einer Start-Reihenfolge für die erste Sonderprüfung in Afrika erforderlich. Meist ist der Prolog nur wenige Kilometer lang, findet auf Motocross- oder Enduro-Rundstrecken statt.

[3] Finanzielle oder materielle Unterstützung durch sog. Sponsoren in der Hoffnung auf werbeträgerische Gegenleistung des unterstützten Fahrers, z. B. durch dessen zu erwartende gute Plazierung.

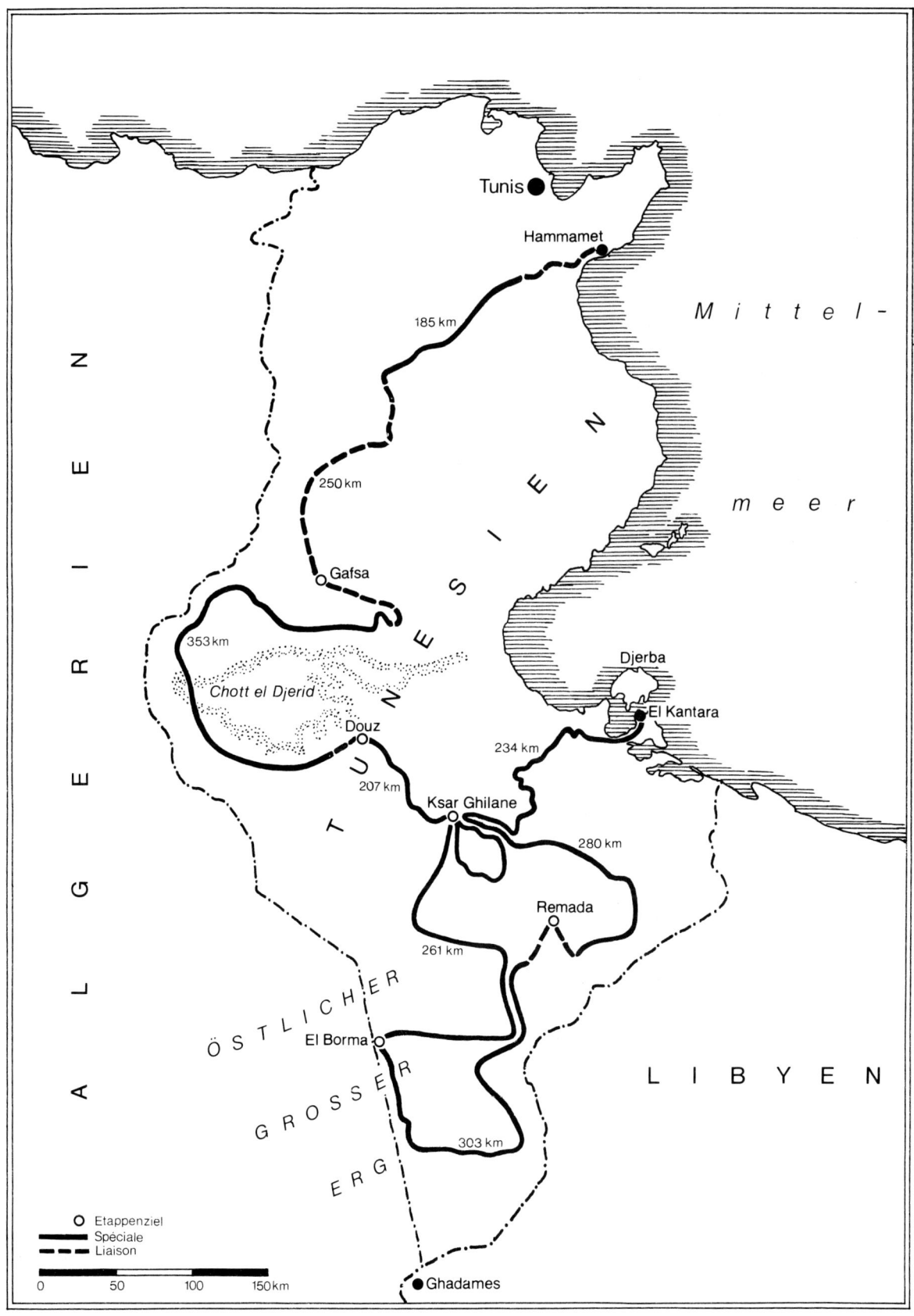

Sahara offroad.

Als Sandras Taxi endlich mit Gepäck, Reservereifen und unseren Ersatzteilkisten eintrifft, laden wir in das Auto unseres Informanten um. Hinter einem tunesischen Polizei-»Krad« geht es mit Blaulicht und Sirene durch das Verkehrsgewühl der arabischen Metropole – Jubeln und Winken von allen Seiten. Wir können es gar nicht fassen: So ein Empfang nur für uns zwei – die Tunesien-Rallye scheint in ihrem Gastgeberland große Popularität zu genießen.

Als wir im *Club-Mediterranée*-Hotel von *Hammamet* einlaufen, bin ich so aufgeregt wie seit meiner Rumpelstilzchen-Kindertheater-Premiere nicht mehr. Vor und in dem Rezeptionskomplex der weitläufigen Anlage brodelt es geradezu vor Geschäftigkeit. Dabei sind die Teilnehmerfahrzeuge – 106 Motorräder und 73 Autos in Wertung, 59 Lkw als Begleitfahrzeuge – ja noch gar nicht da. Unzählige Menschen, darunter nicht wenige prominente Rallye-Gesichter – gleich auf den ersten Blick entdecke ich den Ex-Motorrad-Star und jetzigen Auto-Piloten *Gaston Rahier* - gehen ein und aus, erzeugen ein französisch-italienisch-spanisch-englisches Sprachgewirr. Überall T-Shirts, Windjacken, Mützen und Taschen im NPO-Design[4], stickerbenähte Enduro-Kombis, Helme und Overalls in knallbunten Sponsor-Farben. Wir parken direkt vor dem Haupteingang, kommen keine Sekunde dazu, uns in der allgemeinen Hektik verloren, in unseren saharaverstaubten Enduro-Klamotten deplaziert zu fühlen. Einige Mitglieder eines in knallrote Overalls gekleideten Teams laufen vorbei und begutachten den ungewöhnlichen »Look« meiner mit einem 40-Liter-Tank, aber ohne die dazugehörende Verkleidung ausgerüsteten Maschine: »We heard you are coming directly from Sahara with your Gilera«, spricht mich einer von ihnen in italienisch akzentuiertem Englisch an. »If you have any problems, come to us – Team Gilera. See you and good luck!«. »Mille grazie, good luck for you too!« radebreche ich zurück.

Noch mit dem Ausladen unserer Sachen beschäftigt, sind wir plötzlich umringt von einer Schar ebenso charmanter wie hübscher junger

Sahara onroad.

Damen, Mitarbeiterinnen der Organisation. »Ich glaub', ihr seid gut versorgt hier«, sagt Sandra lachend zu Franz, während ihr ein hagerer, braungebrannter und nicht sehr groß gewachsener Mann mit Funkgerät eine unserer Taschen abnimmt. Es ist *Cyril Neveu*, der Chef. Mit einem »*Bienvenu!*« drückt er uns kurz die Hand und verschwindet gleich wieder im Getümmel. Eigentlich fängt die Sache recht erfreulich an.

Es gibt einiges zu tun, bevor wir endlich an den drei neben einem gigantischen Swimmingpool geparkten Hubschraubern der NPO vorbei in unseren Bungalow laufen können: »Abnahme« des Motorrades mit Markierung aller wichtigen Fahrzeugteile und Anbringung der Startnummern, »Abnahme« des Fahrers mit Überprüfung von Lizenz, Nennung und persönlichen Daten, Ausgabe von Teilnehmer-Armband, Startnummer-»Lätzchen«, Notsender und *Roadbook* für die morgige, erste Wertungsetappe.

Bis wir endlich umgezogen in der Bar sitzen und mit dem deutschen Team dem *Briefing*[5] von *Neveu* lauschen, ist es später Nachmittag. Erst gegen Mitternacht, erfahren wir, wird das Schiff einlaufen und gegen 23 Uhr der allgemeine Aufbruch – in Reisebussen – nach *La Goulette* stattfinden. Sehr angenehm, daß uns diese Nachtfahrt – mittlerweile bei leichtem Nieselregen – erspart bleibt.

Die deutsche Mannschaft, der wir uns locker angeschlossen haben, besteht aus sechs in der Motorradwertung fahrenden »Piloten«, dem »*Ba-Di-He-Ro*«-Team mit der bereits wettbewerbserfahrenen Konferenzdolmetscherin *Barbara Thiel*, einzige Frau der deutschen *Equipe*, dem Restaurantbesitzer und Hobby-Crosser »*Didi*« *Gossner*, dem Teamchef, Koch und Bankier *Hermann Hahn* und last not least dem Apotheker *Robert Schäfer*, der wie Franz und ich ohne Wettbewerbserfahrung und nur durch

---

[4] NPO: Die *Neveu-Pelletier-Organisation*, Veranstalter der Tunesien-Rallye.

[5] Die tägliche, durch den Organisation-Chef abgehaltene Ansprache mit Infos zu Besonderheiten der Strecke und Änderungen im *Roadbook*.

seine Begeisterung für die Sahara zu dieser Rallye gekommen ist. Zwei Mechaniker nehmen den vieren das Schrauben ab und transportieren in ihrem mit Werkzeug und Ersatzteilen vollgestopften Klein-Lkw auch unsere beiden Kisten[6]. Der Paris-Dakar-Veteran *Jürgen Steinmetz* mit seinem Beifahrer *Hans-Erwin Schmitt* in einem Gespann, der schwedische Geländesport-Profi *Hans Svensson* und der deutsche Favorit *Jürgen Mayer* auf Honda und KTM bilden mit ihren Mechanikern und Service-Autos die beiden anderen deutschen Teams. Unser persönliches Gepäck laden wir bei *Horst Godel*, Ex-Motorrad-Rallyefahrer und deutsche »Außenstelle« der NPO, in einem Mercedes-Geländewagen ein.

Als Sandra, Franz und ich um halb zwölf nach einem fürstlichen Abend-Diner in der ausgestorbenen Bar sitzen, fühle ich sie deutlicher als während der Hektik des heutigen Tages: eine eigenartige Mischung aus Vorfreude und Angst.

»Paßt auf euch auf«, sagt Sandra nur, spürt, was in mir vorgeht. Morgen früh wird sie das Flugzeug nach Deutschland nehmen.

Die Rallye

1. Tag: Hammamet – Hachachina: 55 km Neutralisation[7], 183 km Speciale[8], 236 km Liaison[9]

Schon am Start fängt es zu regnen an. Der Feldweg wird zu einer Mischung aus Schmierseife und Sekundenkleber. Beinahe stürze ich, weil das schlammverklebte Vorderrad unter dem niedrigen Schutzblech blockiert. Es dauert »ewig«, bis ich die Schrauben unter der Lehm-»Pampe« lösen und den Kotflügel demontieren kann. Die ersten Autos kommen, können nicht vorbei.

Ab jetzt lege ich ein Tempo vor, das für fliehkraftbedingte Selbstreinigung der Reifenstollen sorgt, und nehme Kurven mehr quer als längs – manchmal auch hin und her pendelnd wie ein Glockenschwengel. Ein paar Kilometer weiter wartet Franz. Er hat einen Ausrutscher zum Glück unbeschadet überstanden. Es geht in die Berge – endlich felsiger Untergrund.

Der erste Citroen erwischt uns »kalt«. Mir bleibt beinahe das Herz stehen. Ab jetzt kommt der Rückspiegel zum Einsatz, bis die T-1-»Monster«[10] vorbei sind.

Wolkenbruchartige Hagelschauer prasseln vom Himmel. Die Wassertiefe der vielen kleinen Furten nimmt zu. In einer – es ist eher schon eine Flußdurchquerung – trifft Franz in der undurchsichtigen, reißenden Brühe einen großen Felsen mit dem Vorderrad und stürzt. Fast drei Stunden versuchen wir, den Zylinder seiner Honda leer zu pumpen. Vergeblich – es bleibt nur der »*Camion Balai*«[11]. Noch ist die Rallye nicht zu Ende, versuche ich Franz aufzumuntern, denn *einen* Abbruch wegen Panne hat jeder Privatfahrer gut. Wenn wir die Honda heute nacht reparieren können – das wäre doch gelacht, bei einer Hightech-Werkstatt im »Schlafzimmer«! –, geht's morgen früh auf die zweite Etappe!

Deutlich schneller als bisher fahre ich weiter, muß mich sputen, wenn ich nicht wegen Sollzeitüberschreitung disqualifiziert werden will. Zum Glück erlaubt der weiche Motoreinsatz meiner Gilera auch in Schlamm und Matsch zügige Fahrt. Es hagelt immer stärker. Wie verschneit sieht die Piste schon aus. Ich bin durchgeweicht bis auf die Haut, doch die Minuten fürs Anziehen der Regenkombi könnten die entscheidenden sein.

---

[6] Ein solcher Service ist nicht billig, kostete für die vier Team-Mitglieder DM 4000.- pro Nase. Selbst unser Kisten-Transport schlug mit je DM 1000.- zu Buche. Dabei verdiente außer der NPO – in Form des Nenngeldes für Mechaniker und Service-Lkw – niemand an dem Ganzen. Franz und ich hätten unser Material natürlich auch von vornherein auf einem NPO-Laster unterbringen können, hatten uns dann allerdings aus fahr-»moralischen« Gründen für den Anschluß an ein deutsches Team entschlossen.

[7] Ohne Wertung und in beliebiger Zeit zu befahrende Verbindungsetappe, in der Regel zwischen dem Anfang oder Ende einer auf Zeit gefahrenen Etappe und dem Übernachtungsplatz.

[8] Die auf Zeit gefahrenen Sonderprüfungen einer Tagesetappe.

[9] Die Verbindungsstrecken zwischen zwei »Speciales«. Keine Wertung, aber Disqualifikation bei Überschreitung der vorgegebenen Maximal-Zeit.

[10] T-1: Die Prototypen-Klasse bei den Autos: Über 300 PS starke Allrad-Geschosse, die von Federung wie Straßenlage selbst die stärksten Motorräder geradezu lahm erscheinen lassen.

[11] *Camion Balai* [sprich: balä]: der »Lumpensammler-Lastwagen«, ein als letzter fahrender Allrad-Lkw, der liegengebliebene Motorräder auflädt und Autos abschleppt.

»Fesch-Fesch« – Spurrinnen.

In einem Waldstück passiert es dann. Nur aus dem Augenwinkel sehe ich den faustgroßen Brocken von einem Hügel fliegen, einen Jungen davonlaufen. Der Schlag bringt mich fast zu Fall. Es zischt und dampft vor meinem rechten Knie: Der Kühler-Einfüllstutzen ist »abgeschossen«. Aus!? Ein kurzes Vergnügen – auch für ein Rallye-Debut.

Noch nicht! 60 km bis zum Ende der »Speciale« – eine dreiviertel Stunde bis zur Disqualifizierung. In Windeseile klebe ich das Loch mit Isolierband zu, binde einen Spannriemen darüber, rase los. Als letzter komme ich ins Ziel. Der Zeitnehmer schaut auf meine Karte: »O.k. Gerade noch rechtzeitig.«

Es ist kaum noch Wasser im Kühler, doch der Motor ist nicht zu heiß – dank Dauerregen. Ein italienischer Motorradfahrer holt einen Weinkorken aus seinem Service-Auto und klebt ihn mit »Dirko« in mein Kühlerloch. »*Grazie, ciao!*«

Noch 236 km Teerstraße bis zum Biwak in *Hachachina*. Ab Einbruch der Dunkelheit wird es die Hölle: Jede der vielen Ortsdurchfahrten wird zum Spießrutenlauf durch wahre Stein-Bombardements. Rechts und links der Straße stehen ganze Gruppen, auf Dächern und Bäumen sitzen noch mehr der meist jugendlichen »Steiniger«. Noch nie habe ich bei meinen vielen touristischen Fahrten durch Tunesien eine solche Eskalation dieses in Tunesien durchaus üblichen, sonst aber bei weitem eher harmloseren »Lausbuben-Sports« erlebt. Es muß das Gefühl sein, wegen unserer hohen Geschwindigkeit sicherer als sonst vor Verfolgung, einer eventuellen Tracht Prügel zu sein. Ich hänge mich an einen Service-Lkw an und fahre in Ortschaften in seiner Deckung – einen Meter dichtauf. Sein Blech dröhnt manchmal unter dem Steinhagel wie ein Trommelwirbel! Wo um Gottes willen bin ich da nur hineingeraten!

Das Biwak bei Nacht, 1. Teil: Eine riesige Wagenburg aus Autos, Motorrädern und Zelten, aus dröhnenden Stromaggregaten und gleißenden Scheinwerferbatterien. Blaue Schweißflammen, Hämmern, Sägen, Bohren und Feilen an allen Ecken und Enden. Im Bauch riesiger Lkw-Werkstätten und Ersatzteil-Depots, die garantiert jeder Werksniederlassung Ehre machen würden.

Das Biwak bei Nacht, 2. Teil: Ein Schlachtfeld! Kaum ein Auto, das noch ganze Scheiben, das keine Beulen im Blech und faustgroße »Durchschüsse« in der Kohlefaser-Karosserie hat. Auch Motorradfahrer wurden durch Steinwürfe verletzt, einer sogar mit einem Luftgewehr angeschossen!

Erst spätabends kommt Franz. Der »*Camion Balai*« hat ihn nur 10 km mitgenommen und bis zur nächsten »*Assistance*«[12], einer Kreuzung mit einer Teerstraße, gebracht. Dort haben sie die Honda auf den Kopf gestellt und schließlich zum Laufen gebracht.

Es wird drei Uhr morgens, ehe wir uns in die Schlafsäcke verkriechen können, alle Reparaturen und Wartungsarbeiten erledigt sind und das *Roadbook* für morgen markiert und aufgerollt ist. Wenigstens können wir eine dreiviertel Stunde länger schlafen – als die anderen. Wir starten auch morgen wieder als letzte.

2. Tag: Hachachina -Douz: 354 km Speciale, 55 km Liaison

Die längste Sonderprüfung der Rallye erwartet uns heute. Trotz nur ein paar Stunden Schlaf sind wir beide optimistisch – einfach gut drauf, denn *endlich* geht es in die Wüste!

Die Sonne scheint, es ist warm, und wir lassen unsere Motorräder recht flott rennen, überholen schon auf den 100 km bis zur *Assistance Nr. 1* Dutzende der vor uns gestarteten Teilnehmer. Vor allem in den immer wieder auftauchenden langen Sandspurrinnen »stechen« wir, was unsere Maschinen hergeben, an ganzen Pulks mehr oder weniger herum-»eiernder« Motorradfahrer vorbei. Das Fahren macht solchen Spaß, daß wir prompt einen Kontrollpunkt übersehen. Erst als Franz 2 km weiter plötzlich neben mich fährt, hupt und auf das *Roadbook* deutet, merke ich, daß wir zu weit sind. Über mit harten Büschen bewachsene Sandbuckel fahren wir neben der engen Piste zurück – auf ihr zu fahren wäre gefährlich und ein Grund zur Disqualifikation.

Dann ist es da, das erste Dünenfeld. Bei seinem Anblick hüpft mir das Herz vor Freude. Nur etwa

---

[12] *Point d'assistance:* Diejenigen Abschnitte auf Sonderprüfungen, wo die Service-Fahrzeuge der unterstützten Teilnehmer warten, wo ihre Mechaniker Hilfe leisten und auftanken dürfen.

20 km ist es lang, nicht hoch, und dicht mit Vegetation bewachsen. Im Formationsflug kurven wir stehend über die zehn, fünfzehn Meter hohen, sanft geschwungenen Sandberge in Richtung des angegebenen Kompaßkurses, sehen von den Dünengipfeln immer wieder das Chaos in den weichsandigen Tälern – Dutzende von wühlenden und steckengebliebenen Motorrädern.

Kurz nach dem Dünenfeld ist nahe der tunesisch-algerischen Grenze der zweite *Assistance*-Punkt der heutigen Etappe erreicht – an der »Kreuzung« der Rallye-Route mit einer vom Städtchen *Nefta* zur Grenze führenden Teerstraße. Ich warte auf *Franz*, den ich auf den letzten Kilometern aus den Augen verloren habe, und esse in aller Ruhe meinen Notproviant. Die an der Teerstraße wartenden Team-Mechaniker können einfach nicht verstehen, daß ich auf diese Art Zeit verschwende. Doch noch hat mich der Ehrgeiz nicht gepackt. Es macht nur einfach »tierischen« Spaß, so flott durch die Wüste zu fahren.

Am Westufer des Salzsees *Chott el Djerid* geht es weiter nach Süden. Topspeed auf tischebenen, harten Flächen, die sich mit glitschiger Salz-»Schmierseife« abwechseln. Die ersten Autos überholen mich. Sie müssen mehr als 200 »Sachen« drauf haben: Ich fahre 140 und glaube zu stehen, wenn sie vorbeifahren! Erst als die Gilera auf einer feuchten Salz-Ton-Fläche beängstigend zu pendeln beginnt, drehe ich das Gas wieder zu. Ich bin heilfroh, als der Südrand des Salzsees erreicht ist und nach steinigen Streckenabschnitten eine schmale, enge und kurvige Piste in Richtung Osten beginnt. Auf ihr sind Franz und ich in unserem Element, denn »Schienenpisten« sind unsere Spezialität.

Eine wahre Lust ist es, durch die knietiefen Sandspurrinnen zu »sägen«, in den Kurven regelrechte »Anlieger« zu fahren – und schon den Dreier in der Hunderterstelle des *Tripmasters* zu haben, obwohl es erst früher Nachmittag ist. Etliche Kilometer lang leiste ich mir ein kleines Duell mit einem kurz zuvor überholten Italiener – ebenfalls auf einer Gilera 600. In einer engen Rechts-Links-Kombination zwischen großen Dattelpalmen sehe ich ihn im Rückspiegel schwungvoll »absteigen«, halte sofort an. Doch er rappelt sich schon wieder aus dem Sand, streckt den Daumen nach oben und ruft lachend: »*Anda amico, vengo subito!* (Fahr zu, Freund. Ich komme gleich!«) Das nenne ich Sportsgeist! Zehn Minuten nach Franz und mir kommt er ins Ziel.

Morgen geht's zur Sache, erfahren wir im Biwak nahe bei der Oase *Douz*. Kurz, aber heftig, sagt *Cyril Neveu* im *Briefing*, sei die morgige Etappe – zumindest ihre erste Hälfte. Ich kenne die Gegend: Dünen der eher schwierigen Art – klein, weich und steil.

3. Tag: Douz – Ksar Ghilane – Bordj Chehaba – Ksar Ghilane: 209 km Speciale

Wir sind ausgeschlafen, haben ausgiebigst gefrühstückt – es kann losgehen! 28 km südlich von *Douz* verläßt das *Roadbook*, und damit wir, den Bereich der gut erkennbaren Pisten, noch mal 30 km weiter verschwindet die Piste mehr und mehr unter kleinen Sicheldünen, *dunettes*, wie sie das *Roadbook* nennt. Die Ostseite des größtenteils im nahen Algerien liegenden *Erg Orientale* ist erreicht. Ab Kilometer 70 wird es dann ernst, gibt das *Roadbook* nur noch Hinweise wie etwa »*Franchir le cordon des dunes. Cap moyen 90/100* (überqueren Sie die Dünenketten. Mittlerer Kurs 90 bis 100°)« oder – besonders hilfreich – Tips wie »*Cherchez le plus facile passage* (suchen Sie die leichteste Passage)« und »*Serpentez dans le Dunes. Visez deux mammelons au loin* (schlängeln Sie sich durch die Dünen. Peilen sie zwei brustwarzenähnliche Hügel an)«.

Schon einmal habe ich vor Jahren mit einem Freund von der Seite *Ksar Ghilanes* her versucht, die direkte Route nach *Douz* zu befahren. Damals kehrten wir kurz hinter einer alten römischen Festung um, kaum 5 km von der Bilderbuch-Oase entfernt: Mit Gepäck war die Strecke einfach nicht zu schaffen.

In der Tat sind die vor uns liegenden Dünen nicht gerade einfach zu befahren: Sie sind zwar nur ein paar Meter hoch, aber extrem weichsandig, vor allem aber so eng zusammenstehend, daß man in den trichterförmigen Senken dazwischen kaum Schwung für die nächste Steilauffahrt nehmen kann. Die beste Möglichkeit, hier gut voranzukommen, ist schlicht und einfach »obenbleiben«, nicht in tiefe Trichter zu fahren und immer an der windzugewandten, härteren

Franz und ich am Start der Tunesien-Rallye 1992.

Seite der Dünengrate entlangzukurven – und das so schnell, wie es der wilde Sand-»Slalom« erlaubt.

Nach ein, zwei anfänglichen »Einsandern« sind wir wieder in Übung. Es klappt so gut, daß wir geradezu euphorisch werden, vor allem als wir nach etwa 15 km – mitten in einem unbeschreiblichen Chaos eingesandeter Autos und Motorräder – plötzlich merken, daß wir das gesamte Feld von hinten aufgerollt haben.

Sogar *Cyril Neveu* selbst ist zugange und hat seinen Hubschrauber auf einer der wenigen größeren Dünen gelandet. Immer wieder fährt er Motorräder aus Dünentrichtern und »parkt« sie für die – meist vollkommen erledigten – »Piloten« auf dem nächsten Dünengrat. Als ich ihn fahren sehe, wird mir klar, warum er die Rallye Paris-Dakar fünfmal gewonnen hat.

Neben dem Helikopter halten wir an, wollen uns das »Schauspiel« wenigstens noch ein paar Minuten ansehen. Unmittelbar nach uns kommt einer der beiden Gilera-Prototypen aus den Dünen – Startnummer 1: Es ist *Franco Picco*, erster Werksfahrer der Italiener und der Führende im Gesamt-Klassement. Er späht in die Dünen. *Luigi Medardo*, Nummer zwei im Gilera-Team, ist noch nicht zu sehen. Sollten wir etwa ganz vorne sein? Tatsächlich sind keinerlei Spuren mehr vor uns! Allerdings nicht für lange, denn bald werden wir erst von *Picco* und *Medardo*, kurz darauf einem weiteren Dreier-Pulk überholt. Danach kommt erst mal nichts mehr.

Als ich auf Höhe der alten Römerfestung den Palmenhain *Ksar Ghilanes* am Horizont auftauchen sehe, könnte ich jubeln, sehe unseren

Der Italiener Franco Picco, auf der Werks-Gilera unterwegs zum Sieg.

Triumph schon vor Augen: 6. und 7. könnten wir werden, wenn auf den letzten 5 km alles gutgeht.

Es soll nicht sein. Kurz darauf knalle ich in einen Dünentrichter, daß vom Vorderrad nichts mehr zu sehen ist. Franz steckt offenbar ebenfalls fest, einige hundert Meter entfernt. Viel zu viele Minuten dauert es, bis wir uns gegenseitig aus den Sandfallen befreit haben. Gut ein Dutzend Motorradfahrer hat uns inzwischen überholt. Zu allem Überfluß stirbt die Gilera kurz darauf auch noch sang- und klanglos ab: Ich muß auf Reserve schalten! Sie springt und springt nicht an! Ich bekomme den Rest des – unter dem Niveau der Benzinpumpe liegenden – Sprits einfach nicht hochgepumpt. Mehrmals muß ich zwischen zig Tritten auf den Kickstarter absetzen, bin so erschöpft, daß es mir schwarz vor Augen wird. Erst nach unzähligen Tritten brüllt der Einzylinder plötzlich los. Ich kann vor Erschöpfung kaum fahren auf den ersten Metern.

Wir tanken beide an der *Assistance* von *Ksar Ghilane*. Auch der durchsichtige 19-l-Tank der Honda ist beinahe leer! Mein Riesen-»Faß« hatte ich wegen der nur 209 km der heutigen Sonderprüfung gestern abend nur halb gefüllt – ein großer Fehler! Sage und schreibe rund fünfzehn Liter sind auf den bisherigen 105 km durchgelaufen!

Die zweite Hälfte der heutigen Etappe sollte später den passenden Namen »Deppenschleife« erhalten, ist ein eher langweiliger 105-km-Rundkurs über sandverwehte Geröllpisten, den wir in nur eineinhalb Stunden »absolvieren«.

Weder *Badihero*-Team noch -Auto und -Mechaniker sind da, als Franz und ich am frühen Nachmittag in *Ksar Ghilane* eintreffen.

DER WÜSTE BEGEGNEN: SAHARA PER MOTORRAD

Horst und *Sven* im Geländewagen allerdings schon – trotz dreier »Platten« auf dem Pistenteil der für die Service-Fahrzeuge vorgeschriebenen Strecke, der in *El Hamma* beginnenden Schotter-Autobahn der »Pipeline-Piste«. Gemeinsam fahren wir erstmal zur Quelle der hübschen, weitverzweigten Palmen-Oase und liegen mindestens eine Stunde im heißen, schwefelhaltigen Wasser.

Als wir später zum Tanken aus der Oase fahren, richtet das *Badihero*-Team gerade seinen Lagerplatz ein – am Rand von *Ksar Ghilane*, denn der tiefe Sand der Zufahrtspiste stellt den nur zweiradgetriebenen Lieferwagen des Teams vor unlösbare Probleme. Die Stimmung ist eher mäßig. Nicht nur, weil die beiden Mechaniker vom Geholper der »Pipeline«-Piste etwas gestreßt sind, sondern auch weil von ihrem Team nicht mehr viel übrig ist: »*Didi*« ist, wie übrigens auch die beiden Gespannfahrer *Jürgen* und *Erwin*, in den Dünen ausgeschieden und *Barbara* so fertig mit Kraft und Nerven, zudem auch sturzblessiert, daß sie bereits ganz am Anfang der »Deppenschleife« das Handtuch geworfen, sich – wie Hermann schon gestern – für einen Abbruch der Rallye entschieden hatte. Nur Robert ist noch übrig. Doch nur für ihn auf materialmordenden Pisten noch weiter nach Süden fahren, das wollen die beiden *Badihero*-Mechaniker anscheinend nicht. Für uns heißt das, daß auch wir hier unsere Kisten abladen müssen.

Zum Glück gibt es noch einen von der NPO für die Privatiers zur Verfügung gestellten 6x6-Lkw.

Als Franz und ich gerade unseren zweiten Reifensatz aufziehen, trifft die schlimmste Nachricht ein: Der sympathische Schwede *Hans Svensson*, Teamgefährte von *Jürgen Mayer*, der heute übrigens dritter war, ist auf der »Deppenschleife« schwer gestürzt und hat sich Schulter, Schlüsselbein und Rippen gebrochen.

In so extremem Gelände wie den Riesendünen des Großen Östlichen Erg schließen sich die Motorradfahrer unter den Teilnehmern einer Wüsten-Rallye gerne zu kleinen Gruppen zusammen.

4. Tag: Ksar Ghilane – El Borma: 261 km Speciale, 47 km Neutralisation

Das gestrige *Briefing* war deutlich: Orientierung ist heute gefragt. Zu viert wollen wir den Tag meistern: Robert ist mit von der Partie – und Barbara. Nach einem weiteren Bad in der heißen Quelle von *Ksar Ghilane* konnten wir ihr den »Handtuchwurf« gestern doch noch ausreden. Zum Glück hatte sie den Kontrollpunkt von *Ksar Ghilane* nach ihrer gestrigen Aufgabe nochmal von Süden her durchfahren und dadurch statt Disqualifizierung nur Strafzeit kassiert – für das Auslassen eines Kontrollpunkts auf der »Deppenschleife«.

Ab Kilometer 20 beginnt eine reine Querfeldein-Etappe durch die wunderschöne, aber mit scharfkantigen Steinen garnierte Vordünenlandschaft am Ostrand des *Erg Orientale*. Ich fahre voraus, habe die Kompaßfunktion meines Satelliten-Navigationsgerätes aktiviert. Für die ersten Kilometer lasse ich auf der digitalen Kursanzeige genau die Gradzahlen erscheinen, die das *Roadbook* »empfiehlt«, dann wird mir das Geholpere zwischen den Sandpassagen zuviel. Da das Gelände näher am Fuß des Erg[13] wesentlich angenehmer zu befahren sein dürfte, halte ich erst schräg auf die riesigen Dünen zu, fahre dann an ihrem Fuß entlang. So müßten wir eigentlich automatisch auf den laut *Briefing* schwierig zu findenden Kontrollpunkt stoßen, über den das *Roadbook* vermerkt: »Bei zwei großen, einzelnen Bäumen am Fuß des Erg«.

Ein Hochgenuß, endlich mal über unverspurtes Dünengelände zu fahren! In schnurgerader Linie schweben wir über die weichen Buckel flacher »Pfannkuchen«-Dünen, über makellos glatte Sandebenen und finden uns auf einmal inmitten einer riesigen, weitverstreuten Kamelherde wieder. Was für ein Bild: Vier einsame Motorräder, die in dieser phantastischen Landschaft inmitten hunderter von Kamelen über den Sand »fliegen«.

Robert überholt mich, deutet aufs *Roadbook* und ruft: »Jetzt müßte doch langsam das ›gefährliche Felsgefälle‹ kommen!« »Das ist ein paar Kilometer da drüben!« schreie ich zurück. »Wir kürzen ab!«. Ausnahmsweise – und hoffentlich! Doch ich bin mir wirklich zu 99% sicher.

Plötzlich sehe ich sie, die beiden großen Akazien – und der Abkürzer hat sich offensichtlich gelohnt: Gerade erst fahren die Führenden, *Picco*, *Medardo* und *Olivier*, an der Zeitkontrolle neben dem NPO-Jeep los!

Das Gelände scheint auf der *Roadbook*-Strecke nicht gerade einfach gewesen zu sein. Obwohl wir laut *Tripmaster* nicht einmal 10 km abgeschnitten haben, liegen jetzt 53 der vor Barbara gestarteten Motorradfahrer hinter uns!

Vom Kontrollpunkt führt die Strecke wieder nach Osten und wird mit jedem Kilometer, den sie sich von den Dünen entfernt, mehr und mehr zu einer erkennbaren Piste. 70 km halten wir unsere Position ganz gut, werden in dieser Zeit von höchstens einem Dutzend Fahrer »aus der schnellen Truppe« überholt. Der letzte von ihnen sorgt in Sichtweite der Militärgarnison von *Bordj Bourguiba* für einen längeren Stop: Zehn Meter hinter einer quer zur Piste verlaufenden Ausspülung liegt er, scheint den Graben übersehen zu haben. Dabei ist die tückische Falle im *Roadbook* mit zwei Ausrufezeichen vermerkt. Auch ein typisches Sahara-»Warnschild« – für Afrika-Unerfahrene allerdings nicht sehr aussagekräftig – weist darauf hin: ein verbeultes Faß.

Der Franzose ist bei Bewußtsein, hat starke Schmerzen in der Schulter. Eine Welt scheint für ihn zusammenzubrechen. Er will es einfach nicht wahrhaben, daß die Rallye für ihn zu Ende ist, und wehrt sich mit schmerzersticktem Protestgeschrei dagegen, daß wir seinen Notsender aktivieren. Erst als Robert ihm mit Apotheker-Ruhe erklärt, daß man mit gebrochenen Knochen nicht mehr Rallye fahren kann, beruhigt er sich, bittet uns sogar, noch ein Foto von ihm zu machen.

Bordj Bourguiba wird uns noch viel mehr Zeit kosten: Wir folgen nämlich dummerweise blindlings einem nach rechts abbiegenden T-2-Auto[14] und merken erst nach etwa 50 km, daß die Route unmöglich stimmen kann. Wir müssen umdrehen und zum *Bordj* zurückfahren. Schon von weitem sehen wir Soldaten von den Mauern winken und nach Osten deuten: Nur ein paar hundert Meter sind wir zu früh nach rechts abgebogen!

---

[13] Erg: Zusammenhängendes Dünengebiet

[14] T-2: Die Klasse der auf Serienfahrzeugen basierenden Rallye-Autos

Trauriges Ende einer Rallye: Der Franzose Haigo Kherbekian ist schwer gestürzt. Wir versorgen ihn so gut es geht und aktivieren seinen Notsender.

Nicht weit nach *Bourguiba* erreichen wir den *Servicepunkt* der heutigen Sonderprüfung, Barbara, Robert und Franz müssen dringend tanken. Rund 60 km folgen wir dann einer schnellen, gut erkennbaren Piste nach Süden, bis wir auf einmal mitten durch das kleine, stacheldrahtverrammelte Mini-Fort *Bordj Jenein* hindurchfahren. Freundlich winken uns Soldaten in Tarnanzügen zu – ein eigenartiges Gefühl für mich. Auf einer Reise durch die Sahara meidet man solche Orte besser. Nach dem *Bordj* knickt das *Roadbook* im rechten Winkel von Süden nach Westen ab. Endlich wieder in Richtung *Erg Orientale* – heute sogar mitten hinein. Ich kann es mir noch kaum vorstellen: In der sonst für Touristen streng verbotenen »Stadt des schwarzen Goldes«, im legendären Ölbohrzentrum *El Borma*, soll unser Biwak sein.

Bei Kilometer 240 verschwindet die Piste *Roadbook*-gemäß in den Dünen. Es heißt, einfach so lange querbeet nach Westen zu fahren, bis die Pipeline auftaucht. Nicht nur wir, sondern offensichtlich auch viele andere, glauben nach etwa 15 km, uns schon wieder verfahren zu haben.

Erst fünfzig Meter davor ist das nur armdicke Röhrchen endlich zu sehen. Wie ein dickes Kabel liegt die Mini-Pipeline im Sand. 8 km hüpfen wir neben dem Rohr von einer Sicheldüne zur nächsten, bis das Ziel endlich auftaucht. Mehr als die Hälfte der Rallye liegt hinter uns – vielleicht kommen wir doch nach *Djerba*, ins Ziel. Es wäre zu schön, um wahr zu sein.

Auf einer eigenartigen Mischung aus Schotter-Autobahn und Dünenpiste führt die Verbindungsetappe zwischen immer riesigeren Sandbergen in den Erg hinein. Dann plötzlich Teerstraße, kurz danach eine Art Stadt: moderne Häuser, ummauerte Industrie-Areale, Zypressen- und Eukalyptus-Bäume, eine Schranke mit Paßkontrolle: Wir sind in *El Borma*, bedeutendstes Ölbohrzentrum Tunesiens und Algeriens – und schon habe ich einen Nagel im Vorderrad! Auf direktem Weg »eiere« ich zur Tankstelle und anschließend in das ein paar Kilometer außerhalb eingerichtete Biwak.

Unser Sanitätereinsatz und der Riesen-Verfahrer haben uns im heutigen Klassement weit nach hinten befördert – auf die Plätze 49 bis 54. Hauptsache, wir sind noch dabei – gewiß keine Selbstverständlichkeit: 15 Ausfälle waren es heute. Nur noch 62 »kleine Negerlein« sind nach vier Tagen von 106 übrig!

5. Tag: El Borma – Remada: 303 km Speciale, 65 km Neutralisation

Als wir zur mit Abstand faszinierendsten Sonderprüfung dieser Rallye starten, ahne ich noch nicht im geringsten, daß ich fast die Häfte der 368 km mit der Angst fahren werde, jeden Moment statt eines Motors nur noch Schrott unter mir zu haben.

Keine halbe Stunde kann ich mich über die phantastische Streckenführung freuen: Luftlinie geht es durch die Welt der Riesendünen auf der algerisch-tunesischen Grenzlinie nach Süden – ein Rausch aus Geschwindigkeit und Sand, ein »Dünentrip«, der süchtig nach den sanften Bergriesen der Wüste machen kann. Dann spüre ich sie urplötzlich auf meinem rechten Bein, die Hitze kochenden Wassers, sehe den Dampf, höre das Zischen. Es ist nicht die Lötnaht, mit der mir der Chefmechaniker des »Chartres«-Teams den Einfüllstutzen wieder befestigt hat – nach jenem grauenvollen ersten Rallyetag. Es ist der kleine Schraubdeckel, der das Wasser des dünenerhitzten Motors aus dem Kühler sprudeln läßt, weil seine Druckfeder gebrochen ist.

Ein Teufelskreis: »Fliege« ich mit hundertzehn Sachen durch die »Achterbahn« der *Erg-Orientale*-Dünen, wird der Motor heiß. Fahre ich langsamer, passiert wegen des weichen, spurenzerwühlten Sandes genau dasselbe. Ich schicke Barbara und Robert weiter, will sie durch meine Probleme nicht aufhalten, ihnen die herrliche Route dieser Sonderprüfung versauen. Franz bleibt – ich bin ihm mehr als dankbar.

Am südlichsten Punkt der Rallye, unweit des tunesisch-algerisch-libyschen Grenz-Dreiecks, ist unser gesamtes Trinkwasser durch den Kühler gejagt und der Motor wieder so heiß, als wolle er platzen. Auch alle Autos haben uns inzwischen überholt. Ich bin irgendwie demoralisiert und nahe daran, auch Franz weiterfahren zu lassen, mich in den Sand zu hocken und zu hoffen, daß es der »Lumpensammler«-Lkw tatsächlich auch bis hierher schafft.

Was dann auf einmal mit dem Geräusch eines Schiffsdiesels über eine Düne tuckert, ist etwas ganz anderes: ein museumsreifer, ballonbereifter Lastwagen mit algerischer Nummer und einem Dutzend dunkelhäutiger Männer darauf. Beinahe nostalgische Gefühle überkommen mich, als ich sie sehe, in ihren *Djellabah*-Hemdgewändern, den *Chech* um den Kopf gewickelt. Auf einmal ist die Sahara keine Rennstrecke mehr, sondern so, wie ich sie kenne – und liebe: ein weites, ruhiges Land, bewohnt von Menschen, die nicht wissen, was Hektik ist.

Sie können uns kein Wasser geben, haben selbst nur wenig dabei, aber 10 km hinter den Dünen soll eine kleine Bohrstation sein. Wir folgen den Spuren des Lkw und erreichen den vielleicht einsamsten Arbeitsplatz der Welt, einen winzigen Bohrturm, eine Baracke mit drei Tee kochenden Männern und – ich traue meinen Augen kaum – einer schlafenden Katze. Während ich das Wasser in den Kühler fülle, kommt mir die rettende Idee: Ein Ausgleichsbehälter muß her! Ich binde meine Feldflasche vor dem Tank fest und lege den Kühler-Überlaufschlauch hinein.

Kurz nach dem Punkt, wo uns der Laster begegnet war, knickt die Rallye-Route im rechten Winkel nach Osten ab. Ab jetzt muß gegen die Ketten der Dünen gefahren werden, ist eine Überquerung der riesigen Sandberge nur noch an ihren Einschnitten möglich. Schon bald haben wir das Feld eingeholt und stoßen in der ersten schwierigen Passage auf eine »Sandschlacht«, die der vom dritten Tag kaum nachsteht. Erst 130 km nach *El Borma* erreichen wir den Rand des Erg, treffen kurz vorher schon Barbara und Robert. In *Bordj Jenein* schließt sich der Kreis unseres Abstechers in den vom Tourismus unberührten Süden Tunesiens.

50 km vor dem Ziel wird unserem Fünfer-Konvoi – auch die Französin *Marianne* haben wir in den letzten Dünen des *Erg Orientale* noch aufgepickt – das Benzin knapp. Ich habe noch am meisten, will schon ans Umfüllen gehen, als das Wunder geschieht: Ein italienischer Teilnehmer hält seinen Toyota an und verteilt einige

Liter Sprit, während sein Beifahrer und ich wie die Luchse nach einem Hubschrauber ausspähen: Unerlaubt nachzutanken bedeutet Disqualifikation! Durch eine »Wildwest«-Landschaft aus Schluchten, Pässen und Bergen gelangen wir ins Städtchen *Remada* – zurück in die Zivilisation.

Als wir abends im Biwak beim – wie üblich exzellenten – Essen sitzen und die eingeflogene Rock-Band der NPO einen »Gassenhauer« nach dem anderen schmettert, kommt mir der heutige Tag unwirklich vor, ein Traum, dessen erster Teil eher ein Alptraum war.

6. Tag: Remada – Ksar Ghilane: 280 km Speciale, 30 km Neutralisation

Trotz der fahrtechnisch einfachen, wenn auch auf den letzten 100 km nervtötend holprigen Strecke fahren wir relativ langsam, lassen uns nur begrenzt auf das Risiko ein, das die vielen Vollgasabschnitte der heutigen Etappe in sich bergen. Nicht nur fahrerisch, auch landschaftlich herausragend ist ein spektakulärer Serpentinenpaß über die einzige Bergkette Südtunesiens, die *Montagne des Ksour*. Der Rest der Etappe ist – zumindest im Vergleich zur gestrigen Traumstrecke – eher langweilig: Steppenlandschaft, einige Felder dichtbewachsener Kleindünen und schnurgerade Highspeed-Pisten, auf denen die T-1-Boliden ihren 300 Pferdestärken die Sporen geben.

Mittlerweile ist es Routine für uns, vorsorglich aus der Spur zu fahren, wenn im Rückspiegel zwei winzige Lichter vor einer kleinen Staubwolke auftauchen: Nur Sekunden dauert es auf den langen Geraden, bis daraus eine aufgeblendete Scheinwerfer-Batterie und ein wahrer »Atompilz« wird, bis wir plötzlich mittendrin sind im für Motorradfahrer lebensgefährlichen »White Out«.

Keine Routine ist allerdings, daß sich einer der uns überholenden Prototypen nur hundert Meter weiter in einer plötzlich auftauchenden Kurve spektakulär überschlägt. Noch bevor sich die Staubwolke gelegt hat, klettert der Pilot aus dem auf dem Dach liegenden, hochbeinigen Rallye-Geschoß, ein nicht mehr ganz junger Franzose. »Das ist der Schlesser«, sagt Franz: *Jean-Louis Schlesser*, Ex-Formel-1-Champion und heute einer der Stars im Rallye-Sport. Er ist unverletzt, bleibt ganz ruhig, erzählt uns achselzuckend, daß er schon seit über 100 km ohne Bremsen fahre.

Gemeinsam versuchen wir, den Wagen wieder auf die Räder zu stellen. Keine Chance! »*Merci!*« sagt er ein wenig deprimiert. »*Allisez, je vais attendre pour une voiture* (fahrt zu, ich werde auf ein Auto warten)«.

Als wir am frühen Nachmittag wieder in der heißen Quelle von *Ksar Ghilane* liegen, sind wir überglücklich. Nur noch ein Tag trennt uns vom Ziel!

7. Tag: Ksar Ghilane – Djerba: 234 km Speciale, 37 km Liaison

Man sollte es nicht für möglich halten: Ein kleine Ungenauigkeit im *Roadbook* sorgt am letzten Tag dafür, daß sich fast alle der verbliebenen 52 Motorradfahrer total verirren – auch Franz und ich.

Vielleicht war auch gar nicht das *Roadbook* schuld, sondern einfach das trügerische Gefühl, schon »so gut wie« im Ziel zu sein.

Auch sonst sorgt auf der eher einer Bergprüfung als einer Sahara-Rallye ähnlichen Strecke der »Magnet« der nahen Zielflagge für Zwischenfälle: Sage und schreibe dreimal »fliege« ich aus engen Kurven und komme jedesmal nur knapp am Sturz, am Scheitern meines zweiten Zieles vorbei: die 2500-Rallye-Kilometer ohne Sturz hinter mich zu bringen. Robert hat diesbezüglich weniger Glück. Als einer von zwei Motorradfahrern, die sich heute nicht verfahren haben, stellt er an der ersten Zeitkontrolle fest, daß er in Führung liegt!

Verständlich, daß sein Ehrgeiz da mit aller Kraft zuschlägt, was zu einem kapitalen Sturz führt und ihn um den Sieg der Sonderprüfung bringt. Immerhin Dritter wird er, um so erstaunlicher, als später im NPO-Lazarett auf *Djerba* ein Mittelfuß-Bruch festgestellt wird.

Als ich nach einer letzten, geradezu berauschenden Sandfahrt am Strand des Golfes von *Bou Grara* durch die Zielflagge brause, bin ich zufrieden und erleichtert. Wie jeder einzelne der vor und nach mir eingetroffenen Privatiers freue mich über meinen ganz persönlichen »Sieg« bei einem »Wüstenmarathon«!

Glückliches Ende einer Rallye: Ins Ziel zu kommen ist für Privatfahrer fast wie ein Sieg.

Ratgeber
Als Privatfahrer mit dem Motorrad bei einer Sahara-Rallye

Image

Die meisten Teilnehmer von Wüsten-Rallyes stammen aus Frankreich, Italien und Spanien. Dieses sind Länder, in denen Geländesport im allgemeinen und Sahara-Rallyes im besonderen sehr populär sind. Dabei hat sich gegenüber den Versäumnissen und Fehlern, mit denen in den achtziger Jahren die »*Rallye Paris-Dakar*« und die »*Rallye d'Algerie*« den Ruf der Sahara-»Raids« vor allem im deutschsprachigen Raum ruinierten, einiges geändert. Längst haben die Veranstalter aus ihren Fehlern gelernt, und die Mehrzahl der vor einigen Jahren noch stichhaltigen Kritikpunkte entbehrt heute ihrer Grundlage:

- Sahara-Rallyes schädigen die durchquerten afrikanischen Staaten nicht mehr. Sie sind im Gegenteil ein nicht unbedeutender Einkommensfaktor – nicht nur für die Regierungen dieser Länder, sondern auch für einen beträchtlichen Teil der (am Rallye-Troß verdienenden) Bevölkerung.
- Die Tatsache, daß bei Sahara-Rallyes Unfälle passieren, kann bei objektiver Betrachtung kein Grund dafür sein, sie zu verbieten. Es sei denn, man würde dies mit anderen gefährlichen Sportarten genauso tun. Jeder Teilnehmer einer Sahara-Rallye ist sich des Risikos, das er eingeht, bewußt, hat seine Höhe zu einem Großteil durch seine Fahrweise selbst in der Hand. Was die Versorgung von Verunglückten betrifft, entsprechen auf den großen, gutorganisierten Sahara-Rallyes (*Rallye de Tunisie, Rallye de Pharaones, Rallye Paris-Dakar*) medizinisch-technische und -personelle Möglichkeiten, Schnelligkeit von Erstversorgung und Krankentransport mitteleuropäischem Standard – unter den gegebenen Bedingungen eine organisatorische Glanzleistung.
- Politische Krisengebiete werden nicht mehr durchfahren.
- Ortsdurchfahrten in afrikanischen Staaten werden soweit als möglich vermieden bzw. nur unter strenger Einhaltung des jeweils gültigen Tempolimits durchgeführt.
- Alle Organisatoren heutiger Sahara-Rallyes sorgen für den Abtransport des Rallye-Mülls zu offiziellen Deponien, gleich ob er auf der Strecke oder in den »Biwaks« entsteht.

Motivation

Neben mehr oder weniger professionellen, aus Enduro- und Motocross-Sport stammenden Rennfahrern fahren vor allem bei den beiden kürzeren Sahara-»Raids«, der Tunesien- und der Pharaonen-Rallye, relativ viele Motorradfahrer mit, die sonst keine oder nur hobbymäßig Wettbewerbe fahren.

Sie sind Amateure in des Wortes ursprünglicher Bedeutung und nehmen in der Regel nicht nur wegen der sportlichen Herausforderung an einer Sahara-Rallye teil, sondern auch aus ganz anderen Gründen:

- *menschliche:* Man kann sie kaum beschreiben, sondern nur selbst erlebt haben, die intensive, kosmopolitisch angehauchte Atmosphäre eines »Rallye-Circus«, das allgegenwärtige Gemeinschaftsgefühl aus Hilfsbereitschaft und gegenseitiger Akzeptanz. Vielleicht kann so etwas im Motorsport nur bei einem so schwierigen und anstrengenden Unternehmen wie einem »Wüsten-Marathon« entstehen.
- *touristische*: Heutige Sahara-Rallyes führen größtenteils über außergewöhnliche, auf eigene Faust kaum nachvollziehbare und für den Saharafreund hochinteressante Strecken.
- *ehrgeizige*: die Selbstbestätigung, trotz unterlegenen Materials und ohne die Bequemlichkeiten halb- oder gar vollprofessioneller Teams unter den harten Bedingungen einer Sahara-Rallye bestehen zu können – z. B. durch die auf Wüstenreisen gewonnene Erfahrung und Routine.

Auch *gegen* die Teilnahme an einer Sahara-Rallye sprechen eine Reihe von Faktoren. Insbesondere jeder Anfänger sollte sie sich vor Anmeldung zu einem solchen Unternehmen durch den Kopf gehen lassen:

- *Risiko:* Auch wer »nur auf Ankommen« fährt – für den Privatier die einzig realistische Chance –, muß zur Erfüllung der vorgegebenen Sollzeiten mit einer Durchschnittsgeschwindigkeit fahren, die im Wüstengelände ein hohes Maß an Fahrkönnen bei gleichzeitiger maximaler Konzentration erfordert: Neben der Strecke müssen kontinuierlich *Roadbook* und *Tripmaster*, oft auch noch Kompaß oder ein Satelliten-Navigationsgerät (siehe dazu Kapitel Spezialausrüstung) im Auge behalten werden! Das ist nicht einfach, weshalb auf Sahara-Rallyes bei Motorradfahrern die Ausfall-Quote infolge Beschädigung von Fahrer oder Fahrzeug über 50 % beträgt! Realistisch betrachtet sind also Stürze nicht auszuschließen und wegen des meist hohen Tempos auch bei optimaler Schutzbekleidung verletzungsträchtig.

- *Strapazen*: Wer an einer Sahara-Rallye teilnimmt, läßt sich auf eine geländesportliche Herausforderung ein, die ihm mit ziemlicher Sicherheit seine physischen wie psychischen Grenzen offenbaren wird – insbesondere, wenn er ein solches Unternehmen alleine, ohne Team-Unterstützung oder wenigstens einen Partner in Angriff nimmt.

- *Kosten:* Wüsten-Rallyes sind auch für Privatfahrer, die ohne Mechaniker-Betreuung daran teilnehmen, alles andere als billig. Wegen des bei einer professionell organisierten Rallye – und nur eine solche sollte aus Sicherheitsgründen in Betracht gezogen werden – enormen Aufwands der Veranstaltung ist das Startgeld hoch. Trotz der Vielzahl der Teilnehmer (in der Regel über hundert) beträgt es gut das Doppelte einer vergleichbaren Reise bei einem Veranstalter organisierter Motorradtouren durch die Sahara. Dazu addieren sich die Kosten der Renn-Lizenzen, die erforderliche Aus- und Umrüstung des Motorrades, Ersatz- und Verschleißteile, die Miete des bei allen »Marathon-Raids« obligatorischen Notsenders (ca. 300,- DM) und das Benzin. Motorradkauf und Wertverlust sind mehr oder weniger hoch zu Buch schlagende Sekundärkosten. An nennenswerten Preisgeldern gibt es, realistisch betrachtet, für männliche Privatfahrer ohne Mechaniker-Betreuung nichts zu gewinnen. Für sie ist schon das Ankommen ein Erfolg. Ein Platz in der vorderen Hälfte der Ziel-Ankömmlinge ist für sie fast wie ein Sieg. In der Damenwertung sieht das etwas anders aus: Wegen der sehr geringen Zahl weiblicher Starter ist ein Zieleinlauf in der Regel identisch mit einem Platz auf dem Siegertreppchen. Auf *Sponsoring* in Form von Material oder Geld kann der Neuling oder unbekannte Privatfahrer erst mal nicht hoffen. Erst nach einem Platz unter den ersten drei der Klassenwertung oder gar unter den ersten Zehn der Gesamtwertung würden die Chancen für das nächste Mal deutlich besser stehen.

Voraussetzungen

- Sicheres Fahrkönnen in jeder Art von Wüstengelände, insbesondere auch in verspurtem Sand und in Dünen, sollte eine selbstverständliche Voraussetzung sein: Vor allem die *Rallye Paris-Dakar*, aber auch die neueren Auflagen der *Rallye de Tunisie* und *Rallye de Pharaones* enthielten mindestens eine der als »Aussieb-Etappen« berüchtigten Sonderprüfungen – Strecken, die von ihrem fahrtechnischen Schwierigkeitsgrad her auch für gute Geländefahrer noch eine Herausforderung sind, für Teilnehmer mit fahrerischen Schwächen aber in der Regel das Rallye-Ende bedeuten.

- Für die Teilnahme an einer der drei großen, von der Internationalen Motorsportbehörde (FIM) anerkannten Sahara-Rallyes ist eine Nationale und eine Internationale Rennfahrer-Lizenz erforderlich. Teilnehmer, die noch keine solche Lizenz besitzen, beantragen diese – unter Nachweis von Motorradsport-, Offroad- oder Saharareise-Erfahrung – in der BRD bei der *Obersten Motorradsport-Kommission* (OMK, Waidmannstr. 47, 6000 Frankfurt/Main 70, Tel. 069/963153/14 oder 15), in Österreich bei der *Obersten nationalen*

Sportkommission für den Kraftfahrsport in Österreich (OSK, 2524-Teesdorf, Tel. 02253/81600), in der Schweiz bei der *Federation Motocycliste Suisse* (FMS, 47 Rue de le 11eme Decembre, 1207 Genf, Tel. 022/7353440). Die Nationale Lizenz kostet ca. DM 400,-, die Internationale Lizenz ca. DM 150,-. Bei Mitgliedschaft in einem Automobil-Club reduziert sich der Betrag um insgesamt ca. DM 100,-.

Persönliche Vorbereitung

Wegen der hohen körperlichen Anstrengungen empfiehlt sich als Vorbereitung neben dem Trainieren auf Motocross- und Enduro-Strecken auch regelmäßiges Konditions-Training. Nicht nur fahrerische, sondern auch körperliche Fitneß erhöht die Chancen, ins Ziel zu kommen, ganz enorm. Unter italienischen und französischen Rallye-Amateuren nicht unüblich sind Trainingsfahrten in Tunesien und Algerien. Nur dort läßt sich neben dem Fahren in saharatypischem Gelände auch ein praxisgerechter Umgang mit Kompaß bzw. einem Satelliten-Navigationsgerät erlernen[1].

Die wichtigsten Handgriffe bezüglich Wartung und Reparatur des benutzten Motorrades (Radausbau, Reifen-, Luftfilter- und Zündkerzenwechsel, Bowdenzug-Austausch usw.) sollten *vor* der Rallye so oft geübt worden sein, daß sie wie im Schlaf von der Hand gehen und auch unter ungünstigen Bedingungen (z. B. einer Reifenreparatur bei Sandsturm auf der Strecke) schnell und effektiv durchführbar sind.

Daß sich für die Teilnahme an einer Sahara-Rallye schutzbekleidungsmäßig nur das Beste vom Besten empfiehlt, dürfte sich von selbst verstehen. Grundsätzlich gilt hierzu das im nachstehenden Kapitel »Ratgeber für Saharareisen per Motorrad/Bekleidung« Gesagte.

Technische Vorbereitung

1. Motorradwahl

Grundsätzlich ist die Teilnahme an einer Sahara-Rallye mit jeder Art von Enduro- oder Geländesport-Motorrad möglich. Die Chancen, das Ziel zu erreichen, erhöhen sich allerdings deutlich, wenn folgende Voraussetzungen erfüllt sind:

- Möglichst langhubige und straff abgestimmte Federung. Insbesondere hinten sollte auch die Dämpfung der Federung justierbar sein.

- Guter Geradeauslauf ist die zweite wichtige Eigenschaft eines für Sahara-Rallyes geeigneten Motorrades, denn Sandstrecken verstärken jede noch so kleine diesbezügliche Schwäche – bei höheren Geschwindigkeiten bis zu einem gefährlichen Maß. Hohe Geradeauslaufstabilität und Handlichkeit stehen in fahrwerkstechnischem Gegensatz. Da enge Kurvenradien bei Sahara-Rallyes die Ausnahme sind, ist das allerdings nicht weiter störend.

- Einzelteile und Gesamtkonzept des gewählten Motorrades sollten so ausgereift und zuverlässig sein, daß neben den im Rahmen einer Sahara-Rallye unvermeidlichen Schäden an Reifen, Felgen und Speichen nicht auch noch andere Defekte die Energien des – selbstreparierenden – Privatfahrers verschleißen.

- Die Wartung der täglich zu überprüfenden Fahrzeugteile wie Luftfilter, Flüssigkeitsstände, Zündkerzen, Hinterradantrieb usw. sollte ebenso mit möglichst geringem Aufwand zu erledigen sein wie der mit Sicherheit öfter erforderliche Radausbau.

- Thema Gewicht: Der Wunsch nach einem möglichst leichten Motorrad entsteht während einer Sahara-Rallye vor allem in der fahrtechnisch schwierigsten Form von Dünengebieten, im Bereich kleiner, sehr eng und steil zueinander stehender Sandberge. Auf allen anderen Strecken ist jedoch unter einem Fahrer, der sein Motorrad beherrscht, das Gewicht des Fahrzeuges gegenüber seiner schwerpunktgünstigen Anordnung eher sekundär. Im Klartext: Eine relativ leichte Maschine mit einem schwerpunktungünstig, weil zu hoch sitzenden Großtank kann unhandli-

---

[1] Seit 1992 ist diese Art der Orientierung bei Marathon-Raids zugelassen, bei der Tunesien-Rallye nicht unbedingt erforderlich, aber nützlich, bei der Pharao-Rallye empfehlenswert bis notwendig, bei der Rallye Paris-Dakar ab 1993 vorgeschrieben.

cher zu fahren und schwerer aufzuheben sein als eines jener dickbauchigen »Rallye-Monster«, bei denen von den mitgeführten sechzig Litern Benzin etwa fünfzig schwerpunktgünstig unterhalb der üblichen Tank-Sitzbank-Linie untergebracht sind.

- Motorleistung, vor allem solche, die über ein breites Drehzahlband zur Verfügung steht, kann auf einer Sahara-Rallye eigentlich nie genug vorhanden sein. Der wirklich vorhandene »Dampf« ergibt sich natürlich letztendlich aus der Anzahl der Kilogramm, die jedes Kilowatt des Fahrzeugs zu bewegen hat. Eine mit siebzig Litern Benzin beladene 1000er unter einem »gestandenen Mannsbild« kann im bereits erwähnten, nur langsam befahrbaren Dünengelände schlechter vorankommen als eine weit weniger Benzinreserven erfordernde 350er unter einer leichtgewichtigen Dame.

2. Rallye-Ausrüstung

Roadbook und Roadbook-Leser. Der sportliche Sinn einer Sahara-Rallye ist, unbekannte Offroad-Langstrecken erstens so schnell wie möglich zu befahren, zweitens bis zum Ende der Rallye durchzuhalten. Dies ist mit einigermaßen kalkulierbarem Risiko nur möglich, weil jeder Rallye-Teilnehmer von den Organisatoren detaillierte Informationen über Streckenverlauf, Geländehindernisse, Zeitkontrollen usw. erhält: das sog. *Roadbook*. Es ist tageweise unterteilt, wird entweder zu Beginn der Rallye komplett ausgegeben oder nach jeder abgeschlossenen Tagesetappe für den jeweils nächsten Tag. Es beschreibt die gesamte Strecke minuziös in Form von Kilometerangaben, Kompaßzahlen, einer Vielzahl von graphischen Darstellungen und eines wegen seiner Spezialausdrücke und Abkürzungen[2] erst zu erlernenden *Roadbook*-Idioms. Damit es auch von Motorradfahrern während der Fahrt gelesen werden kann, wird das *Roadbook* als fertige oder aus Einzelblättern selbst zusammenzuklebende »Schriftrolle«[3] aus-

---

[2] natürlich auf Basis der bei allen Sahara-Rallyes üblichen »Amtssprache« Französisch

[3] je nach Etappenlänge, orientierungs- und fahrtechnischen Anforderungen sieben bis zehn Meter lang

geliefert und kann so über einen elektrisch oder per Seilzug zu bedienenden Apparat von einer Abrollvorrichtung auf eine Aufrollvorrichtung befördert werden. Ein solcher *Roadbook-Leser* ermöglicht kontinuierliches Ablesen der Streckeninformationen durch Daumendruck, also ohne die Handposition am Lenker nennenswert verändern zu müssen. Da man kein anderes Bedienungselement des Motorrades im Laufe der Rallye so oft betätigt, ist dies ein entscheidender Sicherheitsfaktor. Ausschlaggebend für ein sicheres Funktionieren des *Roadbook*-Lesers ist äußerst sorgfältiges, enges und geradliniges (!) Aufwickeln des *Roadbooks*.

Ein elektrisch betriebenes Gerät kostet rund 400,- DM und ist in Deutschland im Rallye-Zubehörhandel erhältlich (z. B. Fa. Godel, Hirschbergstr. 17, 7016 Gerlingen).

Tripmaster. Dieses kleine Instrument ist ein justierbarer, ebenfalls vom Lenker aus bedienbarer Kilometerzähler. Es ermöglicht dem Fahrer per Knopfdruck, die sich von Kilometer zu Kilometer summierenden Differenzen zwischen den im *Roadbook* angegebenen Entfernungszahlen und den auf dem LCD-Display des *Tripmasters* angezeigten zu korrigieren – und zwar sowohl aufwärts wie abwärts. Diese Differenzen sind deswegen vorhanden, weil das *Roadbook* anhand des Kilometerzählers des Rallye-Erkundungs-Fahrzeuges erstellt wurde. Es wäre – insbesondere in schlupfintensivem Sandgelände – ein großer Zufall, wenn die eigenen Kilometerzahlen mit denen dieses Fahrzeugs und damit dem *Roadbook* exakt übereinstimmten. Die möglichst häufige Korrektur des *Tripmasters* – am besten immer an markanten, mit dem *Roadbook* sicher identifizierbaren Punkten – ist entscheidend für effektive und schnelle Fahrt nach *Roadbook* (Bezugsquelle für vom Lenker aus bedienbare *Tripmaster* siehe Abschnitt *Roadbook-Leser*).

Kompaß. Auf Querfeldein-Etappen ist eine Einhaltung von im *Roadbook* genannten Kursangaben nur mit Hilfe eines während der Fahrt ablesbaren Kompasses möglich. Das Gerät muß entweder mit einer Einstellvorrichtung zur Kompensation der Störeinflüsse von Fahrzeugmetall und -elektrik ausgestattet oder »selbstkompen-

Roadbook-Roller, Tripmaster und Kompaß im Cockpit von Roberts Motorrad.

sierend« sein, sonst ist es aufgrund hoher Anzeigeabweichungen wertlos. Für den Einsatz an Motorrädern bewähren sich nur optimal gedämpfte und gelagerte Auto-Kompasse, z. B. der rallyeerprobte Silva 70 BC.

Satelliten-Navigationsgerät. Ein »Satnav« erlaubt, auf eine einprogrammierte Zielkoordinate zuzufahren, ohne nach einer geländebedingten Kursabweichung Standort-Bestimmungen vornehmen zu müssen. Das Gerät zeigt dem Benutzer, ganz gleich ob er gerade, zickzack oder im Bogen fährt, immer den von seinem jeweiligen Standpunkt gültigen Kurs auf das Ziel! Für Rallye-Zwecke sollte ein »Satnav« nicht nur über eine digitale (in Zahlen dargestellte), sondern auch über eine analoge (graphisch dargestellte) Kursabweichungsanzeige verfügen:

Z. B. können dann mit Hilfe von auf dem Display in Deckung zu bringenden Pfeilen[4] selbst die in kurzen Abständen wechselnden Kursabweichungen wilder Dünenkurvereien unter Kontrolle gehalten und laufend korrigiert werden.

Abgesehen von den immer häufiger bei Sahara-Rallyes zu bewältigenden *Roadbook*-freien Sonderprüfungen, kann ein »Satnav« auch auf Etappen *mit Roadbook*-Angaben nützlich sein, insbesondere solchen, die abseits von Pisten, also querfeldein nach Kompaßkursangaben, stattfinden. Die vor dem Start einer möglichst genauen Landkarte entnommenen und einprogrammierten Koordinaten des Tagesziels beruhigen nicht nur, sie sparen u. U. eine ganze Menge Kilometer – zumindest zwischen der letzten Zeit- oder Durchfahrtskontrolle und dem

---

[4] Pfeil 1 = gewünschte Richtung; Pfeil 2 = gefahrene Richtung

Bild auf den Seiten 86/87: Eines der deutschen Gespanne bei der Pharaonen-Rallye 1992.

Ziel. Die Koordinaten der »CP's«[5] und »PPO's«[6] sind dagegen mit Hilfe des *Roadbooks* kaum herauszufinden, jedenfalls nicht auf Etappen abseits in der Karte zu findender Pisten.

»Satnavs« sind in motorradgeeigneter Größe und Robustheit erhältlich. Empfehlenswert für Motorradfahrer ist wegen der Größe von Bedienungsknöpfen und Display-Zahlen z. B. der GARMIN 50 oder 75. Beide Geräte widerstehen bei schwingungsgedämpfter Anbringung auch extremen Beanspruchungen.

Tank. Bei der Rallye Paris-Dakar und der Pharao-Rallye ist eine Autonomie von 450 km erforderlich. Für die 1992 geschaffene *Trail*-Klasse[7] sind es bei letzterer nur 250 km. Für die Tunesien-Rallye ist seit 1993 nur die Hälfte der bis dahin üblichen Reichweite von 300 km vorgeschrieben. Der erhebliche Kostenfaktor großer Zusatztanks entfällt damit bei dieser »Raid« – zumindest von den offiziellen Teilnahmebedingungen her.

Nachteil dieser, vom Veranstalter *während* der Sonderprüfungen bereitgestellten Tankmöglichkeit sind natürlich, je nach Andrang, mehr oder weniger lange Wartezeiten.

Die erforderliche Tankkapazität ist unbedingt mit dem für das benutzte Motorrad unter Höchstbelastung üblichen Verbrauch zu kalkulieren! Beinhaltet die Route einen hohen Dünenanteil, können unter Rallyebedingungen Verbrauchsdurchschnitte erreicht werden, die bei sanderfahrenen Teilnehmern den Verdacht eines Tanklecks aufkommen lassen.

Zusatzbeleuchtung. Bei allen Rallyes vorgeschrieben und vom Reglement als unbedingt einzuhaltender Sicherheitsfaktor ausgewiesen ist ein zweites Rücklicht mit 21-Watt-Beleuchtung, z. B. in Form einer Nebelschlußleuchte oder eines hochkant montierten Motorradblinkers. Das Zusatzlicht muß an der höchsten Stelle des Motorradhecks angebracht und bei Ausfall sofort repariert werden. Andernfalls droht Disqualifikation!

Reifen und Räder. Privatfahrer, bei denen es nicht so sehr auf das letzte Quentchen »Grip« ankommt wie bei den um Sieg fahrenden Rallye-Profis, müssen bei weitem nicht so oft Reifen wechseln wie diese, zumindest bei Benutzung von rallye-tauglichen Reifen wie dem *Metzeler Safari* oder dem *Michelin Desert* (siehe dazu auch Kapitel »Ratgeber für Saharareisen per Motorrad/Bereifung«). Sie halten auf einer etwa 50 PS starken Enduro auch bei Rallye-Fahrstil eine ganze Weile, ehe größerer Profilverlust ein Wechseln ratsam macht.

Auf dem Hinterrad kann je nach dem Anteil steinigen Geländes von einer Lebensdauer zwischen 2000 und 3000 Offroad-km ausgegangen werden, auf dem Vorderrad von jeweils rund 1000 km mehr.

Fährt man in den Reifen Moosgummi-Wülste statt Schläuche, sind »Platten« auszuschließen. Dafür erhöht sich wegen der nur etwa einem Luftdruck von 0,8 atü entsprechenden Weichheit dieses Schlauchersatzes die Gefahr von Felgenschäden. Die Reifen sind mit den »*Bip Mousse*« schwieriger zu montieren. Die Haltbarkeit der Vollgummiringe liegt bei häufigem hohem Dauertempo u. U. deutlich unter der des Reifens.

Die Radspeichen sollten an ihren Kreuzungspunkten mit Kabelbindern zusammengebunden sein. Dies bewirkt bei Spitzenbelastungen eine Kraftverteilung auf die jeweilige Nachbarspeiche. Zudem verhindert es, daß eine sich aus dem Gewinde des Speichennippels herausvibrierende Speiche – auf Wellblechpisten nicht selten – sofort abgeknickt wird.

3. Rallye-»Gepäck«

Natürlich achtet jeder Rallye-Fahrer darauf, das Gewicht seines durch Benzinreserven und Spezial-Ausrüstung ohnehin schon beschwerten Gelände-Motorrades nicht auch noch durch zusätzliche Beladung zu erhöhen. Dennoch sollten vor allem Privatfahrer ohne Betreuung und Mechaniker-Service im Zweifelsfall lieber auf Nummer Sicher gehen, nicht nur was Wasser und Notfall-Ausrüstung betrifft, sondern auch

---

[5] CP = Controlle de passage (Durchfahrtkontrolle mit Abstempeln der Starterkarte).

[6] PPO = Point de passage obligatoire (obligatorischer Durchfahrtpunkt; Durchfahrtkontrolle ohne Anhalten).

[7] In dieser sog. »Enduro-Klasse« sind *keinerlei* motorische, einlaß-, auslaß- oder fahrwerkstechnische Änderungen gegenüber dem Serien-Zustand erlaubt.

So kann ein Motorrad-Luftfilter nach einem Tag Sahara-Rallye aussehen.

bezüglich des mitgeführten Ersatzteil/Werkzeug-Pakets. Vielleicht möchte der eine oder andere auch nicht darauf verzichten, eine kleine Sucherkamera mitzunehmen, denn interessante Fotomotive bieten sich bei einem Unternehmen wie einer Sahara-Rallye natürlich zuhauf.

Wasser. Je nach Rallye muß jeder Teilnehmer zwischen drei und fünf Liter Wasser mit sich führen. Ein Teil davon sollte während der Fahrt leicht, und ohne daß man die Hände lange vom Lenker nehmen muß, zugänglich sein. Sehr praktisch sind in der Jacke integrierte, über einen Schlauch zu benutzende Wasserbeutel oder sog. »Trink-Rucksäcke« (im Motorradsport-Handel). Auch sog. Sekretbeutel (erhältlich im medizintechnischen Fachhandel) passen in die Taschen von Endurojacken.

Notfall-Ausrüstung. Neben dem beim Veranstalter zu mietenden Notsender müssen eine Alu-Rettungsfolie, ein Handkompaß und ein Erste-Hilfe-Set mitgeführt werden. Ebenfalls obligatorisch, bei eventuellen Kontrollen in der Regel aber nicht überprüft, sind der vor dem Start ausgegebene Notproviant, eine Taschenlampe, ein Feuerzeug, ein (Signal-)Spiegel und eine Landkarte des in der Ausschreibung empfohlenen Typs. Empfehlenswert sind zusätzlich ein kleines Signalraketen-Abschußgerät, bei der im tiefsten Winter (Nachttemperaturen unter dem Gefrierpunkt!) stattfindenden Rallye Paris-Dakar auch der Schlafsack – zumindest für die besonders langen Etappen.

Werkzeug. Unentbehrlich ist ein für die auf der Strecke zu erwartenden Reparatur- und Improvisationsarbeiten ausreichendes Werkzeugpaket. Schon zuhause sollte es zusammengestellt werden. Es sollte aus Teilen bester Qualität bestehen, keinerlei überflüssige und nur möglichst kleine und leichte Werkzeuge enthalten. Auch zwei etwa 30 cm lange Reifenmontierhebel, eine Handluftpumpe und ein kleiner Kettentrenner (zum Entfernen nach einem Kettenriß zerstörter Glieder) sollten mitgeführt werden.

Ersatzteile. Natürlich spricht außer finanziellen Gründen nichts dagegen, das halbe Motorrad in Form von Ersatzteilen mitnehmen. Eine große Kiste, Reserveräder usw. lassen sich ja zusammen mit dem persönlichen Gepäck in der Regel problemlos in einem der teilnehmenden Lkw unterbringen (bei fast allen Rallyes besteht diese Möglichkeit für Privatfahrer ohne Betreuung kostenlos auf Veranstalter-Trucks). Entscheidend ist natürlich, was man auf der Strecke dabei hat:

- Kraftübertragung: Reifenschlauch für vorne und hinten (auch bei Verwendung von »Bip Mousse« als Reserve); einige Speichen; mehrere Ersatz-Kettenglieder und -schlösser.

- Elektrik: Zündkerze(n), Kerzenstecker, Regler, Zündspule, Zündbox, Sicherungen, Reserve-Glühbirnen für Rücklicht und Frontlicht.

- Bowdenzüge (am besten gleich parallel verlegen).

- Sturzteile: Kupplungshebel, Kupplungshebelhalter, Schalthebel.

- Orientierung: Antriebsriemen für *Roadbook*-Leser; Tripmaster-Geber mit Kabel; Batterien für *Tripmaster* und *Satnav* (falls nicht über Bordnetz betrieben).

- Improvisationsmaterial: rasch abbindender, benzin-, öl- und hitzebeständiger Kleber zum Abdichten von Lecks an Tank, Kühler und Motor (z. B. »Dirko«); extrem stabiles und gut haftendes Klebeband; Spannriemen, Kabelbinder, Eisendraht, isoliertes Kabel, Benzinschlauch; einige Druckluftpatronen und Reifen-Flickspray.

Transport. Als Behältnisse bieten sich für leichte und weiche Gegenstände[8] ein kleiner Rucksack und/oder Gürteltaschen an. Das Werkzeug ist neben dem an der Maschine dafür vorgesehenen Platz am besten in einer stabilen Leder-Werkzeugtasche hinter dem Fahrersitz aufgehoben[9]. In einem kleinen (stehendes Fahren nicht behindernden!) Enduro-Tankrucksack lassen sich Ersatzteile, Fotoapparat, Notfallausrüstung und Feldflasche unterbringen.

4. Rallye-Ergonomie

Insbesondere im Langstrecken-Geländesport ist eine möglichst bedienungsfreundliche Auslegung des Fahrzeugs entscheidend für Kondition und Sicherheit. Folgende Punkte sollten daher beachtet werden:

Fahrerposition. Trotz der zum Teil extrem langen Etappen ist bei einer Sahara-Rallye die Bequemlichkeit der Sitzbankpolsterung eher sekundär, denn man fährt mindestens genausoviel im Stehen wie im Sitzen! Unbedingt sollte daher ein Lenker montiert (und so in Position gedreht) sein, daß der Fahrer weite Strecken in unverkrampfter Haltung stehend fahren kann. Der Abstand der Lenkerenden von den Fußrasten muß dazu so groß sein, daß die Arme des Fahrers auch bei durchgedrückten Knien noch leicht angewinkelt sind. Optimal ist es, wenn der Tank – wie bei den Werks-Rennmaschinen – so geformt ist, daß der Fahrer auch im Stehen großflächigen Beinkontakt mit dem Spritbehälter hat und seine Knie in den Tankeinbuchtungen abstützen kann.

Unnötig ermüdend und typisch für Serien-Enduros mit nachträglich angebrachten Großtanks sind zu weit vorne angebrachte Fußrasten, genau gesagt, eine zu weit nach hinten verlagerte Sitzposition. Der Übergang von sitzender in stehende Fahrhaltung kostet dadurch auf die Dauer wesentlich mehr Kraft. Da es bei den meisten Enduros wegen der Anordnung von Schalt- und Bremshebel kaum möglich ist, die Fußrasten nach hinten zu versetzen, kann man hier nur durch die Auswahl oder den Bau eines möglichst kurzen, sich in die Breite und nach unten ausdehnenden Tanks vorbeugen und es eventuell durch Aufpolstern der Sitzbank möglich machen, weiter vorne zu sitzen[10].

Armaturen und Instrumente. Nichts ist während einer Sahara-Rallye gefährlicher, als wenn

---

[8] Trotzdem sollte unbedingt ein Wirbelsäulen-Protektor getragen werden. Siehe auch »Ratgeber für Saharareisen per Motorrad«/Bekleidung.

[9] Eher »filigran« ausgelegte Rahmenheckschleifen sollten dafür vorsichtshalber durch zwei seitliche Streben abgestützt werden.

[10] Sitzhöhe dürfte ja für einen Rallye-Fahrer kein Thema sein.

jeder Blick auf die drei wichtigsten Instrumente – *Roadbook*-Leser, *Tripmaster* und *Kompaß/ Satnav* – ein Wegschauen von der Strecke bedeutet. Mit Sicherheit wird eines der vielen Hindernisse, das man sich dabei im Lauf etlicher tausend Gelände-Kilometer »einfängt«, eine Nummer zu groß sein und für einen kapitalen Sturz sorgen. Idealerweise sollten alle drei Instrumente so im Cockpit des Motorrades angebracht sein, daß ihre Beobachtung im Stehen nur durch eine Augenbewegung, im Sitzen sogar nur durch eine Veränderung der Schärfe-Einstellung des Auges möglich ist.

Bei Motorrädern ohne Verkleidung oder Cockpit lohnt schon *ein* eingesparter Sturz – ganz zu schweigen von einem besseren Endergebnis – den Bauaufwand eines (lenkerfesten!) Rahmens oder den Anbau einer Verkleidung für die Befestigung der Orientierungsinstrumente in optimaler Höhe.

Der *Tripmaster* sollte unbedingt direkt über dem *Roadbook*-Leser und zwar auf dessen linker Seite angebracht werden: Die Kilometerangaben des *Roadbooks* und die des *Tripmasters* liegen dann so dicht wie möglich und damit rasch ablesbar zusammmen.

Den Bedienungsschalter von *Roadbook*-Leser und *Tripmaster* sollte man so am linken (rechts stört er beim Gasgeben!) Lenkergriff befestigen, daß sie ohne große Veränderung der Handstellung mit dem Daumen betätigt werden können.

Rückspiegel. Für einen »echten« Rallye-Fahrer gilt es als Stilbruch, mit Rückspiegel zu fahren. Er dreht sich lieber hin und wieder mal kurz um, was aber im Endeffekt zum gleichen Gesamtrisiko führt wie das einzig objektive Argument gegen einen Rückspiegel: die im Sturzfall höhere Verletzungsgefahr. Was auf Sahara-Rallyes vor allem für einen Rückspiegel spricht, ist der Fahrstil der Auto-Werksteams. Für sie steht ganz offensichtlich zu viel Geld auf dem Spiel, als daß das Wort Rücksicht noch im Vokabular verbleiben könnte – zumindest während einer Sonderprüfung.

Es gibt kaum einen größeren Schock, als bei einem Eigentempo von z. B. 120 Sachen urplötzlich von einem solchen Allrad-Geschoß in einem halben Meter Abstand überholt zu werden – mit einer Geschwindigkeitsdifferenz, die einen glauben läßt, man stehe. Das einzige, was man unmittelbar danach noch sieht, ist eine »weiße Wand«, eventuell von einer meterlangen Turbo-Stichflamme durchbohrt. Nur eine Vollbremsung kann den Blindflug beenden, ehe man am nächsten Hindernis zerschellt. Ein Rückspiegel ermöglicht frühzeitiges Entdecken und rechtzeitiges Ausweichen.

Durchführung

Rallye-Ablauf. Eine Rallye setzt sich aus Verbindungsetappen (»*Liaisons*«) und auf Geschwindigkeit zu fahrenden Sonderprüfungen (»*Speciales*«) zusammen. Letztere nehmen den überwiegenden Anteil der Gesamtstrecke ein und finden im Gegensatz zu den *Liaisons* ausschließlich *offroad* statt. Gestartet wird in 30-Sekunden-Abständen in der Reihenfolge des am Ende des Vortages gültigen Gesamt-Klassements. Ursprünglich miteinander fahrende Partner können durch diese Regelung bei größerer Differenz in der Startnummer »auseinandergerissen« werden. Zehn Minuten etwas langsamer zu fahren oder auf den Partner zu warten, kann sich allerdings lohnen, wenn man dafür bei schwierigen Dünenstrecken oder einer Reifenpanne einen Helfer hat. Zwischen Start und Ziel liegen mehrere Kontrollpunkte, die man wegen der sonst verhängten hohen Strafzeit nicht auslassen sollte. Überschreitet man die für eine Sonderprüfung festgelegte Maximalzeit, ist die Rallye zu Ende – zumindest in Wertung, ebenso bei unerlaubtem Nachtanken außerhalb der dafür vorgesehenen Servicepunkte oder Benutzung einer anderen als der für die Sonderprüfung vorgesehenen Strecke (Ausnahme: *Roadbook*-freie Querfeldein-Etappen, die nach Angaben von Zielkoordinaten zu befahren sind).

Ist man erfolgreich ins Ziel gelangt, heißt es für den Privatfahrer ohne Betreuung zwei Dinge zu erledigen, bevor er – je nach Ankunftszeit – zum erholsamen, geselligen oder kulinarischen Abschnitt des Tages übergehen kann:

- Das Motorrad muß sorgfältig überprüft und gewartet, die im Lauf des Tages entstandenen – hoffentlich nur kleinen – Schäden müssen

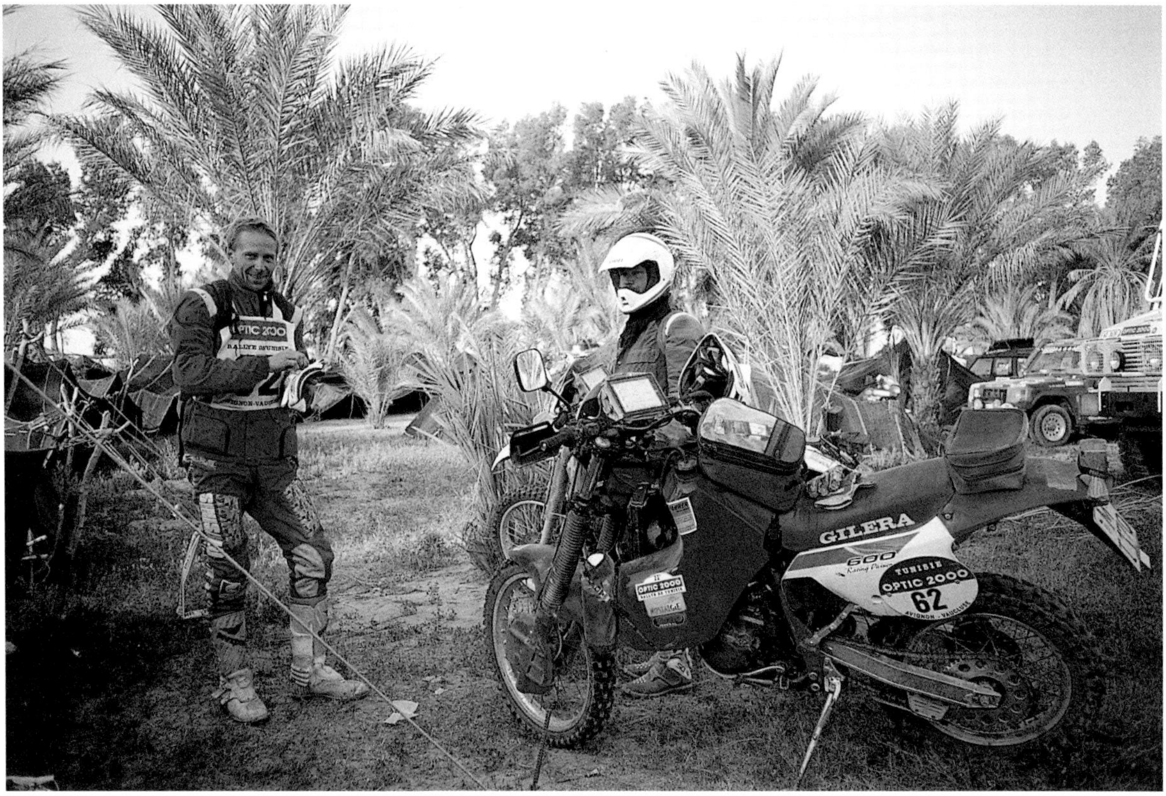
GILERA
TUNISIE
OPTIC 2000
62

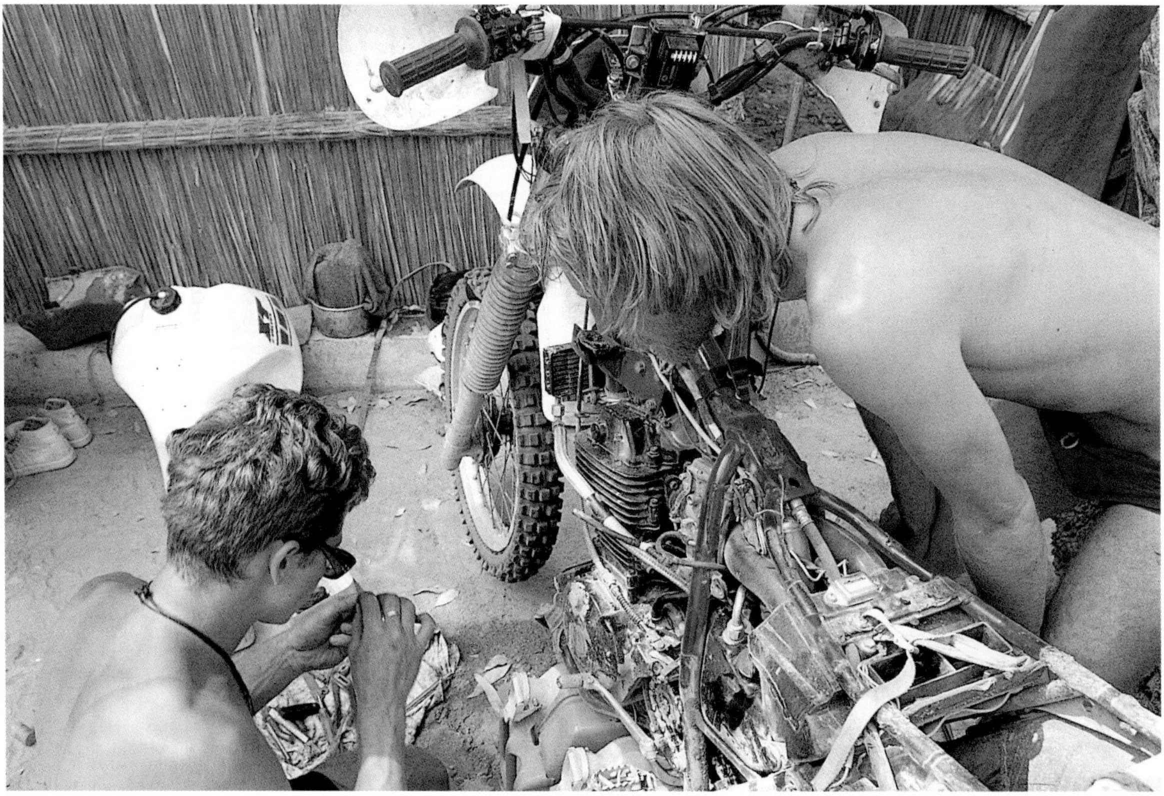

repariert werden. Bei größeren Problemen kann man als Privatier bei den mobilen High-Tech-Werkstätten der Profis übrigens durchaus auf Hilfsbereitschaft rechnen.

- Das *Roadbook* muß für die nächste Etappe so vorbereitet werden, daß man es mit geringstmöglichem Zeitaufwand ablesen kann: Mit einem z. B. gelben Leuchtstift werden alle Kontroll- und Gefahrenpunkte markiert, mit einem grünen alle Richtungswechsel. Zudem müssen eventuelle, von der Organisation beim abendlichen »*Briefing*« (Streckenbesprechung) durchgegebene Änderungen oder Fehler korrigiert werden.

Zeitverluste. Folgende Möglichkeiten hat ein Rallyefahrer, seine Zielankunftszeit zusätzlich zu unvermeidbaren Zeitverlusten (Pannen, Stürze, Einsanden, Erschöpfung, Hilfsaktion für andere Teilnehmer) auch noch durch vermeidbare zu verzögern:

- Überflüssige Stops: Trinkwasser während der Fahrt nicht erreichbar; Tankvolumen für die Länge der Sonderprüfung zu klein.

- Irrfahrten: durch falsche Tripmaster-»Eichung« und zu seltene Nachjustierung; durch schlecht markiertes oder schlampig aufgewickeltes *Roadbook*; durch nachlässige Orientierungs-Handhabung; durch »Abkürzen« und blindes Vertrauen auf die Spuren der vor ihm Fahrenden; durch Übersehen und Suchen von Kontrollpunkten.

- Strafzeiten: durch falsches Durchfahren oder Auslassen von Kontrollpunkten; durch Geschwindigkeitsüberschreitung bei Ortsdurchfahrten während Sonderprüfungen.

- Schlechte Motorradvorbereitung: abgefahrene Bereifung; für das zu befahrende Gelände falscher Luftdruck; zu lasch eingestellte Federung; nachlässige Wartung.

Tempo und Fahrrhythmus. Ein Privatfahrer ohne Mechaniker-Betreuung muß sein Fahrzeug ebenso schonen wie seine Kräfte, sonst ist eine Beendigung der Rallye in Wertung von vornherein auszuschließen. Er ist auf jeden Fall am besten beraten, wenn er sein Tempo so ansetzt, daß er sich nie lange Zeit am Limit seiner fahrerischen Fähigkeiten bewegt, sondern die meiste Zeit so weit darunter bleibt, daß weder Pilot noch Motorrad abends am Ende sind. Bei einem solchen Fahrrhythmus ist zudem die Chance gar nicht schlecht, daß man sich durch Vermeidung der Fehler, die auch den Profis immer wieder unterlaufen, kontinuierlich nach vorne arbeitet. Nicht zuletzt ist auf einer Sahara-Rallye die Zeit ein zuverlässiger Verbündeter. Jeder weitere Tag, den man das Ziel in Wertung erreicht, sorgt für eine Verbesserung im Rallye-Klassement – je weiter hinten man liegt, desto mehr. Privatiers gewinnen eben schon, wenn sie ankommen.

Zum zweiten Mal in Ksar Ghilane. Allmählich haben wir das Ziel vor Augen.

Privatfahrer reparieren selbst.

Hintergrund-Info
Mythos »Paris-Dakar« – die Geschichte der größten Motorrad-Rallye

(von Barbara Thiel)

Kennen Sie den *Emi Fezzan*, den »Schwarzen Berg«? Er liegt am Rande der *Ténéré*-Wüste und ist sozusagen der Geburtsort der *Paris-Dakar*. Für *Thierry Sabine*, den Begründer und Organisator der legendären Sahara-Rallye, war er der Schicksalsberg. Zum Jahreswechsel 1976/77 hatte sich der junge Franzose – damals Teilnehmer der außerhalb Frankreichs kaum bekannten Rallye *Abidjan-Nizza* – in der *Ténéré* verirrt und im Schatten des »Schwarzen Berges« Zuflucht gesucht. Hier faßte er den Entschluß, im Falle seiner Rettung eine Sahara-Rallye von riesigen Dimensionen – in Streckenlänge wie Teilnehmerzahl – auf die Beine zu stellen, perfekt organisiert und offen für alle saharabegeisterten Motorrad- und Autofahrer: eine Rallye von Paris bis nach Dakar! Thierry Sabine wurde gerettet und steckte all seine Energie in die Verwirklichung der am Fuße des »Schwarzen Berges« gefaßten Idee.

Am Neujahrstag 1979 wurden am Pariser *Trocadéro* die rund 160 Teilnehmer der ersten »Rallye Paris-Dakar« auf die weite Reise geschickt. Vorausgegangen waren eine lange Vorbereitungszeit, die sog. *Reconnaissance*-Erkundungstour zur Erstellung des *Roadbook* und viele Versuche, das Interesse der Medien zu wecken, Unterstützung in Form von Fahrzeugen und Geld für die Organisation zu finden. Noch sind Sponsoren rar...

Das gilt vor allem für die 87 Motorradfahrer, die die 10.000 Kilometer von Paris über Algier, Tamanrasset, Agadez, Niamey und Bamako bis in die senegalesische Hauptstadt Dakar in Angriff nehmen.

Jutta Kleinschmidt auf Ihrer BMW unterwegs zum Sieg der Damenwertung bei der »Paris – Le Kap 1992«.

Die meisten dieser Teilnehmer fahren auf Yamaha XT 500 oder Honda XL 250 S – damals die einzigen richtigen Enduros. Mit dem Anbau eines riesigen, oft selbst zusammengeschweißten Tanks, eines stabilen Motorschlagschutzes und eines mechanischen – statt wie des heute üblichen elektrischen – Roadbook-Abrollers waren die wichtigsten Umbauarbeiten an der Maschine erledigt.

Die erste »Paris-Dakar« wird ein voller Erfolg. Dank seines Organisationstalents und seiner Ausstrahlung gelingt es Thierry Sabine tatsächlich, die Rallye-Karawane sicher nach Dakar zu bringen. Die Medien berichten über das Ereignis. Schon bei der zweiten Rallye (1980) wird das Teilnehmerfeld international und gehen die ersten Werksteams an den Start.

Damit wird das Wüsten-Abenteuer plötzlich zu einer Sache für Profis. Mit den Werksteams steigen auch die Sponsoren ein, wächst der Aufwand für die Vorbereitung der Maschinen, die nun extra für dieses Rennen aufgebaut werden. Auch der Modus für die Wertung wird geändert: Fuhren im ersten Jahr Motorräder und Autos noch zusammen – die ersten drei Plätze gingen übrigens an Zweiradpiloten –, so wird im zweiten Jahr eine nach Fahrzeugart getrennte Wertung eingeführt: für Motorräder, für Pkw und Lkw. Schon bei der nächsten »Paris-Dakar« wird zusätzlich unterschieden zwischen der »Prototypenklasse«, in der alles technisch Machbare erlaubt ist, und der »Marathonklasse« mit den weitgehend serienmäßigen Motorrädern der Privatfahrer.

Vor allem in Frankreich steht die »Paris-Dakar« im Mittelpunkt des öffentlichen Interesses. Es wird beinahe Tradition, am Morgen nach der Silvesterfeier zum *Trocadéro* (ab 1982 zur *Place de la Concorde*) zu pilgern, den Fahrern zuzujubeln und Glück zu wünschen, vor allem auch die mit immer mehr Aufwand umgebauten Rallye-Fahrzeuge zu bestaunen.

In den ersten beiden Jahren der Rallye geht der Sieg an den Franzosen *Cyril Neveu* – 1980 kann er sogar gegen die ersten Werksteams der »Paris-Dakar« bestehen. Im dritten Jahr steigt sein Landsmann *Hubert Auriol* auf das Siegerpodest, kann sich als erste und bis heute einzige Frau *Christine Martine* unter den ersten zehn der Gesamtwertung plazieren!

1984 gibt es zum ersten Mal ein vom Internationalen Motorrad-(bzw. Automobilsport-)Verband abgesegnetes Reglement. Es definiert die einzelnen Fahrzeugkategorien, legt genaue Regeln für den Ablauf des Rennens und Strafen bei Nichteinhaltung fest, schreibt Kontrollen und Sicherheitsmaßnahmen vor.

Jedes Jahr aufs neue verstehen es die Organisatoren der »Paris-Dakar«, die Strecke interessanter, aber auch schwieriger zu machen – sei es durch die Befahrung von jahrelang unzugänglichen Regionen und Staaten, durch die immer höheren fahr- und orientierungstechnischen Anforderungen oder durch die Länge der *Speciales*, der auf Zeit gefahrenen Sonderprüfungen. Den Vogel schießen dabei immer wieder bis über 800 km lange Tagesetappen ab, sorgen in der Regel für eine drastische Reduzierung des Teilnehmerfeldes.

Sogenannte Marathon-Etappen sind auch für das Material eine harte Prüfung: In zwei Tagen müssen weit über 1000 Kilometer zurückgelegt werden, ohne daß die Fahrzeuge in der Nacht dazwischen repariert oder gewartet werden dürfen: Sie stehen streng bewacht im *Parc fermé*.

Auch die Sahara redet gelegentlich ein deutliches Wörtchen mit: Sandstürme beuteln die Rallyefahrer immer wieder. Der von 1983 läßt einige Teilnehmer tagelang in der *Ténéré* verschollen bleiben. Dank der guten Sicherheitsmaßnahmen, dem Einsatz mehrerer Hubschrauber und dem für jeden Rallyefahrer obligatorischen Peilsender bleibt aber nie ein Teilnehmer in der Wüste zurück. Unfälle mit Schwerverletzten und leider auch Toten schaden dem Ruf der »Paris-Dakar« allerdings ganz erheblich und lassen bei Gegnern der Rallye den Ruf nach einer Abschaffung laut werden. Mehr noch als das bedauernswerte Schicksal der Verunglückten – alle Teilnehmer wußten ja um die Risiken der »Paris-Dakar« – trifft das Argument zu, es sei unverantwortlich, in Notstandsgebieten der dritten Welt Rennen zu veranstalten und hungerleidende Menschen in Gefahr zu bringen, anstatt ihnen zu helfen. 1984 startet *Thierry Sabine* daher das Projekt *Paris-Dakar – pari du coeur* (Paris-Dakar – Einsatz des Herzens) und bringt bei der nachfolgenden Rallye erstmals Hilfsgüter zu den Menschen der durchquerten afrikanischen Staaten: 100 motorgetriebene Wasserpumpen werden in den an der Strecke liegenden Dörfern installiert.

Bis 1986 drücken *Hubert Auriol, Cyril Neveu* und *Gaston Rahier* der Rallye ihren Stempel auf: Keinem anderen gelingt es, den Sieg zu erringen. 1986 ist auch das Jahr, in dem Honda die bisherige Dominanz der BMWs bricht.

1986 ist das Jahr, in dem die Rallye an einen Wendepunkt gelangt: Am 14. Januar prallt *Thierry Sabine* mit seinem Hubschrauber in Mali gegen eine Düne. Der Versuch, im Sandsturm herumirrenden Rallyefahrern hinterherzufliegen endet für ihn und seine vier Begleiter tödlich!

»Wir müssen weiterfahren – für Thierry.« Mit dieser Überzeugung wird der Rallyetroß bis nach Dakar gebracht. Mit dieser Überzeugung entschließt sich auch Thierrys Vater, *Gilbert Sabine*, die »Paris-Dakar« weiterhin durchzuführen. 1987 und 1988 kann er auf die Hilfe von *René Metge* zählen, der bereits einmal auf Range Rover und zweimal auf Porsche erfolgreich war.

1988 erlebt die Rallye einen neuen Beteiligungsrekord und geht zugleich als die in Streckenführung, -schwierigkeit und -länge erbarmungsloseste Auflage der »Paris-Dakar« in die Annalen ein. Schwere Unfälle und mehrere Tote trüben die Veranstaltung. In einer einzigen Etappe fallen knapp 70 der 196 gestarteten Motorräder aus! Nur 33 sehen das Ziel am Strand von Dakar!

Die daraufhin verstärkt einsetzende Kritik verfehlt ihre Wirkung nicht: 1989 präsentiert die »Paris-Dakar« sich mit neuem Gesicht. Unter den Fittichen des Welt-Motorsport-Verbands FISA erfolgt der Start zum ersten Mal nicht am 1. Januar, sondern eine Woche früher – und das obwohl Gesamtstrecke und Tagesetappen kürzer sind als in den vergangenen Jahren. Das neue Konzept wird in den folgenden Jahren durch ein stärkeres Augenmerk auf die »Marathonklasse« ergänzt. Das Wettrüsten der Werksteams hatte das Interesse an den relativ seriennahen Fahrzeugen der Privatiers stark schrumpfen lassen. 1990 bieten Honda und Yamaha Nicht-Werksfahrern die Möglichkeit zum Kauf von »Paris-Dakar-Paketen«: speziell für die Rallye-Erfordernisse aus- und umgerüstete Serienmotorräder inklusive der – mittlerweile für ein Ankommen entscheidenden – Betreuung durch Werksmechaniker. Billig ist das zwar auch nicht, jedoch immer noch günstiger als ein – ohne finanzstarke Sponsoren inzwischen unbezahlbarer – selbst organisierter Einsatz, der für eine reelle Chance, Dakar in Wertung zu erreichen, erforderlich ist.

1992 orientiert sich der Veranstalter-Konzern TSO (Thierry-Sabine-Organisation) noch einmal um, will eine neue Herausforderung schaffen: Zum ersten Mal heißt der Zielort nicht Dakar im Senegal, sondern Kapstadt in Südafrika. Noch keine Rallye war bisher länger, gilt es doch, den afrikanischen Kontinent auf 13.000 Kilometern von Norden nach Süden zu durchfahren. Alle bedeutenden Werksteams und viele Privatfahrer nehmen die Herausforderung an. Trotz vieler politischer Schwierigkeiten, trotz der südlich der Sahara fahrerisch eher unbefriedigenden Streckenführung und trotz des dort auffallenden Übergewichts an Verbindungsetappen wird die »neue Dakar« ein Erfolg – was nicht darüber hinwegtäuschen kann, daß die Marathon-Rallyes inzwischen in einer Krise stecken: Für die Werksteams sind die Kosten einer Beteiligung mit Siegeschancen in nicht mehr akzeptable Höhen gestiegen, überschreiten bei »Paris-Kapstadt« zum Teil die Millionengrenze. Den Privatfahrern macht es die europaweit wirtschaftlich angespannte Lage und in Frankreich das Verbot von Zigarettenwerbung mehr und mehr unmöglich, Sponsoren zu finden, die einen Teil des nötigen Mindest-Budgets decken – für »Paris-Dakar« alles in allem über 40 000 DM, für »Paris-Kapstadt« muß beinahe das Doppelte veranschlagt werden!

Hauptsächlich aus diesen Gründen (offiziell wegen politischer Hindernisse in Angola und Zaire) wird die für 1993 eigentlich angekündigte zweite »Paris-Kapstadt« abgeblasen, führt die Rallye wieder an ihr traditionelles Ziel, das einige 1000 km und eine Woche näher Dakar. Service-Lkw für die Privatiers und ein neues Preisgeldsystem, das auch in der Amateurklasse attraktive Geldgewinne ausschüttet, machen erkennbar, daß sich die TSO – wie schon zuvor die Veranstalter der kleineren Konkurrenz-Rallyes – wieder auf die Privatfahrer besann. Für sie war die Möglichkeit, teilzunehmen, geschweige denn die Zielflagge in Dakar zu sehen, von Jahr zu Jahr näher gegen Null gerückt. Dennoch wird gerade die 15., die bisher kürzeste aller bisherigen

»Paris-Dakar«, für die Privatfahrer zu einer großen Enttäuschung: Von den ohnehin nur 45 Motorradfahrern – nicht mal ein Drittel des sonst üblichen Feldes – kommen gerade 13 ins Ziel. So gut wie alle Privatiers scheiden bereits am zweiten Tag in Afrika, einer extrem langen Kombination aus Sonderprüfung und Verbindungsetappe, aus!

Die Motorradpiloten der »ersten Stunde«

Cyril Neveu: Der kleine Franzose verdient es, als erster genannt zu werden. Keiner konnte die Paris – Dakar öfter gewinnen als er. Fünf Mal hat er die Ziellinie in Dakar als Sieger überquert – zuerst 1979 und 1980 auf Yamaha XT 500 noch vor den Autos. Bis 1987 fährt er jede Dakar zu Ende – 1981 zwar als Letzter, doch 1982, 1986 und 1987 ist er wieder vorn. Seither war ihm kein Sieg mehr vergönnt. Seine Leidenschaft für Wüstenrennen entdeckt er gleichzeitig mit Thierry Sabine: Bei der »Abidjan-Nizza« 1976/77. Cyril Neveu ist auch Veranstalter der Tunesien-Rallye.

Hubert Auriol: »Hubert, der Afrikaner«, so sein Spitzname, hat die ersten Jahre seines Lebens in Äthiopien verbracht. Schon als Kind vom Motorsport begeistert, fasziniert ihn die Möglichkeit, diesen Sport in Afrika zu betreiben. Er ist von Anfang an dabei und immer einer der großen Favoriten auf den Sieg. 1979 im ersten Anlauf 12., im zweiten Anlauf ausgefallen – doch beim dritten Mal klappt es: wie 1980 mit BMW unterwegs, fährt Hubert 1981 allen auf und davon. Ein Sieg, den er zwei Jahre danach wiederholen kann. Später baut er das Cagiva-Team auf, mit dem er 1987 kurz vor dem Sieg steht. Ein Sturz, in dem er sich beide Knöchel bricht, macht jedoch alle Hoffnungen zunichte. Auriol wendet sich nun den Autos zu, an deren Volant er sich genauso bewährt wie im Motorradsattel. Beweis: sein Sieg auf Mitsubishi bei der Paris – Kapstadt 1992. Damit ist Auriol der einzige »Dakar«-Gewinner auf zwei und auf vier Rädern.

Fenouil: Selbst wenn seine beste Plazierung »nur« ein vierter Rang ist, gehört Fenouil zu den Namen (eigentlich ein Spitzname; frz. für Fenchel), die mit den großen Wüstenrallyes untrennbar verbunden sind. Bereits 1974 gelingt ihm die erste Wüstendurchquerung auf dem Motorrad: mit einer Kawasaki 350 von Paris über Algier und Gao bis nach Dakar. Zum Jahreswechsel 1975 und 1976 steht er am Start der »Abidjan-Nizza«. Damit beginnt seine Freundschaft mit Thierry Sabine, mit dem er 1978 die Strecke für die erste »Paris-Dakar« erkundet. Für die erste Auflage der Rallye tut er sich mit den damals völlig unbekannten Cyril Neveu und Hubert Auriol zusammen, die eine Yamaha XT 500 vorbereitet haben, während Fenouil auf BMW setzt. In den kommenden Jahren fährt er im BMW-Werksteam. Fenouil organisiert die erste Tunesien-Rallye. Er ist es auch, der die Pharaonen-Rallye ins Leben ruft.

Die anderen großen Namen

Gaston Rahier: Nach Cyril Neveu und Hubert Auriol ist »Gastounet« der dritte, der sich in die Siegerlisten eintragen kann. Als ehemaliger Motocross-Weltmeister in der Klasse 125 ccm ist der kleine Belgier schnell und technisch perfekt, nur Ausdauer und Umgang mit dem Kompaß muß er sich noch erarbeiten. 1983 absolviert er sein Lehrjahr, 1984 und 1985 erringt er bereits den Meistertitel. Fortan findet keine Rallye in Afrika mehr ohne ihn statt, auch wenn er heute auf vier Rädern unterwegs ist.

Jean-Claude Olivier: J.C.O. ist bereits 1979 mit einem kompletten Team am Start – mit Yamaha wie auch Cyril Neveu. Er ist Fahrer, Chef und Teammanager in einer Person: ein Mann voller Energie und Ideen, der viel für die technische Entwicklung der Motorräder (die Yamaha Ténéré z. B. geht auf ihn zurück) und die Professionalität der Rallye getan hat.

Edi Orioli: Sechster 1986, zweiter 1987. So ist der Triumph bei der 10. »Paris-Dakar« 1988 nur eine logische Folge für den Italiener. Ein Triumph, der um so höher zu bewerten ist, als diese 10. Auflage die härteste aller »Paris-Dakar« war und für Mensch und Maschine an die Grenzen des Erträglichen ging. Nach seinem Wechsel von Honda zu Cagiva gelingt ihm 1990 dank kluger Renneinteilung ein zweiter Sieg und zugleich der erste für die italienische Marke.

Gilles Lalay: Nach sieben Jahren Marathonrallyes muß der sympathische Franzose seine

Ergebnisse 1979 bis 1993

1979			1980		
1.	Cyril Neveu	Yamaha XT 500	1.	Cyril Neveu	Yamaha XT 500
2.	Gilles Comte	Yamaha XT 500	2.	Michel Merel	Yamaha XT 500
3.	Philippe Vassard	Honda 250 XLS	3.	Jean-Nol Pineau	Yamaha XT 500
1981			**1982**		
1.	Hubert Auriol	BMW GS 800	1.	Cyril Neveu	Honda 550 XR
2.	Serge Bacou	Yamaha XT 500	2.	Philippe Vassard	Honda 550 XR
3.	Michel Merel	Yamaha XT 500	3.	Grégoire Verhaeghe	Barigo 500
1983			**1984**		
1.	Hubert Auriol	BMW 980	1.	Gaston Rahier	BMW 980
2.	Patrick Drobecq	Honda XLR	2.	Hubert Auriol	BMW 980
3.	Marc Joineau	Suzuki DR	3.	Philippe Vassard	Honda 600 XR
1985			**1986**		
1.	Gaston Rahier	BMW 1000	1.	Cyril Neveu	Honda NX 750
2.	Jean-Claude Olivier	Yamaha 600	2.	Gilles Lalay	Honda NX 750
3.	Franco Picco	Yamaha 1000	3.	Andrea Balestrieri	Honda 600
1987			**1988**		
1.	Cyril Neveu	Honda NX 750	1.	Edi Orioli	Honda NX 750
2.	Edi Orioli	Honda NX 750	2.	Franco Picco	Yamaha
3.	Gaston Rahier	BMW 1000	3.	Gilles Lalay	Yamaha
1989			**1990**		
1.	Gilles Lalay	Honda	1.	Edi Orioli	Cagiva
2.	Franco Picco	Yamaha	2.	Carlos Mas	Yamaha
3.	Marc Morales	Honda	3.	Alessandro de Petri	Cagiva
1991			**1992 (Paris – Kapstadt)**		
1.	Stéphane Peterhansel	Yamaha	1.	Stéphane Peterhansel	Yamaha
2.	Gilles Lalay	Yamaha	2.	Danny LaPorte	Cagiva
3.	Thierry Magnaldi	Yamaha	3.	Jordi Arcarons	Cagiva
1993			**1994**		
1.	Stéphane Peterhansel	Yamaha YZE 850 T	1.	....	
2.	Thierry Charbonnier	Yamaha YZE 850 T	2.	....	
3.	Jordi Arcarons	Yamaha YZE 850 T	3.	....	

Leidenschaft auf einer Verbindungsetappe der »Paris-Kapstadt« beim Zusammenstoß mit einem entgegenkommenden Auto mit dem Leben bezahlen. Lalay ist Six-Days-Champion, als er 1985 zum ersten Mal im Honda-Werksteam das Abenteuer Afrika angeht. Ein Jahr später steht er auf dem Siegertreppchen. 1989 liefert er sein Meisterstück und wird in den kleinen Kreis der »Paris-Dakar«-Sieger aufgenommen.

Stéphane Peterhansel: Peterhansel ist ein weiterer Fahrer, der vom Endurosport kommt. Drei Jahre lang bereitet er sich auf die Übernahme der Spitze vor: Er ist Sieger der »Paris-Dakar« von 1991, der »Paris-Kapstadt« von 1992 und der 1992 erstmals durchgeführten, bisher längsten Rallye, der »Paris-Peking«.

Raymond Loizeaux: Die Auflistung der großen Namen wäre unvollständig ohne Raymond Loizeaux. Seit 1979 ist er immer dabei, nur die »Paris-Kapstadt« muß ohne ihn stattfinden – die Sponsorengelder reichen nicht. Wann immer Hilfe nötig ist, darf man auf den bescheidenen Franzosen zählen, der auch im zivilen Leben als Motorradpolizist auf zwei Rädern unterwegs ist. Bekannt wird er vor allem als »Wasserträger« von Auriol und Rahier, die ohne ihn wohl kaum so erfolgreich gewesen wären. Dabei ist er durchaus zu großen Leistungen fähig, was sein fünfter Platz 1984 beweist.

Die deutschen Namen

Der Allgäuer *Herbert Schek* gehört eigentlich in die Reihe der großen Namen: Bereits 1979 baut er die erste BMW für Fenouil auf, 1981 ist er gemeinsam mit Karl-Friedrich Capito am Start. Sein schwerer Sturz in diesem Jahr kann seine Faszination nicht brechen. Ab 1983 ist er in jedem Jahr in Paris am Start, zunächst im BMW-Werksteam, für das er auch die Motorräder aufbaut, ab 1985 als Privatfahrer. Wann immer er durchkommt, erzielt er einen guten Platz in der Marathonwertung, die er 1984 sogar für sich entscheiden kann. An der »Paris-Dakar« 1993 nimmt Herbert Schek als mittlerweile 60jähriger teil.

Erwähnenswert sind auch die Leistungen von *Eddy Hau*, dem Enduro-Europameister, der 1988 bei seiner dritten Teilnahme die Marathonwertung im Sattel einer von der Firma HPN aufgebauten BMW gewinnt; fünfter dieser Wertung wird übrigens der Deutsche *Richard Schalber*, ebenfalls auf HPN-BMW. 1991 startet der Sauerlacher noch einmal im Honda-Europa-Team und belegt den sechsten Platz der Silhouette-Wertung, die zwischen Prototypen- und Serienmaschinenklasse einzustufen ist.

Viel Beachtung haben die Deutschen in einer anderen Wertungsklasse gefunden: den Seitenwagengespannen. Bereits 1981 ist der Sonthofener *Holger Roth* mit einem Eigenbau am Start, muß aber nur 1300 Kilometer vor Dakar aufgeben. Im Jahr darauf kann er wegen einer Verletzung selbst nicht an den Start gehen und schickt *Gregor Haug* und *Lothar Peschel* mit seinem EML-Gespann an den Start: Sie kommen durch, bringen zum ersten Mal ein Gespann ins Ziel – eine Leistung, die seither nur einmal wiederholt wurde.

Ein besonderes Kapitel gehört den deutschen Rallyefahrerinnen: In den Anfangsjahren der »Paris-Dakar« machten die Französinnen Furore, dann wurde es einige Jahre lang still um die motorradfahrenden Frauen. Seit 1989 jedoch gehören die Schlagzeilen den deutschen Mädchen: 1988, beim ersten Mal, müssen sie zwar noch Lehrgeld zahlen, doch bereits 1989 erreicht *Patrizia Wolf* auf ihrer 250er Honda als einzige Deutsche und beste Dame Dakar. 1990 und 1991 folgt ihre Namensschwester *Patrizia Schek* ihrem Beispiel, beim ersten Mal im Sattel einer schweren BMW, beim zweiten Mal dann mit einer Suzuki 350, immer begleitet von ihrem Vater Herbert. 1992 schließlich kann die Münchnerin *Jutta Kleinschmidt* sich im Kampf mit Patrizia Schek den ersten Platz in der Damenwertung und den sicher noch wertvolleren fünften Platz in der Marathonwertung holen. Ein Erfolg, an dem auch Holger Roth seinen Anteil hat, der ihre BMW – das schwerste Motorrad im ganzen Feld! – jeden Abend wieder fit macht.

Die »Namenlosen«

Das sind die vielen Privatfahrer, ohne die die Rallye Paris – Dakar nicht existieren würde. Sie haben sie zu dem gemacht haben, was sie heute ist: »Eine Rallye für Profis, in der die Amateure ihren Platz haben« (Thierry Sabine). Es sind die Fahrer, die sich mit der Teilnahme an der Rallye ihren Traum von Wüste und Abenteuer im Sattel eines Motorrads erfüllen, diejenigen, die der Rallye durch ihre Kamaradschaft, durch die gemeinsame Schinderei auf den langen und schweren Etappen und durch die gegenseitige Hilfe abends im Biwak ihren Stempel aufdrücken. Die meisten von ihnen werden vom Rallyevirus regelrecht befallen und kehren, wann immer sie können, in den Troß der Rallye zurück. Afrika hat sie verzaubert, die Rallye in ihren Bann gezogen, in der Unendlichkeit der Wüste wird sich jeder seiner eigenen Bedeutungslosigkeit bewußt – sei er nun ein großer Star oder ein namenloser Privatfahrer.

Die anderen Afrika-Rallyes in Kürze

Die Pharaonen-Rallye: Sie findet jedes Jahr im Oktober statt. In elf Tagesetappen führt sie über ca. 5000 km quer durch die ägyptische Wüste. Mit ihr hat sich *Fenouil* 1982 einen Traum verwirklicht: eine Rallye in einem anderen Land, über dessen Wüstenregionen damals noch kein Kartenmaterial existierte. In ihrer Bedeutung rangiert sie hinter der Paris – Dakar und wird aufgrund des Termins von vielen Werksteams als Testveranstaltung benutzt.

Die Tunesien-Rallye: Mit ihren fahrerisch zwar anspruchsvollen, aber nur relativ kurzen Tagesetappen (rund 300 km; größtenteils im normalerweise unzugänglichen extremen Süden Tunesiens) ist diese siebentägige Rallye noch am besten für Privatfahrer ohne Service und Betreuung geeignet: Im Normalfall bleibt nach jeder Etappe genügend Zeit, um das Motorrad zu warten. Auch diese Rallye wurde 1980 von *Fenouil* eingeführt. Später übernahm *Cyril Neveu* die – übrigens mit ähnlichem Aufwand wie »Paris-Dakar« oder »Pharao« betriebene – Organisation der »Tunisie«.

Die Atlas-Rallye: Seit 1983 wird diese über eine Gesamtstrecke von ca. 3000 km führende Rallye jedes Jahr im Mai in Marokko veranstaltet. Im Gegensatz zu »Paris-Dakar«, Pharaonen- und Tunesienrallye verläuft sie hauptsächlich auf hartem und steinigem Boden, Sandetappen sind die Ausnahme.

Jürgen Mayer, bei Wüsten-Rallyes (hier der »Pharao '92«) meist vorne dabei.

Bild auf den Seiten 102/103: Erg Issaouane.

Ratgeber
Saharareisen per Motorrad

Was bringt einen Menschen dazu, mit dem Motorrad durch die Sahara zu reisen?

Ist es die Suche nach Befriedigung einer unerfüllten Abenteuerlust, der Wunsch, auf einer Reise in die Wüste Zivilisation und Komfort für eine Weile hinter sich zu lassen?

Ist es die Faszination des naturverbundenen Reisens, die reizvolle Mischung aus Konfrontation und zugleich Harmonie mit der Natur der Wüste, ihren Gewalten wie Schönheiten?

Ist es das in dieser Form nirgendwo anders realisierbare Langstrecken-Geländefahren, das sportlich angehauchte und trotzdem leistungsdruckfreie Offroad-Fahrvergnügen, das die Bewältigung »wüster« Verkehrswege bringen kann?

In jedem Fall bleibt all das Wunschdenken, wenn man einen der Fehler begeht, die eine Saharareise scheitern lassen können.

Anders als noch vor zehn, fünfzehn Jahren ist Fehler Nummer eins nicht mehr die falsche Fahrzeugwahl. Heute fährt niemand mehr mit Straßenmotorrädern in die Wüste. Dafür ist das Angebot an *Enduros* – geländetauglichen Exemplaren der Gattung Motorrad – inzwischen zu groß. Was heute noch manche Wüstentour in eine wüste Tortur verwandelt, sind grundsätzliche Fehler in der Vorbereitung und Durchführung einer solchen Reise: falsche und zu schwere Beladung, untaugliche Bereifung, mangelnde Fahrtechnik, nicht zuletzt Selbstüberschätzung. Die daraus resultierenden Folgen werden durch nicht praxisgerechte Fahrbekleidung oft noch verschlimmert. Ganz entscheidend ist wegen der im Verhältnis zum Auto eher labilen Offroad-Fahreigenschaften eines Enduro-Motorrades – also um Stürze zu vermeiden – sinnvolle Anordnung von:

Gepäck und Beladung

So schwerpunktgünstig und so leicht wie möglich heißt hier die Devise. Auf einer Saharareise ist »Gewicht einsparen« allerdings leichter gesagt als getan. Schließlich liegen schon auf geteerten Hauptrouten die Tankstellen oft mehrere hundert Kilometer, auf Pisten – je nach der gewählten Route – noch viel weiter auseinander. Trinkwasser und Nahrungsmittel für einige Tage im voraus müssen auf dem Motorrad ebenso untergebracht werden, wie Werkzeug, Ersatzteile, Schlafsack, Isomatte, Verbandszeug, Medikamente, Kompaß, Karten, Reiseführer und natürlich auch nicht lebenswichtige, aber doch nur schwer verzichtbare Dinge, wie einige Textilien, Waschzeug, Fotoapparat, vielleicht auch noch Walkman, Tagebuch, Lektüre und ein Zelt für windig-kalte Wüstennächte.

Nur zu leicht läßt sich ein eigentlich geländegängiges Motorrad in einen überladenen, mühsam zu fahrenden »Einspur-Lastwagen« verwandeln!

Benzin. Ideal ist der Transport des – für Saharareisen in der Regel großen – Treibstoffvorrats in in einem möglichst voluminösen Tank. Dies spart erstens Gewicht (und Platz) von Kanistern samt den erforderlichen Halterungen. Zweitens verbessert ein gut konzipierter, also nicht zu hoch bauender oder eine ergonomische Sitzposition beeinträchtigender Großtank das Sandfahrverhalten eines Motorrades. Er erhöht die Vorderradlast, was in Verbindung mit richtiger Bereifung und Fahrtechnik gute Fahreigenschaften im Tiefsand sichert (siehe dazu auch die Kapitel *Fahrtechnik* und *Bereifung*).

Ist es wegen der sehr großen tankstellenlosen Entfernungen auf der gewählten Route (siehe auch Kapitel 6: Streckenbeschreibungen) unumgänglich, einen Teil des Benzins in Kanistern zu transportieren, sollte man auf keinen Fall 20-l-Kanister benutzen. Sie lassen sich auf schwerpunktgünstige Weise nur seitlich des Motorrades (liegend oder stehend – Schmalseite natürlich in Fahrtrichtung) befestigen, erfordern sehr stabile und damit schwere Halterungen, blockieren wegen ihrer sperrigen Abmessungen wichtigen Stauraum. 10-l-Blechkanister sind schmal genug, um sie vor oder unter Seitenkoffern (auf keinen Fall dahinter!) mit Spanngurten – evtl. in einem Alu-Rahmen positioniert – anzubringen. Kunststoff-Benzinkanister sollten nur an »im Falle eines Falles« nicht gefährdeten Stellen transportiert werden (z.B. in/vor Koffern, evtl.

auch auf dem Soziussitz, nicht auf einer Gepäckbrücke!). Einfüllstutzen nicht vergessen, sonst wird bei jedem Nachfüllen u. U. lebenswichtiger Sprit verschüttet. Rechts und links des Motorrades befestigte Benzinkanister zur Vermeidung von »Schlagseite« gleichmäßig entleeren.

Nachstehend noch der für Sahara-Langstrekken (wie die in Kapitel 6 beschriebenen Routen 1 bis 4) zu kalkulierende Verbrauch für die gängigsten Enduros:

BMW R 80 (100) GS:	8,0 (8,5) l
Gilera RC 600 (R):	7,0 l
Honda XL/XR 600:	6,5 l
Honda Dominator 650:	7,0 l
Honda Afrika Twin 650 (750):	7,0 (8,0) l
KTM LC 4:	7,0 l
Suzuki DR 350:	5,5 l
Suzuki DR 600/650:	6,0 (6,5) l
Suzuki DR 750/800:	7,0 l
Yamaha XT 350:	5,0 l
Yamaha XT/TT 600:	6,5 l
Yamaha XT 660:	7,0 l
Yamaha XTZ 750:	7,5 l

Wasser. Zehn Liter Wasser reichen in der für Motorradreisen in die Sahara empfehlenswerten relativ »kühlen« Jahreszeit, also von Anfang Oktober bis Ende April, für Wüstentrips im Bereich regelmäßig befahrener Strecken aus. Sind nicht ständig übermäßige körperliche Anstrengungen zu leisten (graben, schieben usw.), kommt man damit im Herbst und Frühling zwei bis drei Tage, im Winter sogar vier bis fünf Tage aus – vorausgesetzt natürlich, man führt dieses Wasser größtenteils dem Körper und nicht der täglichen Hygiene zu. Anders muß man auf selten befahrenen Nebenrouten (siehe Kapitel 6: Streckenbeschreibungen) kalkulieren. Wo nicht auf Hilfe durch Dritte gehofft werden kann, errechnet sich der erforderliche Trinkwasservorrat nicht nur aus der Fahrzeit für die längste wasserversorgungslose Etappe. Eine *Sicherheitsreserve* kommt hinzu – genügend Trinkwasser für den Zeitraum, den ein Verunglückter voraussichtlich warten muß, bis der Reisepartner Hilfe geholt hat.

Zur Unterbringung der Wasserreserven: Stauraumsparend und schwerpunktgünstig läßt sich Trinkwasser in zwei Taschen rechts und links des Benzintanks, sogenannten *Tanktaschen*, transportieren. Zwei fünf bis zehn Liter fassende Kunststoffkanister haben vor den Knien des Fahrers bei den meisten Enduros mit großem Tank Platz, ohne den Lenker-Einschlag oder (das im Gelände oft erforderliche) Fahren im Stehen zu behindern. Tanktaschen kann man aus Fahrradtaschen selbst anfertigen oder im Zubehörhandel erstehen, meist in Kombination mit einem *Enduro-Tankrucksack*. Tragende Nähte sollten für die extremen Belastungen vieler hundert Gelände-Kilometer sehr stabil ausgeführt sein und müssen bei Produkten aus dem Zubehörhandel in der Regel noch zusätzlich verstärkt werden.

Auch fürs Reisen praxisgerecht und eine Alternative zu einer Feldflasche sind übrigens die aus dem Rallyesport stammenden, in die Jacke integrierten (oder wie ein flacher Rucksack darunter zu tragenden) Trinkbeutel mit Schlauch.

Campingausrüstung. Nicht nur etliche Kilogramm, sondern auch der ja nicht gerade reichliche Stauraum stehen hier auf dem Spiel. Wer nicht unbedingt das Billigste kauft, bringt eine komplette Campingausrüstung – inklusive Zelt – in einem handelsüblichen, gut auf dem Soziussitz zu befestigenden Motorrad-Packsack unter und bleibt dabei unter fünf Kilogramm Gesamtgewicht. Nicht mehr wiegt eine Schaumstoff-Isoliermatte (oder eine noch kleiner zu verpakkende, aber natürlich durch Stacheln und Funkenflug gefährdete Leichtluftmatratze), ein hochwertiger Daunen- oder Hohlfaser-Schlafsack (geeignet für Temperaturen bis rund fünf Grad unter Null) und ein zweckmäßiges Zelt. Sehr gut geeignet für Motorradreisen sind freistehende Zweistangen-Kuppelkonstuktionen, die auch ohne das wasserdichte Überzelt aufgebaut werden können. Das Gestänge sollte mit Elastikkordeln verbunden und aus Leichtmetall sein. Glasfiber ist schwerer und wird in der extrem trockenen Saharaluft spröde. Vier rund 40 cm lange Alu- oder Plastik-Sandheringe aus U- oder H-Profil genügen, um das Zelt auch bei Sandsturm auf der Düne zu halten. Alle Mosquitonetze sollten durch Stoffbahnen verschließbar sein: Ein Sandsturm wird sonst durch die Siebwirkung der Netze zum Staubsturm – im Zelt!

Wenn es heiß wird in der Sahara, fährt man mit Kombi-Protektoren sicher und angenehm.

Gepäckunterbringung. Die »Problemkinder« des Motorrad-Wüstenfahrers – Benzin, Wasser und Campingausrüstung – sind verstaut, ohne daß eine der üblichen Gepäckunterbringungsmöglichkeiten »geopfert« wurde: Ein Tankrucksack und zwei Seitenkoffer können noch am Motorrad untergebracht werden.

Der Tankrucksack, klassisches Motorrad-Gepäckstück, sollte auf Wüstentouren nicht mehr als ein zusätzlicher Utensilienbehälter für Kleinkram wie Kompaß, Karte, Reiseführer, Papiere usw. sein, allerhöchstens noch den Fotoapparat griffbereit beinhalten. Ist er zum schwankenden »Turm« mutiert, sind – nicht nur im Sand – Stürze vorprogrammiert: Der Gesamtschwerpunkt liegt dann viel zu weit oben, stehendes Fahren wird behindert oder gar unmöglich.

Zwei Seitenkoffer sind bei vernünftiger Größe (maximal 40 Liter Inhalt) und enger, möglichst weit nach vorne gerückter Anbringung eine durchaus schwerpunktgünstige Lösung des Gepäckproblems, eine komfortable dazu – zumindest bei guter Dichtigkeit und horizontal zu öffnendem Deckel. Eine Fotoausrüstung ist dort am besten aufgehoben.

Ob aus Kunststoff oder Metall, in der Regel werden Koffer mittels eines Gepäckträgers am Motorrad befestigt. Ohnehin erfordert bei nicht wenigen Enduros das für rauhe Geländefahrten mit viel Gepäck zu schwach ausgelegte Rahmenheck eine zusätzliche Abstützung. Eine richtig konzipierte und sorgfältig verarbeitete Gepäckträger/Kofferhalter-Konstruktion erfüllt diese Aufgabe. Meistens wird man sie sich allerdings selbst bauen müssen, da Gepäckträger »von der Stange« natürlich nicht für extremen Einsatz – und das ist eine Saharareise ohne Zweifel – gedacht sind.

Leider sind Koffer ebenso wie ein solider Gepäckträger mehr oder weniger schwer. Den Großteil dieses Gewichtes – unter zehn Kilo werden es selten sein – kann man sich sparen, wenn man mit sogenannten *Soft-Bags* auskommt. Diese miteinander verbundenen Behälter sind meist aus dickem, plastikverstärktem

Per Enduro lassen sich hohe Dünen leichter als zu Fuß besteigen.

Cordura-Nylon gefertigt, werden ähnlich wie Pferde-Satteltaschen über den Sitz gelegt und mit Riemen befestigt. Wer ohne große Fotoausrüstung reist, sollte mit dem – dreißig Liter in der Regel nicht übersteigenden – Volumen solcher Taschen eigentlich auskommen. Wenn nicht, gibt es noch die Möglichkeit, einen weiteren Packsack auf dem Soziussitz zu verzurren. Zwei einfache Versteifungsstreben – rechts und links des Motorrades von den Fahrerfußrasten zum Rahmenheck geführt – sollten dann allerdings zur Vorbeugung gegen Bruch angebracht werden. Vorteil einer zweiten Gepäckrolle: Zusammen mit der »Camping-Rolle« ergibt sich eine praktische »Plattform« zum Antransport der sperrigen Geländebereifung (siehe Kapitel *Bereifung*). Nachteil: Eine der beiden Gepäckrollen ist zwangsläufig hinter dem Soziussitz untergebracht, was – je nach Gewicht – den Gesamtschwerpunkt und damit das Fahrverhalten negativ beeinflußt.

Damit sind wir dann auch beim wichtigen Thema *Beladung*.

Beladung. Was bei Straßenfahrt oder auf harten Pisten nicht im geringsten stört, das kann im Sand das Sturzrisiko vervielfachen und zu Schäden am Motorrad, am Gepäck und auch am Fahrer führen. Also:

- kein Gepäck an Stellen, die vom Schwerpunkt des Motorrades, dem Dreieck zwischen Tank, Motor und Schwingendrehpunkt, weit entfernt sind. Schon wenige Kilogramm auf einem Gepäckträger hinter der Sitzbank üben im Tiefsand spürbare, das Vorderrad entlastende Hebelkräfte aus. Dadurch verliert es an Führungskraft, und das Fahren auf Sandpisten wird zum nerven- und kräftezehrenden »Eiertanz«. Derselbe unangenehme Effekt entsteht durch zu große oder zu weit hinten befestigte Koffer und Kanister.

- Gepäck an den ungefederten Teilen der Maschine erhöht die Wahrscheinlichkeit von Schäden an Rädern, Speichen und Fahrwerkslagern. Leider oft zu sehen: Öldosen, Reifen-

flicksprays, Montierhebel oder anderes Werkzeug an Gabeltauchrohren und Schwinge. Wer so das Bemühen der Fahrzeughersteller, die ungefederten Massen gering zu halten, zunichte macht, sollte sich auch nicht wundern, wenn Dosen platzen und Werkzeug verlorengeht.

- Kein Gepäck an Stellen, die mitgelenkt werden müssen: z. B. auf dem Vorderradschutzblech und an sog. Scheinwerfergepäckträgern. Keine Wasserflaschen an der Lenkerquerstange! Zusätzliche Masse in diesem Bereich verschleißt im Gelände nicht nur die Fahrerkräfte schneller, sie kostet auch Reaktionsgeschwindigkeit. Dies und nicht ein besserer c_w-Wert ist in der Praxis übrigens der ausschlaggebende Grund, warum professionelle Rallye-Motorräder verkleidet sind: Relativ schwere Zusatzinstrumente wie Roadbook, Tripmaster, Kompaß oder Satelliten-Navigationsgerät können in der rahmenfesten Verkleidung montiert werden.

- Zum Verzurren von Gepäckrollen, zum Sichern von Seitenkoffern keine Gummi-Expander benutzen. Deren Elastizität sorgt im Gelände für ständigen Ärger: Gepäck verrutscht und baumelt, lose »Gummi-Strapse« verfangen sich in Hinterrad oder Kette usw. All das kann zu deftigen Unfällen führen. Zwei bis drei Zentimeter breite Spannriemen aus starkem Nylon-Gewebe halten besser, lassen sich kontrolliert nachspannen und sind nebenbei auch als Wäscheleine, Brunnenseilverlängerung, zur provisorischen Reparatur eines Gepäckträgerbruchs oder gar als Abschleppseil geeignet.

Auf der Assekrem-Rundfahrt im Hoggar-Gebirge (Algerien).

Bereifung

Ebenfalls entscheidend für Erfolg oder Mißerfolg einer Motorrad-Saharareise ist die richtige Bereifung. Die Anforderungen sind hoch:

- Größte Stabilität und Robustheit. Nirgendwo sonst wird ein Reifen so materialmordenden Einflüssen ausgesetzt wie in der Sahara: Langstrecken – nicht nur in steinigem Gelände, auf holprigen und kantigen Pisten, sondern auch auf extrem rauhem, meist schlaglochübersäten Asphalt. Nur härteste Gummimischung, ausrißsichere Profilgestaltung, viellagiger und damit durchschlagsicherer Aufbau lassen einen Motorradreifen hier etliche tausend Kilometer durchstehen.

- Sichere Fahreigenschaften in weichem Gelände, sprich im Sand. Der Vorderreifen muß präzise Übertragung der Lenkkräfte und gute »Verzahnung« bei Schräglagenfahrt gewährleisten, der Hinterreifen neben gleichmäßigem Driftverhalten vor allem Traktion, also das »Vorwärts« statt dem im Sand leicht realisierbaren »Abwärts«. Nur sehr grobstolliges Profil, vorne hoch und »stachlig«, hinten breit und »schaufelig«, nicht nur auf der Lauffläche, sondern auch an den Reifenflanken, macht dies möglich.

Für diese eigentlich gegensätzlichen Anforderungen wären zwei unterschiedliche Reifenarten nötig, gäbe es nicht für den Wüsten-Rallyesport entwickelte, fürs Reisen daher mit erheblichen Lebensdauerreserven ausgestattete Spezialreifen, z. B. den seit 1982 auf dem Markt befindlichen »Michelin Desert« oder den 1992 hinzugekommenen »Metzeler Safari«. Diese Reifen passen trotz ihrer vor allem auf dem Hinterrad sehr üppigen Dimensionen (Breite 140 mm) auf die meisten Enduros, sind allerdings nur bei wenigen Maschinen straßenzulassungsfähig. An die Fahreigenschaften auf geteerten Straßen muß man sich wegen der geringen Aufstandsfläche und der gummimischungsbedingt ausgeprägten Nässerutschneigung erst gewöhnen (vor allem im Norden der *Maghreb*[1]-Staaten ist der Teerbelag nach

---
[1] Tunesien, Algerien und Marokko

Regenfällen extrem schmierig!). Gut abgelagerte Exemplare des *Michelin Desert* machen bei schonender Fahrweise selbst unter leistungsstarken Enduros bis zu 10.000 km (bei ausschließlicher Geländefahrt: 1000 km gummifressend rauher Sahara-Asphalt kostet soviel Profil wie 2 – 3000 km Piste).

Daher ist es sehr zu empfehlen, die »wüsten« Reifen erst am Ausgangspunkt der Geländeetappen zu montieren. Keine Angst vor dieser Arbeit: Richtig gemacht ist sie sehr einfach, falsch gemacht für ihre Schwierigkeit berüchtigt. Nötig sind als Werkzeuge zwei – leichter geht's mit drei – normallangen Montierhebeln, Montagepaste und Luftpumpe. Hilfreich sind einige Druckluftpatronen, ein schattiges Plätzchen und der Reisepartner. Danach heißt's nur noch: Laufrichtung beachten, Schlauch (am besten verstärkte Motocross-Schläuche) nicht mit den Hebeln quetschen, Gummi und Alu reichlich mit Montagepaste einschmieren, Reifen gegenüber den Montierhebeln immer schön in das Felgentiefbett drücken. So hüpft das letze Stück zähen »Desert«-Gummis auch ohne Gewalt über den Felgenrand, signalisiert ein »Plopp« nach spätestens vier handgepumpten Bar: geschafft! Von Reifenpannen bleibt nur verschont, wer die Wüstenbotanik meidet und seiner Maschine keinen Schatten gönnt. Denn unter den Wipfeln der Sahara-Akazien lauern die Feinde auch des stabilsten Motorradreifens: eisenharte Stacheln, von denen sich auf steinigem Terrain oder Teer immer mal wieder einer zum Schlauch durcharbeiten wird.

Schutzbekleidung

Eine längere Offroad-Motorradreise ohne jeden Ausrutscher ist sehr unwahrscheinlich. Daher macht optimale Schutzbekleidung nirgendwo mehr Sinn als dort, wo man Hunderte, manchmal sogar Tausende von Kilometern im Gelände fährt: in der Sahara. Daß man im tiefen Sand auch weich fallen kann, ist zwar richtig. Die Wüste besteht allerdings größtenteils aus hartem und steinigem Untergrund. Hier bleibt kein Sturz ohne Verletzungsfolgen – es sei denn, man ist entsprechend angezogen. Schon mancher hat das allerdings erst eingesehen, als er mit gebrochenen Knochen seine Reise beenden mußte. Gute Enduro-Bekleidung besitzt zum Schutz gegen Stoß- und Schlagverletzungen Protektoren an Rücken, Schultern, Ellbogen, Unterarmen, Knien und Schienbeinen und Hüftknochen. Letzterer ist leider bei den meisten Enduro-Hosen vollkommen unzureichend. Ein Beckenbruch gehört zu den unangenehmsten Frakturen, ist laut Gesamtunfallstatistik zwar selten, bei Motorradunfällen, insbesondere Offroad-Wettbewerben jedoch nicht. Zusätzlich eingenähte bzw. geklettete Polsterung aus zähem, etwa 2 cm dickem Schaumstoff (z.B. aus einer Camping-Liegematte) ist daher zu empfehlen. Die Hose muß dann natürlich eine Nummer größer gekauft werden. Wenn der in die Jacke eingearbeitete Wirbelsäulenprotektor nur aus Schaumstoff besteht, was in der Regel der Fall ist, sollte unbedingt ein zusätzlicher, über die gesamte Rückenlänge reichender Wirbelsäulenschutz aus Hartplastik-»Schuppen« getragen werden (z. B. kombiniert mit einem Stretch-Nierengurt). Nur ein solcher Protektor kann bei einer harten Rückenlandung auf einem herausstehenden Felsbrocken, oder wenn man vom eigenen Motorrad getroffen wird, vor einem Leben im Rollstuhl oder Schlimmerem bewahren. Für den Einsatzzweck Sahara sollten Jacke wie Hose in kompromißloser Verarbeitungsqualität ausgeführt sein, das verwendete Material ein Maximum an Atmungsaktivität bieten und das Innenfutter herausnehmbar sein. Bei hohen Temperaturen – in der Sahara von Anfang April bis Ende Oktober – empfehlen sich die aus dem Motocross-Sport stammenden, keine Jacke erfordernden *Kombiprotektoren*. Das sind mit Ventilationsöffnungen versehene Brust-Rücken-Panzer mit daran befestigten Schulter-, Ellbogen- und Unterarmprotektoren. Zu achten ist beim Kauf besonders auf großflächigen Schutz der Schulter-Schlüsselbein-Partie. Die Verteilung einer punktuellen Sturzbelastung auf eine größere Fläche kann nämlich den häufigsten »Motorradfahrer-Bruch« verhindern: an der »Sollbruchstelle« Schlüsselbein.

Unverzichtbar sind auch stabile Motocross-Stiefel mit Stahlplatte in der Sohle, Stahlkappe an der Spitze, steifer Abstützung des Knöchel- und des Mittelfußbereichs mit Innenverschnürung. Fußverletzungen durch Sturz oder durch

Abseits der Piste beginnt der Spaß.

vom Vorderrad aufgewirbelte oder hochgehebelte Steine können so verhindert bzw. gemildert werden. Moderne Motocross-Stiefel sind erstaunlich leicht und besitzen häufig gut funktionierende Ventilationssysteme. Für lange Fußmärsche sind sie jedoch genauso wenig geeignet wie – ebenfalls zweckgebunden konstruierte – Skistiefel.

Nicht zu unterschätzen ist auch die Wichtigkeit praxisgerechter Handschuhe. Finger- und Handoberseiten sollten gepolstert und zusätzlich plastikarmiert sein. Spätestens in den berüchtigten Akazien-»Alleen«, den tiefsandigen »Schienenpisten« vegetationsreicher Wadis, bewahrt das vor schmerzhafter Bekanntschaft mit Ästen und deren spitzen Stacheln.

Zum Thema Sturzhelm: Mit großer Wahrscheinlichkeit kommt ein neuer Helm nicht ohne Kratzer in der mehr oder weniger aufwendigen Lackierung aus der Sahara zurück. Dies sollte jedoch niemanden dazu verleiten, lieber den alten »ausgelutschten Topf« mitzunehmen. Denn bei dem ist mit Sicherheit nicht mehr viel los mit Paßform und Stoßdämpfung: Das Material der Innenschale ist zusammengedrückt.

Gerade am Kopfschutz sollte man nicht sparen, dies kann bei einem relativ gefährlichen Unternehmen wie einer Motorrad-Saharareise ins Auge gehen!

Apropos Augen: Die Kombination Crosshelm/Motorradbrille ist in der Wüste nicht immer so angenehm wie stilecht. Wegen der extremen Trockenheit, des Staubes und der Hitze ist zur Vermeidung chronisch ausgetrockneter Nasenschleimhäute, entzündeter Augen und verbrannter Gesichtshaut ein Vollhelm mit getöntem Visier oft die bessere Wahl.

Beim Kauf praxisgerechter Endurobekleidung wird man auch feststellen, daß diese nicht billig ist. Die Versuchung, hier zu sparen, ist groß, vor allem wenn man schon für die normale Motorradbekleidung gut Geld hingelegt hat. Eine schwere Verletzung, ein Krankenhausaufenthalt, eine abgebrochene Reise kommen am Ende allerdings wesentlich teurer als das Geld für die Ausrüstung.

Die »Theorie« ist abgeschlossen. Die Vorbereitungen sind endlich beendet. Auf in die Praxis! Dafür ist vor allem eines wichtig: die richtige Fahrtechnik.

Fahrtechnik

Wellblech- oder Waschbrettpisten. Kaum eine Saharapiste, die nicht von waschbrettartig angeordneten Querrinnen »verziert« ist! Afrikaner nennen sie schlicht und einfach *tôle* (Blech), Kurzform von *Tôle ondulé* (Wellblech). Beschleunigungs- und Bremsmanöver von Kraftfahrzeugen, genauer gesagt: der durch Federung und Reifenelastizität bewirkte oszillierende Kraftschluß, sind Ursache der Wellblechbildung. Beim Beschleunigen wird durch den Schlupf, beim Bremsen durch das Blockieren der Räder in kurzen Abständen Bodenmaterial aufgeworfen bzw. aufgeschoben. Je größer das Verkehrsaufkommen, desto schneller festigt sich die Waschbrettstruktur. Je höher die durchschnittlich gefahrene Geschwindigkeit, desto ausgeprägter ist sie.

Wie fährt man nun mit einer Enduro auf solchen Strecken? Wer auf Nummer Sicher gehen will, bleibt unterhalb des Geschwindigkeitsbereichs, ab dem die Radaufhängung zu schlagen beginnt und das gesamte Fahrzeug in derart starke Vibrationen gerät, daß Schäden nur eine Frage der Zeit sind. Dann stehen allerdings je nach Stärke der Wellblechstruktur nicht mehr als 20 km/h auf der Uhr. Das kann bei hohen Außentemperaturen auf Dauer den Motor zerstören, und die Nerven des geplagten Fahrers strapaziert es auf jeden Fall. Bei einer einigermaßen übersichtlichen Pistenführung ist es daher angenehmer und sinnvoller, eine das Wellblech »überfliegende« Fahrweise zu praktizieren. Man beschleunigt, bis die Räder nicht mehr jede Bodenwelle ausfahren, sondern nur mehr die »Gipfel« berühren. Je nach »Waschbrett«-Ausprägung – meist beträgt der Abstand der Wellen nicht mehr als 40 cm, ihre Höhe ein Viertel davon – reichen rund 80 km/h, bis sich das wüste Geschüttel plötzlich in eine erträgliche Vibration verwandelt: Die Zone des verblüffenden Gegensatzes zwischen optisch rauhester Pistenoberfläche und relativ ruhigem Dahingleiten ist damit erreicht.

Getrübt wird dieses Erlebnis durch eine verminderte Bodenhaftung, die der stark reduzierten Bodenberührung entspricht: Bremswege werden lang, in Schräglage gefahrene Kurven sind mit äußerster Vorsicht zu genießen.

Auf schnellen, geraden Abschnitten der Hauptpisten oder auf Strecken, die von einer großen Sahara-Rallye, also von Hunderten leistungsstarker Fahrzeuge, benutzt worden sind, kann die Höhe der Bodenwellen über 30 cm betragen und ihr Abstand das Dreifache! Hier sind über 120 km/h erforderlich, ehe der »Überflug«-Effekt erreicht ist. Mit gepäckbeladener Maschine sollte man nicht in derartige Geschwindigkeitsbereiche vordringen: Weder Löcher noch Auswaschungen sind auf Saharapisten durch Schilder markiert. Ein großer Stein im Gegenlicht oder eine Reifenpanne bedeuten das Ende – wenn man Pech hat, nicht nur der Reise! Zudem kann wegen der bei den meisten Normal-Enduros eher handling-ausgelegten Fahrwerksgeometrie bei sehr schneller Offroad-Fahrt gefährliches, sich immer stärker aufschaukelndes Längsachsenpendeln auftreten. In dieser Situation verhindert übrigens – oft wird das falsch gemacht – nicht ein Vom-Gas-Gehen einen Sturz – im Gegenteil! Nur Gasgeben, am besten bei gleichzeitigem Runterschalten, und energische Betätigung der Hinterradbremse bringt das Pendeln zum Abklingen: Das Motorrad »streckt sich« und kann anschließend kontrolliert verzögert werden. Professionelle Rallye-Maschinen, ausgelegt auf hohes Tempo im Sand, besitzen übrigens gut 10 cm mehr Radstand als die meisten Normal-Enduros!

Ein Tip zur Federungseinstellung: Enduros, die mit in der Dämpfung einstellbaren Federelementen ausgerüstet sind, sollten für zügige Wellblechfahrt mit hoher Druckstufen- und niedriger Zugstufendämpfung gefahren werden. Die dicht aufeinanderfolgenden Stöße können sonst dazu führen, daß die Federung – vor allem hinten – nach jeder Welle weniger ausfedert, bis sie schließlich auf Anschlag steht.

Sand. Sandstrecken sind für Saharaneulinge wie auch für erstaunlich viele »alte Hasen« ein großes Problem. Erstere besitzen noch keinerlei Sanderfahrung. Denn was man in Europa diesbezüglich unter die Räder bekommt, hat mit einer spurenzerwühlten Wadipiste oder gar der Durchquerung eines Erg in der Sahara so viel zu tun wie ein Freischwimmerkurs mit der Überquerung des Ärmelkanals. Letzere haben sich an ihre »Mehr-schlecht-als-recht-Durchkommen«-

Fahrtechnik gewöhnt, können sich gar nicht vorstellen, daß Tiefsand-Strecken Fahrspaß vermitteln können, ja das Salz in der Saharasuppe sind.

Anfahren im Tiefsand. Mit breiter und grobstolliger Bereifung sowie abgesenktem Luftdruck (vorne und hinten 1 bar) ist es problemlos – wenn man es richtig macht: 1. Gang einlegen, Motor auf mittlere Drehzahlen bringen, Kupplung ohne Schleifen rasch kommen lassen. Beide Füße möglichst schnell auf die Rasten stellen und in stehende Fahrhaltung mit festem Knieschluß übergehen! So läßt sich das seitliche Ausbrechen des Hinterrades gut abfangen und kann – kleiner Trick am Rande – mit dem ganzen Körpergewicht kräftig gewippt werden: Die Maschine federt ein, das Hinterrad wird belastet, die Schlupfphase deutlich verkürzt. Sobald wie möglich hochschalten. Mit zunehmender Geschwindigkeit wird die Fahrt stabiler, ab etwa 50 km/h schwimmen die Räder auch im allerweichsten Sand oben auf. Besonders leistungsstarke und schwere Enduros fahren im Tiefsand mit Vorteil im 2. Gang an. Dies erleichtert die bei solchen Maschinen im 1. Gang schwierige, für ein Vorwärts oder Abwärts entscheidende Gasdosierung. Im Tiefsand bergauf anfahren zu wollen, ist eine garantiert erfolglose Quälerei für Motor wie Fahrer. Bergauf steht man übrigens nicht nur am Dünenhang, sondern auch wenn das Hinterrad »Familie Wüstenfuchs« bereits »die Wohnung ruiniert« hat, also bis zur Achse im Sand steckt. Umdrehen heißt dann die Devise: Motorrad auf die Seite legen, am Vorderrad ziehend talwärts ausrichten, bzw. eventuelle tiefe Wühllöcher zuschütten, Motorrad wieder hinstellen, nochmal gekonnter anfahren, bzw. Steigung mit mehr Schwung in Angriff nehmen.

Weichsandfelder und Sandverwehungen. Erstere finden sich regelmäßig auf oder neben den »Pisten« der Sahara, letztere oft auch auf ihren Teerstraßen (siehe z. B. Streckenbeschreibung der Route 5). In der Regel sind beide von tiefen Fahr- und Wühlspuren anderer Fahrzeuge zerfurcht. Prinzipiell durchquert man solche Sandhindernisse mit höherer Geschwindigkeit leichter als mit niedriger. Ein Anfänger übernimmt sich jedoch schnell mit dieser – hohes Tempo durch hohe Radkreiselkräfte in Fahrstabilität umsetzenden – Fahrtechnik und fliegt im nächsten Graben oder Loch, an einem Dünengrat oder in einem Sicheldünenfeld gewaltig auf die Nase. Ihn trennen noch zahlreiche Kilometer von der Grundbedingung schneller Wüstenfahrt – sicherem Blick für das Gelände. Für ihn heißt es erst mal Erfahrung sammeln, ohne das Motorrad zu »verschrotten«, also: runterschalten in den 2. Gang, Knie so fest an den Tank, als wolle man Beulen hineindrücken, Hintern hoch und mit kurzen, rasch aufeinanderfolgenden Gasstößen durch das Weichsandfeld oder die Verwehung »sägen« – im wahrsten Sinne des Wortes. So bleibt das Hinterrad auf Zug, und relativ ungefährliche 50 km/h werden nicht überschritten – ein ausreichendes Tempo, um eine Enduro auch im zerwühltesten Tiefsand in der Gewalt zu behalten. Mit der »Gasstoß«-Technik bleibt dem Anfänger Zeit, Gefühl aufzubauen für das Schlingern und Auskeilen des Motorrades, den Grip des grobstolligen Hinterreifens und die Seitenführung des Vorderrades. Schnell lernt er, eine Enduro mit Gewichtsverlagerung, Kniedruck und zwar kräftigem, aber wohldosiertem Zug am Hinterrad zielgenau durch den Sand zu dirigieren.

Tiefsand-Spurrinnen. Besonders nervenaufreibend können für den Saharaneuling Pisten werden, auf denen er wegen des umgebenden Geländes – etwa in vegetationsreichen Wadis – gezwungen ist, in regelrechten Sand-»Schienen« zu fahren. Das Hauptproblem besteht hier im Kampf mit dem ständig aus der Rinne laufenden Vorderrad. Der Geübte gibt natürlich einfach kräftig Gas: Ab rund 80 km/h bleibt das Motorrad auch in der tiefsten Spur. Wechselt man die Schiene, macht die stabilisierende Wirkung der Radkreiselkräfte selbst deftige Versetzer gut beherrschbar. Für den Anfänger empfiehlt sich erst einmal wieder die Gasstoßtechnik in Verbindung mit einem ebenso einfachen wie wirkungsvollen Trick: Man rüttelt immer wieder kurz mit dem Lenker, führt also schnell hintereinander mehrere leichte Lenkbewegungen in beide Richtungen aus. Das Vorderrad wird dadurch in der Rinnenmitte »zentriert« – eine große Hilfe vor allem bei kurvigem Pistenverlauf. Diese Technik läßt sich allerdings nur dann effektiv anwenden, wenn man das Motorrad so fest zwischen den Knien hält, daß Arme und Schultern locker bleiben.

Dünen. Ein Fahrerlebnis, das süchtig machen kann: Mit einer leichten, kräftig motorisierten Maschine, reichlich Schwung und etwas Selbstüberwindung ist es möglich, selbst höchste Sandberge zu bezwingen. Für überraschende »Vollbremsungen« sorgt die in Dünengebieten häufig innerhalb kürzester Distanz wechselnde Sandfestigkeit: Nicht nur auf der beim letzten Sandsturm windabgewandten Seite einer Düne ist der Sand sehr locker und damit weich, auch innerhalb eines Hanges und in den oft sehr breiten Tälern dazwischen kann fester Sand urplötzlich mit watteweichem abwechseln. Schlecht einzuschätzen ist die Distanz zu den Gipfelgraten hoher Dünen. Die zwangsläufig schnelle Fahrt und die fast strukturlose Oberfläche können aus dem »Schöner-als-Fliegen«-Gefühl schnell einen bitterbösen Sturz machen, nämlich dann, wenn man das rechtzeitige Anhalten vor dem »Abflug« vom Dünenkamm verpaßt. Ausgesprochen gefährlich sind unerwartet auftauchende Sandtrichter. Schon zu Fuß versinkt man dort bis über die Knie. Das Vorderrad eines Motorrades kann darin so plötzlich einsinken, daß u. U. ein Handstandüberschlag über den Lenker folgt. Glück und einen guten Rückenprotektor braucht, wessen Maschine sich mit überschlägt. Abfahrten über die windabgewandte Seite hoher Dünen beginnen in der Regel mit der Durchquerung einer extrem weichen »Fließsand«-Zone. Auch hier besteht die Gefahr eines einsinkenden Vorderrades. Das Gegenmittel heißt Zug am Hinterrad, also Vollgas ab dem ersten Meter und blitzschnelles Schalten (jede Kraftschlußunterbrechung verstärkt das Einsinken des Vorderrades!). Sobald der Sand fester wird, sollte man allerdings das Tempo reduzieren, sonst ist schneller als erwartet eine Geschwindigkeit erreicht, bei der die meisten Serienenduros wegen ihres für schnelle Sandfahrt zu kurzen Radstandes mit Längsachsenpendeln aufwarten: Die bei Dünensteilabfahrten entstehende Fahrwerksgeometrie begünstigt dies ohnehin: Das Vorderrad federt wegen der Bremswirkung des Sandes auch bei schneller Fahrt immer leicht ein.

Im Rahmen dieses Buches kann ich nur die wichtigsten all der Faktoren behandeln, die für das Gelingen einer Saharareise per Motorrad entscheidend sind. Auf viele weitere Fragen gibt mein Handbuch für »Motorradreisen zwischen Urlaub und Expedition« Auskunft.

Richtige Fahrtechnik macht ein Motorrad auf Sandstrecken zum idealen Fortbewegungsmittel.

Bild auf den Seiten 116/117: »Festung« wird von den Nomaden der in der Mitte des Bildes aufragende, schloßartige Felsenkomplex genannt. Das weiße Auto, neben dem Schattenwurf einer großen Felskugel am Rand des Oued Ti-n-Egoleh geparkt, veranschaulicht die in diesem Teil des Tassili du Hoggar (Südalgerien) besonders gewaltigen Dimensionen.

Der Wüste begegnen

Abseits üblicher Reisewege

Streckenbeschreibungen für Auto- und Motorradreisen

Die Mehrzahl der Saharareisenden unternimmt auf ihrer ersten Wüstentour die mittlerweile als klassisch zu bezeichnende Algerien-Rundfahrt über die Oasenstädte *Tamanrasset, Djanet* und *Illizi*. Diese rund 5000 km lange Strecke ist vor allem für den Anfänger durchaus interessant. Er erhält einen Eindruck von den Dimensionen der Wüste und der Vielfalt ihrer Landschaftsformen. Er lernt die berühmtesten Oasen und bekanntesten Sehenswürdigkeiten der algerischen Sahara kennen: Das *Hoggar*-Gebirge von der Wüstenmetropole *Tamanrasset* aus über die legendäre *Assekrem*-Rundfahrt oder das wildromantische Bergland des *Tassili N'Ajjer* auf der Fahrt zur Oasenstadt *Djanet*. Diese, auch als »Großes U« bezeichnete, Algerienrundfahrt ist zudem relativ sicher und kalkulierbar zu bewältigen, da sie ausschließlich über für Saharaverhältnisse stark befahrene Teerstraßen und Hauptpisten verläuft und immer im Einflußbereich menschlicher Ansiedlungen bleibt.

Manchem wird allerdings schon auf der ersten Wüstenfahrt auffallen, daß auf den Hauptrouten vieles, was den Reiz der Sahara ausmacht, auf der Strecke bleibt. So nützlich sie sind, verändern Asphaltstraßen eben mehr als nur den Boden, auf dem der Teer liegt. Sie sind Hunderte von Metern breite Schneisen der Landschaftszerstörung und Umweltverschmutzung und können den Eindruck erwecken, die Wüste sei wirklich »wüst«, bestünde größtenteils nur aus sandverwehter Baustellen-Landschaft. Die ungeteerten Gegenstücke dazu sind die oft kilometerbreiten Trassen vielbefahrener Hauptpisten. Auch sie zerstören die Schönheit der Sahara in weitem Umkreis. Was liegt also näher, als auf der nächsten Fahrt den Tausenden von Kilometern auf Asphalt und Hauptpisten ein gutes Stück abzuschneiden und eine der vielen heute verkehrstechnisch bedeutungslosen Pisten aus der französischen Kolonialzeit in die Reiseroute einzubauen?

Mangelnde Erfahrung, schlechte Vorbereitung und Ausrüstung können unter den Bedingungen der unerschlossenen Sahara allerdings genauso im Fiasko enden wie unzureichende oder gar falsche Informationen über Streckenverlauf und die Versorgungsmöglichkeiten unterwegs: Die tankstellenlosen Entfernungen sind wesentlich größer als auf den Hauptrouten, die Orientierung ist oft schwer auf unmarkierten Nebenstrecken, kaum noch erkennbaren alten Pisten oder gar Querfeldeinetappen. Im Falle einer Panne oder eines Unfalls kann zudem nicht auf Hilfe durch andere gerechnet werden.

Für Motorradfahrer sind überdies auch die Anforderungen an das Fahrkönnen und der Schwierigkeitsgrad des Geländes nicht gut vorhersehbar, da die wichtigsten Informationsquellen über solche Routen – Reiseführer mit Streckenbeschreibungen – aus der Sicht und für die Erfordernisse des Autofahrers verfaßt sind.

Sechs landschaftlich besonders lohnende Routen habe ich als Alternativen zu den langen Entfernungen über Teerstraßen und Hauptpisten ausgewählt. Vier davon durchziehen als großes Kreuz das »Outback« der algerischen Sahara und können beliebig miteinander kombiniert werden. Zwei weitere sind speziell für Dünenfreunde gedacht und führen den Reisenden durch die Sandmeere des Großen Östlichen Erg, des Erg Issaouane und des Erg Tiffernine. Alle diese Routen lassen sich sehr gut in eine Reise nach Algerien einbauen.

Route 1 bis 4 wurden für dieses Buch von Ursula und Wolfgang Eckert, den Autoren des Reiseführers »Algerische Sahara« (Verlag DuMont) zusammengestellt und von mir für Motorradreisende auf der Basis meiner zahlreichen Fahrten über diese Routen kommentiert (jeweils nach der Streckenbeschreibung im Kasten *Motorradfahrer-Info*).

Die Beschreibung der Route 5 entstand in Teamarbeit, und die Route 6 habe ich – als Alternative zu der in den Routen 1 und 2 beschriebenen Strecke von *Illizi* nach *Amguid* – neu recherchiert und beschrieben. Autoreisende sollten diese Strecke nur mit voller Entsandungs-Ausrüstung (siehe im Kapitel »Ratgeber: Mit dem Geländewagen durchs Dünenmeer«), nicht mit überladenen oder schwach motorisierten Fahrzeugen in Angriff nehmen.

Motorradfahrer-Info: Grundsätzliches zu den Routen 1 bis 6

- Die Angabe der Fahrzeit basiert auf einem reisemäßigen Tempo, vielen Stops und nicht mehr als täglich 5 Stunden »im Sattel«.
- Die Kilometerangaben sind als Anhaltspunkte zu verstehen, da die gesamte Fahrdynamik eines Motorrades im Gelände zu größeren Abweichungen führt als beim Auto: Der beim Beschleunigen oft geringe Bodenkontakt des (den Tachometer antreibenden) Vorderrades, das ständige, da reflexmäßig ablaufende Ausweichen auch vor kleinen Geländehindernissen, nicht zuletzt das Fahren neben der Piste lassen auf Langstrecken sogar die Tacho-Stände miteinander fahrender Motorräder weit voneinander abweichen.
- Auf allen beschriebenen Routen – mit leichter Einschränkung für Route 5 – sollte wegen der extrem dünnen bzw nicht existenten »Verkehrsdichte« in einem Konvoi von wenigstens drei Motorrädern gefahren werden: Ein transportunfähiger Verletzter kann so von einem Mitglied der Gruppe betreut werden, während der (die) andere(n) Hilfe holen. Ein leicht Verletzter oder der Fahrer einer ausgefallenen Maschine kann auf dem »Sozius« eines Reisepartners weiterfahren, das Gepäck verteilt sich auf die Maschinen der anderen.

Route 1: Von Illizi über die »Gräberpiste« nach Amguid

(von U. und W. Eckert)

1. Etappe: Illizi – Ain el Hadjadj (171 km)
2. Etappe: Ain el Hadjadj – Hassi Ntsel (195 km)
3. Etappe: Hassi Ntsel – Amguid (138 km)
Gesamtstrecke: 504 km

Diese Strecke ist eine Lieblingsroute erfahrener und anspruchsvoller Saharafahrer, denn sie bietet in stetem Wechsel die verschiedenartigsten Landschaften und fahrtechnische »Leckerbissen«. Langeweile kommt nicht auf. Man durchfährt weite Ebenen, vegetationsreiche Trockentäler, steinige Bachbetten; sanfte Hügel und schroffe Tafelberge mit tiefen Schluchten gehören ebenso zur Kulisse wie wilde Felsformationen und mächtige Dünengebiete. Gräber, gelegentlich ganze Gräberfelder, bilden immer wieder makabre Wegmarkierungen. Die sog. »Schlüssellochgräber« (nach ihrer Form so benannt) stammen noch aus vorislamischer Zeit, während die schlichteren Grabstätten teils auf frühere Karawanenpfade oder Nomadengebiete hinweisen, teils auch auf Kampfhandlungen während der Kolonialzeit zwischen französischen Truppen und oppositionellen Tuareg.

Diese schwierige, extrem einsame und höchstens von Saharafreaks befahrene Strecke ist nichts für Anfänger. Sie erfordert große Wüstenerfahrung, gutes Orientierungsvermögen, sicheren Umgang mit Kompaß und Karten (Maßstab 1:200.000 unerläßlich), optimale Ausrüstung und zuverlässige, geländegängige Fahrzeuge mit versierten Fahrern. Sie sollte nur im Konvoi von mindestens zwei Fahrzeugen befahren werden. Wasser kann notfalls an Brunnen bzw. in Amguid nachgefaßt werden; *Treibstoff* ist dagegen *über Amguid hinaus* bis zur nächsten Tankmöglichkeit einzuplanen. Die fahrtechnischen Anforderungen sind so vielfältig wie die Landschaft: steile, zerfurchte Bergpisten und geröllübersäte Flußbetten sind zu meistern, weiche Dünengebiete zu durchpflügen, und diverse Schwemmtonebenen können sich nach Regenfällen u. U. in unüberwindbare Schlammfelder verwandeln, die dann mühsam umfahren werden müssen.

1. Etappe: Illizi – Brunnen Ain el Hadjadj (171 km). *Illizi,* ursprünglich ein Stützpunkt der früheren französischen Wüstenpolizei und lange Zeit nur eine unbedeutende kleine Siedlung, hat sich seit seiner Erhebung zur *Wilaya* (Verwaltungszentrum für den Süden) auch zu einer guten Basis für Wüstenreisende entwickelt: Tankstelle, Wasser, relativ gute Einkaufsmöglichkeiten, Campingplatz, Hotel (im Bau), Restaurants, Bank, Post und div. Touristik-Agenturen. Seit 1987 zählt das Gebiet zwischen Illizi, Djanet, Bordj el Haoues und Amguid zum »Park National du Tassili«, für den besondere Naturschutzbestimmungen gelten und dessen Besuch grundsätzlich gebührenpflichtig ist. Posten der Nationalparkverwaltung im Ort. Lohnend ab Illizi sind Ausflüge mit Führer zu den Felszeichnungen im *Oued Djerat* (Programm z. B. von Agentur »Mezrirene«).

Wir verlassen das Ortszentrum von *Illizi* (km 00) auf der Djanet-Route, passieren nach ca. 200 m einen Friedhof und biegen rund 100 m danach, auf Höhe von zwei großen Antennenmasten, auf eine holprige Piste nach rechts ab. Durch kleine Dünen geht es an den letzten Häusern von Illizi vorbei. Bei km 2,2 verlassen wir die Piste und folgen Spuren, die Richtung Westen zwischen Tamariskenhügeln hindurchführen. Bei den letzten Tamarisken (km 3,5) knickt die Piste vorübergehend auf 300° und erklimmt einen dunklen, flachen Geröllhang (IGN-Stein Nr. 3 und erste Gräber bei km 3,9). Nun verlaufen die Spuren über die Anhöhe in Hauptrichtung 255°. Bei km 8 halten wir uns an einer Gabelung rechts und passieren bei km 16 einen schon seit langem sichtbaren Steinmann (rechts auf Tafelberg). Bei km 18,5: IGN-Stein Nr. 6. Über einen kleinen Bergsattel nähern wir uns den *Mennkhour-*Dünen, den südöstlichsten Ausläufern des *Erg Issaouane,* der für die folgenden ca. 150 km unser fast ständiger Begleiter sein wird. Bald biegt die Piste nach Süden in eine tiefergelegene Ebene mit kleinen grasbewachsenen Dünen ab; die Steinmarkierungen verschwinden allmählich unterm Sand. Das vor uns liegende Kleindünenfeld muß schräg nach rechts auf den gegenüberliegenden Bergrücken zu (große Akazien) gequert werden. Etwa bei km 27 stoßen wir wieder auf die markierte Piste, die wir an einer Gabelung bei km 30,7 verlassen, um der besseren Alternativroute nach rechts zu folgen. Es geht über eine Anhöhe; bei km 36,5 stößt die markierte Piste in spitzem Winkel von links wieder auf die unsrige. Sandige Passagen erwarten uns ungefähr bei km 43,5 und erneut ab km 45 (Querung des *Oued Tadjeradjeri).* Etwa bei km 57,5 erreichen wir einen Steinmann, der uns schon lange als Orientierungspunkt gedient hat. Beidseits der Piste liegen wieder vereinzelte Gräber, und bei km 85, nach Durchqueren eines kleinen Dünengeländes, finden wir (links) ein ausgedehntes Gräberfeld mit einer sog. »Nomadenmoschee« (Steinmarkierungen am Boden mit angedeuteter Gebetsnische gen Mekka). Die folgende, mehrere Kilometer weite Schwemmtonebene dürfte bei Nässe unpassierbar sein. Auf den nächsten ca. 50 km wechseln harte, holprige Abschnitte mit sandigen Passagen ab. Immer wieder schlängelt sich die Piste – gelegentlich mühsam erkennbar – in Hauptrichtung WNW durch hübsche Kleindünenfelder, Ausläufer des Erg Issaouane. Eine etwas schwierige Passage ist bei km 99 zu bewältigen; bei km 112 passieren wir erneut ein Gräberfeld. Ab IGN-Stein 33 (ca. km 133,5) biegen unsere Spuren ab nach SSW. Rechter Hand taucht ein sich weit nach Süden erstreckender Dünenzug auf, den es sogleich zu überwinden gilt. Dazu halten wir uns vorerst weiter Richtung SSW, verlassen jedoch gleich nach Passieren des IGN-Steins Nr. 34 (km 138,5) die südlich weiterführenden Spuren (zum rund 15 km entfernten Tuareg-Dorf und Brunnen *Tanarine)* und halten halbrechts auf die Dünen zu. Dann am Dünenfuß entlang nach Süden, bis ungefähr bei km 140 die Spuren nach rechts (West) in einen Dünenkessel hineinziehen. Im Kessel folgen wir einzelnen Steinmarkierungen und erkennen nach etwa 1 km den mit Steinen und Dünengras befestigten Beginn einer in die Dünen hineinführenden Piste. Hier irgendwo und irgendwie muß man drüber. Da die präparierte Piste meist total verweht ist, muß sich jeder seinen eigenen Weg durch die Dünen suchen (Gelände zu Fuß vorsondieren und Reifendruck reduzieren). Jenseits der Dünen erreicht man schließlich ein weites Tal, das *Oued Samene.* Hart und bucklig zieht die Piste nun nach NNW; wir durchqueren allmählich das Oued und nähern uns der im Westen aufragenden zerklüfteten Bergkette *In Tirhaouine*. Nochmals Gräber mit einer »Nomadenmoschee« bei km 170, und einen Kilometer weiter stehen wir beim Brunnen *Ain el Hadjadj* (Häuserreste, Gräber. Brunnen mit relativ klarem Wasser in wenigen Metern Tiefe; damit dies so bleibt, sollte nach dem Wasserschöpfen die blecherne Abdeckung wieder auf die Brunnenummauerung gelegt und mit Steinen beschwert werden!) Vorsicht vor den Dornen unter den Akazien!

2. Etappe: Brunnen Ain el Hadjadj – Brunnen Hassi Ntsel (195 km). Ab *Ain el Hadjadj* beginnt der »ernstere« Teil der Gräberpiste. Einen guten Geländeüberblick zum Sondieren der folgenden Route bietet der kleine Hügel mit Steinmann beim Brunnen. Hier (km 00) verlassen wir die sich nach NNW durchs Oued in Richtung *Gara Khanfoussa* fortsetzende Piste. Um den Einstieg in den *Djebel Tahinaouine* zu finden, halten wir jetzt ziemlich genau Richtung Westen auf diesen zu und können bald am Fuß der Bergkette eine Schwemmtonebene mit Akazien ausmachen. Dort (ca. 5 km ab Brunnen) erkennt man die Einstiegspiste, die sogleich steinig, steil und über tief ausgewaschene Gräben bergauf führt. Prächtige Blicke zurück übers Oued Samene auf die Sandberge des Erg Issaouane, aber auch seitlich hinab in dunkle, etwas unheimliche, meist vegetationslose Bergschluchten. Bei ca. km 9 passieren wir alte Verteidigungsstellungen aus der Franzosenzeit. Wir halten uns an einer Gabelung bei km 15,5 links und fahren dann hinab in eine sandige Ebene, die wir bei km 22 erreichen. Die nächste Herausforderung steht bevor: Der vor uns liegende *Erg Tahinaouine* muß überquert werden. Viele Fahrspuren führen zwar zunächst in südwestlicher Richtung auf die höchsten Dünen des Erg zu, verschwinden dann aber (als hätten sich die Fahrzeuge unten durchgebuddelt) im Fuß der Sandmassen. Vielleicht läßt sich auch dort irgendwo ein Übergang finden. Einfacher ist es jedoch, parallel zu den Dünen zunächst noch ca. 6 – 8 km nach Norden zu fahren. Dort verlieren die Sandberge zunehmend an Höhe, der Erg wird schmaler, und es bilden sich relativ feste Dünentäler. Nach vorheriger Sondierung zu Fuß läßt sich hier leichter eine Überquerungsmöglichkeit finden. Jenseits des Ergs folgen wir Spuren bzw. einer sich allmählich bildenden Piste nach Süden, östlich begleitet von den schönen Dünen, westlich von der düsteren Bergkette des *Djebel Essaoui Mellene*. Etwa bei km 44 (Achtung: km-Abweichungen je nach gewählter Überquerungsstelle) steht ein Holzpfahl mit Holzschild (hier etwa stoßen die Direkt-Überquerer wieder zu uns auf die Piste). Diese führt nun über eine Schwemmton- und später Reg-Ebene. Bald tauchen wieder Steinmarkierungen auf. Bei einem schon weithin sichtbaren Bergsattel (ca. km 53) zieht die Piste nach Westen hinein in die Berge. Wir fahren (etwa ab km 71) in ein vegetationsreiches, sich allmählich verengendes Tal hinein und biegen nach ca. 1 km nach Westen ab in einen Canyon, der den *Djebel Essaoui Mellene* durchschneidet. Was uns jetzt als »Piste« serviert wird, ist ein übles, mit großen Felsbrocken übersätes Bachbett, das behutsames Fahren, gutes Augenmaß und große Bodenfreiheit erfordert: eine Schinderei für Fahrzeug und Reifen und evtl. auch für den Beifahrer, der immer wieder größere Brocken beiseite räumen muß. (1½ bis 2 Stunden wird man für diese insgesamt knapp 10 km lange Etappe benötigen). Am Talausgang aber wird man reichlich belohnt: Ziemlich unvermittelt tauchen vor uns die ca. 300 m hohen Dünen des *Erg Tifernine* auf; sie zählen zu den höchsten Algeriens. Zu ihren Füßen geht es nun Richtung Süden, flott und eben zunächst, dann in wildem Slalom zwischen bewachsenen Sandbuckeln hindurch. Welch ein Fahrgenuß nach dem rumpeligen Bachbett! Schwieriger wird es wieder bei der Umrundung der südlichsten Spitze des Ergs (etwa bei km 107). Wir müssen nach Westen, halten uns daher weit rechts, nahe an den hohen Dünen (die geradeausführenden Spuren führen in ein von felsigen Hügeln umgebenes Oued). Die letzte, querliegende Düne wird an ihrer niedrigsten Stelle (ca. 100 m links der hohen Düne) überquert, und gleich danach halten wir uns rechts, hinauf auf einen felsigen Bergrücken (kurz zuvor links abzweigende Spuren enden in einer Sackgasse). Die nun folgende, ziemlich kurvenreiche und oft schwer erkennbare Piste führt – nur gelegentlich durch Steine markiert – immer wieder über kleine Dünen und steile, versandete Felspassagen und schlängelt sich dann hinab in eine buschbestandene Schwemmtonebene (ca.

km 114,5). Das Schwierigste ist überstanden. Wir folgen nun dem *Oued Tifernine* nach WNW, rechts weiterhin begleitet von hohen Dünen. Fahrspuren sind hier oft kaum noch erkennbar. Mehrere Schwemmtonebenen auf den folgenden 60 km sind bei Trockenheit prächtige Rennstrekken – bei Nässe die Hölle. Bei km 121,5 passieren wir einen nach rechts geneigten Tafelberg (mit weithin sichtbarem Steinmann). Es geht nun meist flott über Reg- und Tonebenen, hin und wieder durch kleine Dünen. Langsam zieht sich der Erg zurück. Wir passieren bei km 191,5 ein letztes kleines Dünenfeld an seiner linken Flanke und halten uns 1,8 km danach, an einer Gabelung, rechts (die Spuren nach Süden führen zum *Hassi Ta-N-Mellelt)*. Durch das sandige *Oued Iskaouene* geht es – zwischen Büschen und Bäumen hindurch – ein Stück nach Norden. Bei km 195 (genau unterhalb eines Steinmannes links auf dem Hügel) liegt der unscheinbare Brunnen *Hassi Ntsel* (Brunnenloch zum Schutz vor Versandung evtl. abgedeckt; Wasser zweifelhafter Qualität in mehreren Metern Tiefe).

3. Etappe: Brunnen Hassi Ntsel – Amguid (138 km). Ab *Hassi Ntsel* (km 00) führt die Route nun durch das eindrucksvolle Bergland des nordwestlichen *Tassili N'Ajjer*. 200 m nördlich des Brunnens (Steinmarkierung und Gräber) führt unsere Piste nach Nordwesten zunächst durch dunkle Hammada. Wir ignorieren nach Norden abgehende Spuren (bei km 10,5 und 12). Helle Dünen, an dunkle Berghänge angeweht, bieten bald eine kontrastreiche Kulisse. Wir erreichen den Eingang des canyonartigen *Oued Amassine* und folgen ihm für ca. 15 km auf recht holpriger Piste. Etwa bei km 31 weitet sich das Tal und gibt den Blick frei auf viele hintereinanderliegende Bergketten. Weiter geht's über dunkle Hammadaflächen (großer Steinmann bei km 41) und auf steiniger, mit einigen Steilstufen durchsetzter Bergpiste hinein in die geröllübersäten Vorberge des *Thala*-Massivs. Bei km 56,5 überqueren wir ein Oued (Tip: Hier empfiehlt sich ein Abstecher ca. 600 m Oued-abwärts zu den malerischen Gueltas von *n'Tsita*, die unterhalb einer steilen Felsstufe liegen). 7,5 km nach der Oued-Durchquerung liegt rechts neben der Piste ein gut erhaltenes vorislamisches »Schlüssellochgrab« (ca. 20 m Durchmesser). Häufige Querrinnen erschweren die Weiterfahrt. Bei km 82,5 knickt die Piste scharf nach WSW. Bei km 103,5 wird eine stark erodierte Bergkette erreicht, an deren westlicher Seite wir ein Stück nach Norden fahren. Nochmals Schlüssellochgräber bei km 110,5 (rechts der Piste an einem Hügel). Ca. 3 km danach geht es hinein in eine imposante, enge Schlucht, in der kurz darauf (10 m rechts des Wegs) der Brunnen *In Tedjert* liegt. Dann weitet sich das Tal und gibt den Blick frei auf die Sandberge des *Erg Amguid*. Kurz nach einem Gräberfeld (km 123, links) geht die Geröllebene in Schwemmton über. Wir erklimmen einen kleinen Bergsattel (km 126) und sehen zu unseren Füßen das breite *Oued Igharghar* mit den dahinterliegenden fast 300 m hohen Sandbergen des *Erg Amguid*. Ein letztes Gräberfeld wird etwa 300 m nach dem Sattel passiert, dann queren wir eine Schwemmtonebene hinüber zur Verbindungspiste Amguid – Hassi Bel Guebbour. Von hier aus sind es noch rund 12 km Richtung Süden nach *Amguid* (bzw. 350 km nördlich nach Hassi Bel Guebbour, vgl. Route 2.).

Amguid. Kleines Dorf aus Strohhütten und einigen Steinbauten. Militärposten. Meldepflicht bei der Polizei im Ort. Keine Tank- und Versorgungsmöglichkeiten. Trinkwasser am Dorfbrunnen oder vom Militär bei der Quelle *Ain Kerma* (ca. 15 km südlich unterhalb des markanten Felssporns). Posten der Nationalparkverwaltung.

Abstecher zur Guelta Tin Esselmakene. Dieser romantische Rastplatz (wenngleich von Vorbesuchern recht verschandelt) befindet sich ab Dorf Amguid 4,5 km südöstlich in einem deutlich sichtbaren Felseinschnitt. Am Eingang einer von steilen Felswänden flankierten Schlucht liegen mehrere Wasserbecken, gesäumt von Oleanderbüschen. Wanderlustige können dem Oued kilometerweit bergeinwärts folgen.

Motorradfahrer-Info für Route 1:

FAHRZEIT: Illizi – Ain el Hadjadj: 1,5 Tage
Ain el Hadjadj – Hassi Ntsel: 2 Tage
Hassi Ntsel – Amguid: 1,5 Tage
FAHRERISCHE ANFORDERUNGEN: Anspruchsvolle Strecke für im Gelände routinierte Endurofahrer, bei denen Stürze wegen einer mangelnden Fahrtechnik auszuschließen sind. Sehr viel sandiger Untergrund jeder Art: Das Fahren in tiefen Sandspurrinnen muß »sitzen«!
ORIENTIERUNG: Bei sorgfältiger Beachtung der Streckenbeschreibung und Übung im Umgang mit Karten (IGN Maßstab 1 : 200.000 obligatorisch!) und Kompaß bei guten Sichtverhältnissen keine Orientierungsprobleme.
TREIBSTOFF: Da in Amguid keine reguläre Versorgungsmöglichkeit besteht (eventuell kleine Benzinmengen im Dorf oder beim Militär), beträgt die Entfernung bis zur nächsten Tankmöglichkeit 844 km (Hassi bel Guebbour; Route 2) oder 905 km (In Salah; Route 4). Jeweils rund 70 km vorher werden regelmäßig befahrene Teerstraßen erreicht. Eine 10 % Sicherheitsreserve für Schlafplatzsuche, kleine Abstecher und kürzere »Verfahrer«!
WASSER: Trinkwasservorrat für vier Tage, Entkeimungsfilter und Desinfektionstabletten. Zwischen Illizi und Amguid vier sichere Möglichkeiten, Wasser nachzufassen: das Tuareg-Dorf *Tanarine* (ca. 150 km nach Illizi, rund 15 km abseits der Route), die Brunnen *Ain el Hadjadj* (171 km nach Illizi) und *Hassi Ntsel* (366 km nach Illizi), das Dorf *Amguid* (504 km nach Illizi).
FAHRZEUGWAHL: Vorzugsweise geeignet sind im Verbrauch besonders sparsame Motorräder, also Einzylinder-Enduros zwischen 350 und 600 ccm Hubraum.

Eine der Schwemmtonebenen auf der »Gräberpiste«.

Route 2: Von Amguid nach Hassi Bel Guebbour
(von U. und W. Eckert)

Gesamtstrecke ca. 340 km, davon 69 km Teerstraße

Obwohl diese Strecke hin und wieder auch von einheimischen LKWs befahren wird, sollte sie dennoch nur im Geleit und nur von erfahrenen, gut ausgerüsteten Wüstenreisenden in Angriff genommen werden. Vor allem bei ungünstigen Sichtverhältnissen kann die Orientierung Probleme bereiten, da die Route nur sporadisch markiert ist und sich die Spuren oft weit ausfächern. Wer die Anfahrtsrouten bis Amguid gemeistert hat, dem wird das kommende Gelände – von einigen Weichsandpassagen abgesehen – keine größeren Schwierigkeiten bereiten. Versorgungsmöglichkeit unterwegs nur im abseits gelegenen Bordj Omar Driss.

Streckenbeschreibung. Nach der Polizeikontrolle in *Amguid* (Kurzbeschreibung vgl. Route 1) verlassen wir den Ort nach Norden. [*Variante:* Westumfahrung des *Erg Amguid*. Dazu von Amguid etwa 18 km zur Südspitze des Ergs (siehe Beginn der Route 4) und dann an dessen Westseite nach Norden (schöne Dünenlandschaft). An einer Pistengabelung etwa bei km 45 (zerfallener Markierungsstein) rechts auf Hauptpiste weiter und um das nördliche Ende des Ergs herum, bis wir etwa bei km 67 wieder in die Hauptpiste Amguid – Hassi Bel Guebbour einmünden]. Eine großartige Landschaft mit hohen Felsen im Osten und den Dünen des *Erg Amguid* im Westen begleitet uns vorerst bei unserer Fahrt entlang dem *Oued Igharghar*. Nach etwa 8 km und nochmals 4 km danach mündet von rechts her die »Gräberpiste« ein (siehe Route 1: Illizi – Amguid). Eine Düne, die etwa bei km 14 den Weg versperrt, kann von kräftigen, geländegängigen Fahrzeugen überquert, ansonsten an der Bergseite umfahren werden. Etwa bei km 32 mündet von links die Erg-Umgehungspiste ein. Wir passieren einige verlassene Häuser und biegen allmählich nach NO ab. Die Piste führt bei ca. km 40 durch den landschaftlich schönen Engpaß des *Adrar Telremt* (möglichst hangnah rechts halten; links Weichsandfelder). Noch sieht man gelegentlich Nomaden, die Vegetation wird jedoch immer spärlicher. Bei km 44 gabelt sich die Piste. Beide Zweige führen (oft nur mit wenigen Kilometern Abstand) Richtung Hassi Bel Guebbour und vereinigen sich nach etwa 180 km wieder. Landschaftlich ist *eine* Route so undramatisch wie die andere. Wir wählen die linke, neuere und evtl. etwas weniger brutal mit Wellblech versehene, dafür aber schwächer markierte Piste, die fortan zwischen den Hauptrichtungen NNO und NO wechselt. Sie fächert häufig weit aus und überrascht immer wieder mit unverhofften Bodenwellen. (Etwa bei km 86 ignorieren wir eine links nach In Salah abzweigende Piste). Etwa bei km 225 vereinigt sich unsere mit der o.g. Parallelroute wieder. Die brutale Wellblechpiste biegt schließlich nach Osten ab und erreicht über eine holprige und staubige Kalk- und Schotterebene die erlösende Teerstraße an der Kreuzung *Les 4 chemins* (etwa bei km 270).

Abstecher nach Bordj Omar Driss (Anfahrt 12 km). Die Straße nach rechts führt sogleich über den spektakulären südlichsten Abbruch des *Tinrhert-Plateaus* steil hinab in das ca. 100 m tiefer liegende *Djoua-Tal* und endet nach ca. 12 km in *Bordj Omar Driss* (früher Fort Flatters, auch Zaouia el Kahla) am Nordrand des *Erg Issaouane*. Weit auseinandergezogener Oasenort mit beschränkten Versorgungsmöglichkeiten (Bäcker, Wasser, Post, Café, Übernachtungsmöglichkeit in Zeribas). Das 2 km außerhalb des Ortes in den Dünen gelegene ehem. *Fort Flatters* (sandige Zufahrtspiste) ist zeitweise vom Militär besetzt und dann nicht zugänglich.

Für die Weiterfahrt nach Hassi Bel Guebbour biegen wir an der Kreuzung *links* ab. Die Teerstraße zieht hinauf auf die Hochfläche des *Tinrhert-Plateaus*. Ca. 2 km vor Hassi Bel Guebbour liegt in einem Schilfdickicht links der Straße ein artesischer Brunnen (Bademöglichkeit), der warmes, leicht schwefelhaltiges Wasser liefert. Die trostlose Siedlung *Hassi Bel Guebbour* an der Hauptstraße in Richtung Hassi Messaoud hat eine Tankstelle, bescheidene Café-Restaurants und sehr beschränkte Versorgungsmöglichkeiten. Wasser an der Tankstelle oder vom oben erwähnten Brunnen.

Motorradfahrer-Info für Route 2:

FAHRZEIT: Amguid – Hassi bel Guebbour: 2 Tage

FAHRERISCHE ANFORDERUNGEN: Über lange Abschnitte fahrtechnisch zwar leicht, wegen der für LKW-Pisten typischen »Motorradfahrer-Fallen« jedoch nicht ungefährlich: Immer wieder tauchen nach etlichen Kilometern topfebener Pisten-Autobahn unerwartet tiefe Ausschwemmungsgräben oder ganze Serien von »Sprungschanzen«-Bodenwellen auf! Vorsicht auch vor den tiefen und harten »Schienen« der »Fesch-Fesch«-Spurrinnen. Achtung: Im Bereich des Erg Amguid (bis zum Ausgang des »Engpasses von Telremt«) schlecht erkennbare bis unsichtbare (je nach Sonnenstand) Riesen-Windrippen im Sand. Diese einen halben bis einen Meter hohen Sicheldünen sorgen bei höherem Tempo für schlimme Überschläge! Im »Engpaß« links (in der Vegetation) sehr tiefe »Fesch-Fesch«-Rinnen, rechts am Hang starkes Wellblech.

ORIENTIERUNG: Nördlich des Engpasses von Telremt Fächerung der Pistenspuren auf bis zu 40 (!) km Breite. Wer sich wie in der Beschreibung links hält, erreicht zwar nach Überquerung unzähliger Spurenbündel den weniger zerfurchten Westrand der Piste, muß aber darauf achten, nicht auf »Zubringer« zur Piste über die Aguemour-Ebene abzudriften!

VARIANTE FÜR MOTORRADFAHRER: Am Ostrand des Oued Igharghar passiert man auf dem – für Motorräder kaum störenden und inzwischen schon etwas »erodierten« – Wellblech der ehemaligen Hauptspur zwei kleine Ergs. Ab etwa km 70 nach Telremt ändert die Piste im Lauf von rund 4 km die Richtung von bisher NO auf O, durchquert den nördlichsten Ausläufer des hier nur mehr 50 bis 100 m hohen Amguid-Plateau. Etwa 8 km weiter knickt die Piste an einem nach Süden ragenden Bergausläufer wieder zurück auf NO. Diese Richtung behält man bei. Ab etwa 80 km weiter münden von rechts die Spuren der Khanfoussa-Passage ein (siehe Route 6). Spätestens ab hier sollte man sich eine der mit Fässern markierten Hauptspuren suchen, um nicht zu dicht an den Erg Issaouane zu geraten: schon weit vor den eigentlichen Dünen riesige Felder tückischer und gefährlicher Riesen-Windrippen! Etwa 20 km weiter ist man auf Höhe der NW-Ecke des Erg Issaouane. Bei klaren Sichtverhältnissen ist der Abbruch von Tinrhert am Horizont deutlich erkennbar. Die nach rechts abzweigenden Spuren führen zwischen Abbruch und Nordrand des Erg Issaouane nach Bordj Omar Driss (Route 6). Unsere Piste ändert ihre Richtung allmählich in Richtung NW, vereinigt sich während der nächsten 15 km mit den zahllosen anderen Spurenbündeln der Route 2 und erklimmt schließlich den Abbruch.

Auf beiden Streckenvarianten ist regelmäßige Positions- und Fahrtrichtungskontrolle mit Karten (IGN Maßstab 1 : 1 Million, besser 1 : 200.000) und Kompaß dringend zu empfehlen.

TREIBSTOFF: In Amguid keine reguläre Benzinversorgung (eventuell kleine Benzinmengen im Dorf oder beim Militär). Erste Tankmöglichkeit in Hassi bel Guebbour.

WASSER: Trinkwasservorrat für vier Tage. Keine Wasserversorgung vor Erreichen der Teerstraße.

FAHRZEUGWAHL: Vom Gelände her für alle Enduros geeignet.

Ich kann es kaum fassen: Ein Fennek schleicht um das nur noch schwach glimmende Feuer herum. Das Rascheln meines Schlafsackes läßt ihn im Dunkel verschwinden. Leise baue ich Stativ, Kamera und Blitz neben unserem Nachtlager auf, lege ein Stück Taguella auf einen der runden Felsen, die wie Riesenmurmeln über den Dünenkessel verteilt sind. Dann nehme ich das Ende des Drahtauslösers in den Schlafsack. Eine halbe Stunde vergeht. Ich kämpfe gegen den Schlaf an, beginne allmählich überall Wüstenfüchse zu sehen. Plötzlich: ein kaum hörbares Scharren. Die Silhouette des Felsens hat einen Auswuchs bekommen.

Route 3: Von Tamanrasset über Hoggar und Teffedest nach Amguid

(von U. und W. Eckert)

1. Etappe: Tamanrasset – Assekrem (82 km)
2. Etappe: Assekrem – Hirhafok (72 km)
3. Etappe: Hirhafok – Mertoutek (92 km)
4. Etappe: Mertoutek – Amguid (ca. 292 km)
Gesamtstrecke (ohne Abstecher): 538 km

Diese Route erschließt dem Wüstenreisenden die unterschiedlichsten Landschafts- und Geländeformen. Eine abenteuerliche Piste führt zunächst hinauf in die grandiose Bergwelt des Assekrem und wieder talwärts nach Hirhafok. Wir passieren dabei die verschiedenartigsten Felsformationen und malerische, in Felstälern versteckte Gueltas (Wasserbecken). Dann folgen bis zum Teffedest-Gebirge weite Sandebenen, Vulkane, Lavafelder und baumbestandene Oueds. Die eindrucksvolle Berglandschaft des Teffedest wird zwar – von einem Abstecher zur Oase Mertoutek abgesehen – nur am Rande passiert, verlockt aber immer wieder zu Abstechern hinein in die wildromantischen Felstäler. Weite Sandebenen bestimmen dann die Kulisse bis Amguid, wo schließlich die hohen Dünen des *Erg Amguid* die Palette der Saharalandschaften vervollständigen.

1. Etappe: Tamanrasset – Assekrem (82 km).
Vor Fahrtantritt sollte man sich nach dem Zustand der Strecke erkundigen, da speziell Bergpisten aufgrund von Niederschlägen oft in kurzer Zeit unpassierbar werden können. Guter Pistenzustand vorausgesetzt, kann diese orientierungsmäßig einfache Strecke bis zum Assekrem bei umsichtiger Fahrweise notfalls auch von robusten und hochbeinigen nicht geländegängigen Fahrzeugen gemeistert werden. Sie ist – vom Wellblech abgesehen – meist in ausreichend gutem Zustand; lediglich die letzte kurze, kurvenreiche und häufig stark ausgewaschene Steilstrecke vor der Paßhöhe kann Schwierigkeiten bereiten. Vor Abfahrt für ausreichende Vorräte, vor allem an Wasser und Treibstoff, sorgen (Achtung: keine Treibstoffversorgung entlang der *gesamten* Route, auch nicht in Amguid; Tankmöglichkeit höchstens – unsicher – im abseits

Das Hoggargebirge

Der Name »Hoggar« (auch »Ahaggar«) bezeichnet – genaugenommen – eine ca. 300.000 qkm große Region, die nicht nur das bekannte Gebirge, sondern auch weite Sand- und Steinebenen sowie das Teffedestgebirge im Norden mit einschließt. Wenn Wüstenreisende vom »Hoggar« sprechen, meinen sie im allgemeinen die Bergregion um den Assekrem, die sich korrekt jedoch »Atakor« nennt. Mit dem knapp 3.000 m hohen *Tahat* ist dies das höchste Gebirge der algerischen Sahara. Die markantesten Bergformationen im Zentrum des Gebirges entstanden vor Jahrmillionen durch Vulkantätigkeit. Bei den bizarr in den Himmel ragenden Steindomen handelt es sich um die Lavafüllungen erloschener Vulkane, die den Witterungseinflüssen gegenüber mehr Widerstandskraft bewiesen haben als der sie umgebende Gesteinsmantel, der im Laufe der Zeit durch Erosion abgetragen wurde, abbröckelte und heute am Fuß des Lavakerns große Geröllfelder bildet. Basaltsäulen, zu vieleckigen Säulen erstarrtes Lavagestein, bildet aneinandergereiht ganze Wände steinerner »Orgelpfeifen«. Auch die Gueltas, Wasserstellen in den Felsen, sind häufig Produkte vulkanischer Aktivitäten. Ausströmende Lava floß zu Tal, erstarrte und bildete Felsbarrieren, die den natürlichen Wasserabfluß blockierten. So wurden Becken geschaffen, in denen sich nach Regenfällen oder aus Quellen gespeist oft über längere Zeit ein Wasservorrat hält und um die sich üppige Biotope entwickelt haben. Ansonsten ist die Vegetation äußerst spärlich, das Klima (für Wüstenverhältnisse) ziemlich rauh. Selbst im Sommer herrschen dank der Höhenlage (Tamanrasset ca. 1400 m, Assekrem ca. 2700 m) erträgliche Temperaturen. Im Winter treten Nachtfröste auf, und hin und wieder fällt auf den Bergen sogar etwas Schnee. Die gesamte Region des Hoggar wurde 1987 zum »Parc National de l'Ahaggar« erklärt, dessen Besuch gebührenpflichtig ist und für den besondere Naturschutzbestimmungen gelten.

gelegenen Ideles). Die Fahrt sollte so geplant werden, daß Zeit bleibt für die diversen lohnenden Abstecher und eine Übernachtung auf dem Assekrem. Wer kein oder kein geeignetes Fahrzeug besitzt, kann diese Tour bei einer der Agenturen in Tamanrasset buchen (auch als mehrtägiger Kamelritt möglich) oder sich einen Geländewagen mit Chauffeur mieten.

Streckenbeschreibung. *Tamanrasset*, Hauptstadt und Verwaltungszentrum des Hoggar, ist Ausgangspunkt unserer Tour und letzte Versorgungsmöglichkeit. Übernachtung in Hotels, Jugendherberge oder auf Campingplätzen. Aus der einstmals kleinen, aus wenigen Lehmhäusern und Strohhütten bestehenden Bergoase ist in den vergangenen Jahren eine moderne Stadt mit breiten Straßen, sterilen Wohnsiedlungen und allen Versorgungseinrichtungen geworden. Ein kleines *Sahara-/Tuaregmuseum* und das *Bordj des Paters Foucauld* (siehe *Assekrem*) sind Sehenswürdigkeiten *im* Ort.

Von der *Tamanrasset* umlaufenden Ringstraße zweigt (etwa auf Höhe des Wasserturms) die Piste Richtung Assekrem ab. Sie führt zunächst auf den markanten Berg *Iharen* zu – einen der typischen Basaltdome des Hoggar. Deutlich sind die orgelpfeifenförmigen Basaltsäulen erkennbar. Nach knapp 6 km zweigt rechts eine kleine Piste zur *Source Tahabort* (früher *Chapuis*-Quelle) ab.

Abstecher zur Source Tahabort (Anfahrt 8 km). Entlang der Zufahrt romantische Rast- und Lagerplätze. In der *Auberge de la Source* (Restaurant, Übernachtungs- und Campingmöglichkeit) befindet sich die gefaßte Quelle, die gutes mineralhaltiges Wasser liefert. Hohes Schilf wächst im Garten, und man hat einen herrlichen Ausblick auf die Berge.

Die Hauptpiste zieht nun östlich am Fuß des *Iharen* vorbei. Bei km 12,3, auf Höhe eines kleinen Steinhäuschens, zweigt nochmals eine Piste zur (von hier knapp 6 km entfernten) *Source Tahabort* ab. An einer Gabelung 4 km weiter (Beschilderung »Assekrem 70/Hirhafok 134«) und kurz vor einer steilen Rechtskurve bietet sich die Möglichkeit für einen

Abstecher zu den Gueltas von Imeleoulaouene. Die hier links abzweigende Piste endet nach ca. 500 m bei den Gueltas. Terrassenartig übereinander finden sich mehrere Becken in den Felsen. Nach vorausgegangenen Regenfällen fließt das Wasser kaskadenartig von einer Felswanne in die andere. Bäume und Büsche säumen die Wasserstelle, die leider unter Touristen-Graffiti und Rastmüll an Reiz verloren hat.

Weiter auf der Hauptpiste können wir nach etwa 1,5 km, in einer Senke, nochmals zu den Gueltas vordringen, diesmal zu Fuß und von oben kommend (ca. 400 m nach links). Kurvenreich und mit schönen Ausblicken windet sich die Piste nun durch die Berge und hält auf das mächtige Massiv des *Ahounahamt* zu. (Eine Abzweigung an dessen Fuß bei km 28,7 führt rechts über die ca. 4 km entfernte kleine Tuaregsiedlung *Ezernene* weiter nach *Tahifet*). Dann geht es über ein steiniges, ödes Hochplateau zum 2111 m hohen *Akar-Akar*. Der Legende nach war dieser festungsartige Berg einst das Schloß des Riesen Akar-Akar, dessen Volk (wohl als eine Art »Murmelspiel«) riesige Felsbrocken auch auf den umliegenden Bergen auftürmte. In dem Oued am Fuß des Akar-Akar (ca. km 43) können wir in den rechts der Piste liegenden Granitblöcken bei genauer Betrachtung ziemlich verwitterte Felsgravuren (Strauße, Rinder, menschliche Figuren) erkennen. Ein alter Steinkreis mit vier konzentrischen Steinreihen nahebei im Oued und 4,6 km weiter ein Grabhügel (links neben der Piste) machen deutlich, daß die Berge schon in alten Zeiten besiedelt waren. Die Piste führt über einige Hochebenen und erreicht schließlich bei km 61, nach einer etwa 15%igen Steilabfahrt, eine Abzweigung nach rechts.

Abstecher zu den Gueltas von Afilal (Anfahrt knapp 2 km). Es lohnt sich, dieser kilometerlangen Kette von – je nach Niederschlagsmenge mehr oder weniger gefüllten – Wassergumpen ein Stück weit zu Fuß zu folgen. Das Ufer ist mit Schilf und Oleanderbüschen gesäumt – ein idyllisches Biotop, in dem sich Vögel, Eidechsen, Frösche und sogar Fische wohl fühlen. Kleines Café bei Guelta.

Ca. 2,5 km nach der Gueltaabzweigung sieht man links des Weges wieder eine große Ansammlung intakter und zerbrochener Basaltsäulen. Bei km 77, kurz nach Passieren des imposanten

Felsmassivs des *Tizouyadj,* ist jene Gabelung erreicht, an der wir nach dem Assekrembesuch in Richtung *Hirhafok* abbiegen müssen. Zunächst jedoch halten wir weiter auf die Paßhöhe zu, passieren die *bizarre Foucauld-Spitze* und haben dann den schwierigsten, wenn auch kurzen Streckenabschnitt vor uns. Kurvenreich, *sehr* steil (ca. 20%) und u. U. stark zerfurcht und ausgewaschen führt die Piste weiter bergauf. Dann, bei km 82, stehen wir oben auf dem Sattel zu Füßen des

Assekrem. Schutzhaus mit Restaurant und Übernachtungsmöglichkeit. Campingmöglichkeit. Kein Wasser.

Zum Sonnenauf- oder -untergang *muß* man hinauf auf den Gipfel (ca. 30 Min. Aufstieg), von dem aus sich ein phantastischer Rundblick über die grandiose Bergwelt bietet. Wer das Glück hat, einen klaren Tag zu erwischen, wird dieses Naturschauspiel mit Sicherheit zu den gravierendsten Erinnerungen seiner Saharareise zählen. Oben befindet sich eine kleine meteorologische Station und die Klause von *Charles de Foucauld,* einem französischen Pater, der im Jahr 1911 hier oben in der Einsamkeit der Berge einige Monate verbrachte. Insgesamt lebte er über zehn Jahre lang mit und unter den Tuareg als ihr Freund, Helfer, Berater und Vertrauter. Seinen Forschungen verdankt man viel Wissenswertes über Traditionen, Sprache und Schrift der Tuareg. 1916 wurde er während eines Senoussi-Aufstands vor seinem Bordj in Tamanrasset erschossen. Französische Patres des von Foucauld gegründeten Mönchsordens der »Kleinen Brüder« setzen sein Werk bis heute fort.

Auch der Aufstieg auf den dem Sattel gegenüberliegenden Gipfel lohnt sich. Der Fußmarsch ist etwas kürzer, der Blick genauso schön, und selbst bei größerem Besucheransturm verirren sich nur wenige auf diesen »Nebenberg«.

2. Etappe: Assekrem – Hirhafok (72 km). Für die Weiterfahrt nach Hirhafok ist Geländegängigkeit unerläßlich. Diese Gebirgspiste (ca. 1000 m Höhenunterschied!) erfordert große Bodenfreiheit und immer wieder Fahrten im Kriechgang, z.T. in beängstigender Schräglage. Mit tiefen Gräben, enormen Steilstellen, weggespülten Pistenabschnitten und schwierigen Umfahrungen muß gerechnet werden. Selbst ein großzügiger Ausbau der Piste in den achtziger Jahren war nur von kurzem Nutzen. Sehr schnell holte sich die Natur das zurück, was die Pistenbauer ihr zu nehmen versucht hatten. Orientierungsmäßig bietet die Strecke keine Probleme, und landschaftlich ist diese Abfahrt vom Assekrem, vor allem im oberen Bereich, ein ganz besonderes »Schmankerl«.

Streckenbeschreibung. Von der Paßhöhe (km 00) geht es – genauso steil abwärts wie zuvor aufwärts – etwa 5 km zurück bis zur erwähnten Abzweigung. Hier nun links weg Richtung Hirhafok. Die steile, kurvenreiche Strecke führt unmittelbar unterhalb des mächtigen Massivs des *Tizouyadj* vorbei. Bei aller Konzentration auf die Piste sollte man sich ab und zu einen Blick zurück gönnen. Dann zieht die Piste am Fuße eines gewaltigen Bergklotzes entlang auf die Felsgruppe des *Imadouzene* zu, eine Galerie zipfeliger Steintürmchen. Nach 18,5 km ist eine Paßhöhe erreicht, danach geht es in Serpentinen wieder steil bergab. Dunkles Geröll überzieht die Hügel. Bei km 37,5 lohnt sich der kurze

Abstecher zur Guelta Issakkarassene. Eine Piste führt ca. 1 km nach links zum größten der Gueltabecken. Durch das Felstal *Issakkarassene* zieht sich eine kilometerlange Kette vieler kleiner Wasserbecken, verbunden oft durch schmale Bachläufe oder gar kleine Wasserfälle. Auf den griffigen Felsplatten am Ufer läßt sich (zu Fuß) dem Tal meist problemlos folgen. Man entdeckt gewundene Basaltsäulen im Ufergestein, da und dort schwimmen kleine Fische in den Becken, am Rand wachsen Schilf und Oleanderbüsche: für Wüstenmaßstäbe ein Paradies – vorausgesetzt, die Becken liegen nicht trocken, was nach langer Dürre gelegentlich vorkommen kann.

Weiter geht es über große Geröllflächen. Bei km 47,5 – kurz vor einem hohen Hügel mit Steinmarkierungen – locken Spuren nochmals links weg zur Gueltakette von *Edjif Mellene,* an der neben Oleanderbüschen sogar ein paar Palmen stehen. Dann unterbrechen nur noch gelegentliche Granitfelsen die steinigen Hochflächen. Steil geht es bei km 63 hinunter in die Ebene, in der wir bei km 72 die kleine Oase *Hirhafok* erreichen (praktisch keine Versorgungsmöglichkeit außer Wasser aus Brunnen im Ort und evtl. Gemüse aus den Gärten; überteuertes Souvenirangebot; Posten der Nationalparkverwaltung).

3. Etappe: Hirhafok – Mertoutek (92 km) – Amguid (ca. 292 km). Die Etappe bis Mertoutek ist, abgesehen von Wellblech- und diversen Fesch-Fesch-Passagen (puderartiger Weichsand), gut zu befahren. Obwohl der Verlauf der »Haupt«-Piste aufgrund einer Vielzahl von Parallelpisten oft nicht eindeutig erkennbar ist, gibt es orientierungsmäßig keine größeren Probleme.

Die anschließende extrem einsame Etappe entlang des Ostrands des Teffedest-Gebirges bis nach Amguid sollte nur von erfahrenen, sehr gut ausgerüsteten Wüstenreisenden und nur im Konvoi in Angriff genommen werden. Sicherer Umgang mit Karte und Kompaß sind unerläßliche Voraussetzung, da die Orientierung – vor allem bei ungünstigen Sichtverhältnissen – nicht immer einfach ist. Über lange Strecken leitet uns der Pflanzengürtel des östlich des Teffedest-Gebirges parallel nach Norden verlaufenden Oueds Igharghar in die richtige Richtung. Nichtgeländegängige Fahrzeuge müssen mit gelegentlichem Einsanden rechnen. Unerwartete Probleme können – wie immer in Gebirgsregionen – nach Regenfällen auftreten.

Streckenbeschreibung. Ab Hirhafok folgen wir zunächst der Hauptroute nach Djanet Richtung Osten. Nach 4,3 km finden wir in den ersten großen Felsbrocken links, direkt neben der Hauptpiste, schöne Gravuren von Rindern und Giraffen (an Felsrückseite). Nach 12,3 km zweigt nach Norden die Mertoutek-Piste ab (km 00). Hinweis: letzte, aber unsichere Möglichkeit zur Treibstoffversorgung in *Ideles*, ca 20 km entfernt in Richtung Djanet.

Die Mertoutek-Piste verläuft zunächst über eine gut befahrbare, feste Ebene, quert nach ca. 15 km ein breites Oued und führt dann zwischen Lavafeldern hindurch und an einigen erloschenen Vulkanen vorbei. Im folgenden tritt immer öfters das berüchtigte »Fesch-Fesch« auf, mehlfeiner Staub, der beim Durchfahren riesige Wolken aufwirbelt und unter dem sich häufig auch noch tückische Steinbrocken verbergen können. Dunkle Vulkanberge, schwarze Lavaflächen und schließlich glattgeschliffene Granitfelsen bestimmen das Landschaftsbild. Wem es gelungen ist, in der Vielzahl der parallel verlaufenden Spuren und Pisten der »Haupt«-Piste zu folgen, passiert bei km 41 eine Abzweigung (links nach *In Ecker*), die er – wie auch 1,6 km danach eine Abkürzungspiste (nach rechts) – ignoriert, um bei km 45 auf eine querende Piste (links nach *In Ecker*) und eine mit Steinen am Boden ausgelegte Schrift »Mertoutek« zu stoßen. Wir halten uns rechts, und bald geht es (gemeinsam mit der nach etwa 4½ km von rechts hinzustoßenden Abkürzungspiste) hinein in die eindrucksvolle Gebirgslandschaft des südlichen Teffedest. Etwa bei km 65 (großes Nationalparkschild) zweigt rechts die *Teffedest-Ostumfahrung* ab. Um jedoch nach Mertoutek zu kommen, folgen wir zunächst der Hauptroute, die sich kurvenreich durch die Berge schlängelt. Nach einer letzten Biegung überfahren wir etwa bei km 79,5 einen Bergsattel und sehen vor uns bereits die kleine Bergoase

Mertoutek. Außer Wasser keine Versorgungsmöglichkeit. Übernachtung in Zeribas möglich. Posten der Nationalparkverwaltung. Mit offiziellem Führer kann man Ausflüge zu Felsbildern in der Umgebung unternehmen, wobei die großartige Landschaft voll dafür entschädigt, daß die Felsbilder selbst etwas dürftig und oft auch weit verstreut sind, auf keinen Fall z.B. mit jenen von Djanet oder Illizi konkurrieren können. Benutzer von Allradfahrzeugen (!) sollten bei Ausflügen darauf bestehen, zum Zweck der Zeitersparnis die ca. 14 km bis zur Guelta *Ahor* durchs Oued Mertoutek zu fahren.

Teffedest-Ostumfahrung. Ab Mertoutek nun ca. 14,5 km auf der Anfahrtsstrecke zurück bis zum Nationalparkschild und dort links abzweigen (km 00). Wir halten zunächst auf einen großen, dunklen Berg zu, fahren dann an seinem Fuß entlang und biegen nach knapp 3 km nach Nordost ab. Wir nähern uns der Bergkette *Iniadj* und folgen dieser in einem streckenweise sandigen Oued etwa nördlich (10°) bis zum *Oued Dehine* (km 21). (Bei Fahrt in Gegenrichtung ist zu beachten, daß man unmittelbar nach Passie-

> **Das Teffedestgebirge**
>
> Weniger erschlossen und beschwerlicher zu erreichen, liegt das Teffedest – touristisch gesehen – stets etwas im Schatten des benachbarten Hoggargebirges. Die einzige Siedlung im Teffedest, Mertoutek, ist eine kleine Gebirgsoase, als Versorgungsbasis jedoch nicht geeignet. Einsamkeit und unberührte Landschaft sind daher garantiert. An landschaftlicher Schönheit kann das Teffedest durchaus mit dem Hoggar konkurrieren. Die ca. 130 km lange Granit-Gebirgskette ist von schluchtartigen Einschnitten, Tälern und Trockenflußbetten durchzogen. Während im Hoggar Vulkanberge dominieren, sind es im Teffedest massivere Felsgruppen, glatte, von Erosion jedoch in bizarre Formen verwandelte Granitklötze, steinerne Plateaus mit wild durcheinandergeworfenen Felsen von Fußball- bis Hochhausgröße. Der 10 km nördlich von Mertoutek gelegene *In Acoulmou* ist mit 2336 m der höchste Gipfel. Besonders faszinierend und anziehend, nicht nur für Bergsteiger, ist der hochalpin anmutende *Garet el Djenoun* (2330 m) und seine Umgebung am Nordende des Gebirges; als *Geisterberg* ist er nur bei den Einheimischen gefürchtet. Von Mertoutek bis Amguid ist das Land unbesiedelt. Abgesehen vom *Oued Dehine* im Süden des Gebirgszugs (dort gibt es eine Quelle) und vom *Oued Igharghar*, wird man nur selten auf Nomaden stoßen.
>
> Im Teffedest sind zahlreiche Felsbilder bekannt. Es lohnt sich, bei Abstechern in die Seitentäler die Augen offenzuhalten; von Mertoutek aus kann man mit Führer verschiedene Fundstellen aufsuchen.

ren des nördlichen Endes der Iniadj-Bergkette die Ausfahrt aus dem Oued Dehine nicht verpaßt, da dieses im weiteren Verlauf nahezu unpassierbar wird.) Wir folgen dem sehr sandigen Oued in Richtung ONO und erreichen etwa bei 33 km das große, von Süd nach Nord verlaufende *Oued Igharghar*, dem wir auf den nächsten etwa 180 km bis zur In Ecker – Amguid-Piste folgen werden. (Wer die Sandfahrt durchs Oued Dehine scheut, kann dieses bereits bei etwa km 23 nach links verlassen und auf festem Grund nach Norden fahren, bis die Spuren wieder mit der Hauptroute im Oued Igharghar zusammenstoßen.)

Zahlreiche Akazien und Tamarisken wachsen hier, letztere meist auf 3-5 m hohen Hügeln aus verfilztem Flechtwerk, das sich im Laufe vieler Jahre aus den abgefallenen Nadeln und angewehtem Sand gebildet hat. Die Wurzeln krallen sich in dem lockeren Boden fest, Äste und Zweige sind vom Wind oft grotesk verbogen, viele Bäume sind bereits abgestorben, ihre Stämme zerfallen. Holz in Hülle und Fülle gibt es hier. Dazwischen wachsen kleine, blühende Büsche, man kann mit etwas Glück Gazellen beobachten und sieht Spuren von Tieren (Vögel, Eidechsen, Mäuse, Füchse), die in diesem Grünstreifen offenbar noch ausreichend Nahrung finden. Gelegentlich kann man hier auf Nomaden treffen.

Bei ca. km 70 ist der Fuß des mächtigen, dem Teffedestgebirge vorgelagerten *Aheggar*-Massivs erreicht, das mit einer Höhe von fast 2300 m gut 1400 m über die Ebene ragt. (Das Bergmassiv kann auch an seiner Westseite passiert werden.) Wir lassen die Berge westlich liegen und fahren weiterhin in Hauptrichtung 350°. Etwa bei km 102 biegen die Spuren nach NW ab und behalten diese Richtung – von einigen kleinen Schlenkerern abgesehen – auf den folgenden ca. 26 km bei. Je mehr wir uns nun dem markanten, festungsartigen *Garet el Djenoun* (2330 m) nähern, umso mehr lohnen sich Abstecher nach links in die einsamen Seitentäler des Gebirges. Da und dort kann man u. U. kleine Felsbilder entdecken, überall faszinieren jedoch die wilden Felsformationen, Klötze, Kugeln, Elefantenbuckel. Etwa bei km 126 finden wir – ca. 400 m abseits der Piste (Schild »Eau à 400 m«) – inmitten großer Tamarisken im *Oued Ti-n-Ekert* einen gut 25 m tiefen Brunnen.

Bald danach biegen wir nach Norden ab und halten uns immer westlich vom Oued, um den dortigen unebenen Untergrund zu vermeiden. Mehrmals biegen nun Spuren nach links ab, die hinüberführen ins *Oued Arialet* am Fuß des Garet el Djenoun (Ausgangspunkt für Bergsteiger) bzw. zur In Ecker – Amguid-Piste.

Ungefähr bei km 140 passieren wir eine relativ enge Durchfahrt zwischen zwei dunklen Geröllhalden. Das Oued weitet sich nun zu einer Sand-

Dieses Buch ist gewidmet der Wüstenspringmaus – unter Insidern auch allgemein bekannt als Sandra(tz).

Kiesel-Ebene mit spärlichem Bewuchs, im Osten und Westen begrenzt von Bergketten. Fester Untergrund gestattet eine flotte Fahrt. 5 km weiter ist rechts vor uns an einem sandverwehten, breit in der Ebene sitzenden und oben abgeflachten Geröllberg eine ringförmige Steinanordnung mit einem Steinhaufen in der Mitte erkennbar – möglicherweise ein vorislamisches Rundgrab. Dann wechselt die Richtung auf ca. 335°. Die Vegetation, die den Ouedverlauf bisher immer deutlich kennzeichnete, ist nun ganz verschwunden. Weit im NNW taucht das markante Bergmassiv des *Edjeleh* (1359 m) auf – ein nützlicher Orientierungspunkt, den wir später an seiner Ostseite passieren. Links begleiten uns zunächst noch Hügelketten, die sich dann jedoch mehr und mehr in vereinzelte Felsgruppen auflösen. Weit rechts drüben sehen wir die Dünen des *Erg Telachchimt*. (Der Brunnen *Telachchimt* in den dahinterliegenden Bergen ist häufig trocken.) Folgen wir weiterhin der Hauptrichtung 335°, so erreichen wir auf flott befahrbarem Reguntergrund bei ca. km 212 die von In Ecker nach Norden führende und mit Steinhaufen markierte Piste, auf der wir die restlichen, unproblematischen 65 km (vorwiegend auf Wellblech) bis *Amguid* zurücklegen (Kurzbeschreibung Amguid vgl. Route 1).

Motorradfahrer-Info für Route 3:

Fahrzeit: Tamanrasset – Assekrem: 1 Tag
          Assekrem – Hirhafok: 1 Tag
          Hirhafok – Mertoutek: 1 Tag
          Mertoutek – Amguid: 3 Tage

FAHRERISCHE ANFORDERUNGEN: Anspruchsvolle Strecke für im Gelände jeder Art routinierte Endurofahrer. Stürze aus Mangel an Fahrtechnik müssen auszuschließen sein. Zwischen *Mertoutek* und *Garet el Djenoun* sehr viel tiefer, aufgewühlter Sand in den dort zu durchfahrenden Wadis. Kurvenreiche Sandspurrinnen-Piste im südlichen *Oued Igharghar*. Bei guter Sicht fährt es sich ab *Teffedest*-Nordspitze im mittleren, weitgehend spurenlosen Abschnitt des hier etwa 25 km breiten *Oued Igharghar* am besten. Am Westrand sehr viele Abfluß-Querrinnen, am Ostrand gefährliche, da wie üblich schlecht sichtbare Windrippen am Fuß der Hänge des *Erg Telachimt*. Ab dem *Edjeleh* im Bereich der zahlreichen Spurenbündel der Lkw-Piste von *In Ecker* nach *Amguid* viel, meist allerdings nicht sehr tiefer »Fesch-Fesch«. Vorsicht beim Kreuzen der vor dem Erg Amguid in West-Ost-Richtung verlaufenden Pistenstränge: Sprungschanzeneffekte!

ORIENTIERUNG: Bis *Mertoutek* problemlos. Ab *Mertoutek* bei sorgfältiger Beachtung der Streckenbeschreibung, Übung im Umgang mit Karten (IGN Maßstab 1 : 200.000 obligatorisch!) und Kompaß weitgehend problemlos. Ist die Saharaluft von Staubdunst getrübt, sollte die *Teffedest*-Ostumfahrung nur mit einem Satelliten-Navigationsgerät in Angriff genommen werden. Der Berg *Edjeleh*, das wichtigste »Leuchtfeuer« auf dem orientierungsmäßig schwierigsten Abschnitt, den 150 km zwischen *Teffedest*-Nordspitze und *Erg Amguid*, kann bei *brume* (gesprochen: ›brüm‹), dem Nebel der Sahara, selbst aus nur 10 km Entfernung noch unsichtbar bleiben!

TREIBSTOFF: Da in *Amguid* keine reguläre Benzinversorgungsmöglichkeit besteht (eventuell kleine Benzinmengen im Dorf oder beim Militär), betragen die Entfernungen bis zur nächsten Tankmöglichkeit 878 km (*Hassi bel Guebbour*; Route 2) oder 939 km (*In Salah*; Route 4). Jeweils rund 70 km vorher werden regelmäßig befahrene Teerstraßen erreicht. 10 % Sicherheitsreserve müssen auf dieser Strecke für die Schlafplatzsuche, für Abstecher und (hoffentlich nur) kleine »Verfahrer« unbedingt eingerechnet werden! Für die meisten Motorradfahrer wird daher die Befahrung der Route 3 davon abhängen, ob die Tankstelle im 31 km östlich von *Hirhafok* gelegenen Dorf *Ideles* geöffnet oder, wie leider so oft, »außer Betrieb« ist. In jedem Fall sollte vor dem Abzweig in Richtung *Mertoutek* (12 km östlich von *Hirhafok* bei einer großen auf dem Boden ausgelegten Steinschrift: »Mertoutek«) erst nach *Ideles* gefahren werden. Da auf den 180 km seit »Tam« noch nicht viel Benzin verbraucht sein sollte, kommt auch der Versuch eines »privaten« Einkaufs in Frage. Zwei Kanister, genug für drei einigermaßen sparsame Enduros, sind in einem Ort wie *Ideles* mit etwas Suchen in der Regel aufzutreiben.

WASSER: Bis *Mertoutek* ist ein Trinkwasservorrat für zwei, danach für vier Tage erforderlich. Desinfektionstabletten und Entkeimungsfilter nicht vergessen. Zwischen *Tamanrasset* und *Mertoutek* kann in den erwähnten Gueltas und in den Orten *Hirhafok* und *Ideles* am Brunnen Wasser nachgefaßt werden. Auf den knapp 300 km von Mertoutek nach *Amguid* ist die einzig sichere Wasserversorgungsmöglichkeit der in der Beschreibung erwähnte Brunnen (km 126, 30 m Seil und [Falt-]Eimer erforderlich).

FAHRZEUGWAHL: Vorzugsweise geeignet sind im Verbrauch besonders sparsame Motorräder, also Einzylinder-Enduros zwischen 350 und 600 ccm Hubraum.

Bild auf den Seiten 136/137: Die wohl bekannteste Ansicht der Sahara – der Blick von der 2726 m hoch auf dem Berg Assekrem gelegenen Eremitage des Jesuitenpaters und Tuaregforschers Charles de Foucauld (* 1858 in Straßburg, † 1916 Tamanrassset) auf das Panorama des Atakor, des Hoggar-Zentralmassivs.

Route 4: Von Amguid über die »verbotene Piste« nach In Salah

(von U. und W. Eckert)

1. Etappe: Amguid – Ain Tidjoubar (240 km)
2. Etappe: Ain Tidjoubar – In Salah (161 km)
Gesamtstrecke: 401 km, davon 75 km Teerstraße

Diese auf älteren Karten noch als »verbotene Piste« eingezeichnete Route bietet vielfältige Landschaften und immer wieder interessante Naturphänomene: Windhosen, Sandspiralen, die sich über freie Sandflächen schrauben, Fata Morganas, phantastische Erosionsformen, die das Zusammenspiel von Wind, Sonne und Sand hervorgebracht hat. »Bodenbeläge« werden überfahren, die, wie hinsortiert, z.B. nur aus gelben Kieseln oder – an anderer Stelle – aus bunten, mosaikartig angeordneten Steinchen bestehen. Gelber Sand kontrastiert mit dunklem Gestein. Man fährt durch »Mondlandschaften«, faszinierend und gleichzeitig etwas unheimlich, vor allem bei der Vorstellung, man könnte hier womöglich mit einer Panne steckenbleiben.

Auch diese extrem einsame Strecke sollte nur im Geleit und mit geländegängigen Fahrzeugen befahren werden. Sie setzt Wüstenerfahrung, gutes Kartenmaterial und den sicheren Umgang mit Karte und Kompaß voraus. Zwar ist die Piste überwiegend gut markiert und erkennbar, doch empfiehlt sich – ganz besonders bei ungünstigen Sichtverhältnissen – stets sorgfältiger Vergleich des Routenverlaufs mit Kompaß, Karte und Tacho. Sehr nützlich ist ein Feldstecher, um auf schlechter markierten Etappen nach Spuren oder Wegmarkierungen Ausschau zu halten. Von einigen Gräben und kurzen sandigen Abschnitten abgesehen ist die Strecke meist gut befahrbar; »Schlüsselstelle« ist eine steile Bergpassage etwa auf halber Strecke, die – vor allem nach Regenfällen – durch tiefe Auswaschungen und Schlammstellen schwer bis unpassierbar werden kann (evtl. vorher Auskunft bei anderen Reisenden einholen).

Streckenbeschreibung. Wir verlassen *Amguid* (km 00; Kurzbeschreibung vgl. Route 1) auf der nach Süden (Richtung In Ecker/Tamanrasset) führenden Piste, passieren nach knapp 5 km die Kasernen und biegen bei km 8 (am Abzweig Schild der Gendarmerie Nationale) rechts auf eine mit Steinen markierte Piste ab, die etwa in SW-Richtung auf die südlichste Spitze des *Erg Amguid* zuhält. Bei ca. km 18 sind die Dünen erreicht (schöne Rastplätze am westlichen Rand des Ergs). Wir ignorieren sowohl die rechts an den Dünen entlangführende Piste wie auch diverse seitlich abzweigende Spuren bzw. Pisten, halten vielmehr konsequent WNW-Richtung und steuern über eine flott befahrbare Reg-Ebene auf die südliche Spitze eines langgezogenen Tafelberges zu, die wir bei km 38,5 erreichen. Die weiterhin mit Steinen gut markierte Piste führt bei km 53 durch den Bergeinschnitt *Tin et Terait*. Auf den folgenden 22 km knickt die Piste zweimal (ca. bei km 10 und 15 ab *Tin et Terait* im rechten Winkel nach links ab), was dem landschaftlich großartigen Tal bei vielen Saharafahrern den Namen »Rechteckschlucht« eingebracht hat. Mit dem Erreichen eines kleinen Dünengebietes (schöne Rastplätze an hausgroßen Felsquadern hinter den Dünen) verengt sich das Tal allmählich zum Canyon. Die Piste wird wieder wellig und holprig, windet sich schließlich steil und kurvenreich hinauf auf eine Paßhöhe (km 77). Weiter Blick über eine faszinierende »Mondlandschaft«. Etwa bei km 85 durchqueren wir das *Oued et Tiris* und folgen seinem Lauf parallel für ca. 6 km. Felsbrocken sind von Frost, Wind und Wetter oft so zersetzt, daß man sie mit der Hand zerbröseln kann. Schieferähnliches Gestein wurde zu winzigen Plättchen zerrieben und vom Wind als silbrig glänzender Belag auf der Sandoberfläche abgelagert. Dann geht es über Geröllhügel und vorbei an dunklen Trümmerbergen. Die Berge bleiben schließlich zurück. Hammada (grobes Geröll) bedeckt die weite Ebene. Ein weiterer kleiner Paß, der *Meksoum el Djenoun*, der »Pfad der von bösen Geistern Besessenen«, ist zu überqueren. Auf einer holprigen Steinplattenpiste geht es auf der anderen Seite der Bergkette hinunter ins Tal. In der Ferne tauchen die Dünen des *Erg Kranguet el Hadid* auf. Ab ca. km 117 schlängelt sich die Piste tief ausgefurcht durch das kilometerbreite *Oued Bahadi*. Eine von mehreren großen Wanderdünen bedeckt die markierte Trasse kurz darauf wie ein riesiger Pfannkuchen. Etwa bei km 130 sind die nördlichen Ausläufer des erwähnten Erg erreicht. Ein Abstecher zwischen die vor allem gegen Abend geradezu dunkelroten Dünen ist nicht nur wegen des malerischen Kontrastes zu den schwarzsandigen Tälern lohnend.

Etwas monoton geht es dann über eine wellige Reg-Ebene auf die am Horizont auftauchenden Berge zu. Bei km 153 stoßen wir auf den schluchtartigen Oberlauf des *Oued Habadra*. Rechts unten in der Schlucht die Überreste eines bei der Rallye Paris-Dakar hier abgestürzten Lkw – wohl das interessanteste von einigen Rallye-Wracks auf dieser Route. Bei km 195 gabelt sich die Piste bei einer großen gemauerten Steinmarkierung. Wir folgen der Hauptpiste nach rechts (die geradeaus führenden dünnen Spuren umgehen den vor uns liegenden Berg an seiner Südspitze – eine extrem sandige und schwierige Variante). Wir ignorieren ca. 800 m nach dem Wegstein links abzweigende Spuren, bleiben für weitere 200 m auf der mit Steinen markierten Piste und zweigen dann an einer Gabelung links ab. Wir folgen der Steinmarkierung über eine weite Reg-Ebene. Die Piste knickt dann nach Westen ab und erreicht nach einer steilen und steinigen, streckenweise treppenartigen Auffahrt bei km 212 die Paßhöhe (ca. 450 m, schöner Blick) des langgestreckten Bergzugs *Djebel Idjerane* (arab. »Froschberg«). Mit tiefen Auswaschungen muß man auf dieser Bergpiste, vor allem auf der folgenden steilen Talfahrt, rechnen. Selbst geländegängige Fahrzeuge mußten hier schon kapitulieren. Auch die anschließende Schwemmtonebene *Daiet el Kahla* kann sich während und nach Regenfällen in ein riesiges, unpassierbares Schlammfeld verwandeln.

Spärlich markiert führt die Piste dann über dunkle Hammada-Flächen. Bei km 226 stößt die oben erwähnte Umgehungspiste (vgl. km 195) von links auf unsere Route. Teilweise sehr sandig geht es nun Richtung NNW am Fuß einer Hügelkette entlang, und bei km 240 liegt links vom Weg der Brunnen *Ain Tidjoubar*. Schon knapp vorher war die Piste scharf nach SW abgeknickt. Sie folgt nun dem *Oued el Botha*. In der immer reizloser werdenden Landschaft folgen einige sandige Passagen und Wellblechabschnitte, bis wir bei km 277 (Wegweiser schon von weitem sichtbar) auf die alte Hoggar-Piste stoßen. Wir folgen ihr auf hartem Wellblech nach rechts und treffen 2 km weiter auf einen Pfosten mit Aufschrift »In Salah 135 km«. Bei km 303,5 liegt rechts der Brunnen *Hassi el Krenig*. Bei km 326 erreichen wir die von Tamanrasset nach In Salah führende Teerstraße, und zwar 5 km südlich der km-Tafel »In Salah 70 / Arak 200«. (Wichtig für Fahrten in Gegenrichtung: Die Straße macht dort, bevor sie in eine Ebene hinabfährt, eine leichte Rechtskurve; unmittelbar hinter der Kurve zweigt links – leicht zu übersehen – die alte Hoggar-Piste ab.) Ca. 37 km vor In Salah passieren wir ein kleines Café (rechts) und erreichen schließlich bei km 401 die Oase

In Salah. mit Tankstelle, Hotels (*Tidikelt* mit Schwimmbad), Campingplätzen, Posten der Nationalparkverwaltung und verhältnismäßig guten Versorgungsmöglichkeiten.

In Salah, einst wichtiger Kreuzungspunkt der Karawanenrouten, gilt als regenärmste, heißeste algerische Sahara-Oase (Rekordtemperatur 56 °C) und hat überdurchschnittlich viele Sandstürme zu verzeichnen. Rege Bautätigkeit haben in letzter Zeit neue Wohn- und Industrieviertel entstehen lassen. Reizvoll ist ein Spaziergang durch den alten Ortskern mit seinen rötlichen Lehmbauten im sog. »sudanesischen« Baustil, ein Besuch des Marktes und ein Gang durch die im Westen angrenzenden Palmengärten.

Das Café »Le Carrefour« (die Kreuzung) ist seit den siebziger Jahren traditioneller Treffpunkt aller durchkommenden Sahara-Fahrer.

Motorradfahrer-Info für Route 4:

FAHRZEIT: Amguid – In Salah: 3 Tage
FAHRERISCHE ANFORDERUNGEN: siehe Motorrad-Info für Route 1.
ORIENTIERUNG: siehe Motorrad-Info für Route 1.
TREIBSTOFF: In Amguid keine reguläre Benzinversorgungsmöglichkeit (eventuell kleine Benzinmengen im Dorf oder beim Militär). Erste Tankmöglichkeit in In Salah.
WASSER: Trinkwasservorrat für vier Tage, Desinfektionstabletten und Entkeimungsfilter erforderlich. Sichere Wasserversorgungsmöglichkeit am Brunnen von Ain Tidjoubar (240 km nach Amguid).
FAHRZEUGWAHL: siehe Motorrad-Infos für Strecke 1

Route 5. Von Hassi Messaoud nach Deb-Deb
(von U. und W. Eckert und T. Troßmann)

Diese Strecke sollte nur mit allradgetriebenen, nicht mit überladenen oder sehr schwach motorisierten Autos in Angriff genommen werden: Das letzte Viertel der den Großen Östlichen Erg durchquerenden Teerstraße wird nur selten geräumt und ist daher die meiste Zeit des Jahres von hohen Sandverwehungen bedeckt. Vor Routenantritt kann man sich in *Hassi Messaoud*, vor Erreichen der ersten möglichen Sandverwehungen in *Rhourd el Baguel* und vor dem schwierigsten Streckenabschnitt in *Rebaa* nach dem aktuellen Zustand erkundigen. Rät das Militär im letzten Ort dringend von der Weiterfahrt ab, sollte man dies – vor allem bei wenig Sanderfahrung – ernst nehmen. Im Gegensatz zu Auskünften in *Hassi Messaoud* wird die Situation von den in Rebaa stationierten Soldaten in der Regel realistisch eingeschätzt! In jedem Fall die auf den letzten 100 bis 150 km oft sehr großen Sandverwehungen vor dem Befahren zu Fuß auf Seitenneigung und versteckte Steilabbrüche überprüfen: Unfallgefahr!

Die Tankstelle in *Deb-Deb* verfügt häufig nur über Normalbenzin.

Streckenbeschreibung. *Hassi Messaoud;* Wichtiges Erdöl- bzw. Erdgaszentrum mit großen Industrieanlagen und modernen Wohnsiedlungen. Gute Versorgungsmöglichkeiten im Centre Ville in der »Zone résidentielle« (Läden, Bank, Post, Hotel, Restaurants etc.). Mehrere Tankstellen.

Ab *Hassi Messaoud* geht es vorbei am Flughafen auf der Hauptstraße Richtung *Hassi Bel Guebbour*. Wir zweigen bei km 13 links ab auf die nach *El Borma* führende Straße. Nach 95 km entlang größtenteils weit entfernter Dünenketten fühlt man sich dann erst ab der Bohrstation *Rhourd el Baguel* (außer Wasser keine Versorgungsmöglichkeiten) wie in einem »Dünenmeer«: Wir sind umgeben von der faszinierenden Dünenlandschaft des *Grand Erg Oriental* und können ihr auf den nächsten ca. 400 km nicht mehr entrinnen – es sei denn, wir drehen um.

Bei jeder Rast das erste: Wasser.

Je nachdem, wann zum letzten Mal ein Sandpflug eingesetzt wurde bzw. ein Sandsturm herrschte, können bereits jetzt die ersten Sandverwehungen auftreten. Wir passieren bei km 240 ein Militärcamp, und gleich darauf (km 253; rechts Brunnen mit Windrad) knickt unsere Route nach Süden ab.

Geradeaus führt die Straße weiter zum 85 km entfernten algerisch/tunesischen Ölbohrzentrum *El Borma*.

Auf der tunesischen Seite setzt sich die anfangs noch geteerte Straße als autobahnbreite, stark von Dünen verwehte und sehr löchrige Wellblech-Trasse (starker Lkw-Verkehr) fort. Rund 100 km nach der Grenze mündet sie auf die von der tunesischen Stadt *El Hamma* in den extremen Süden des Landes führende »Pipeline-Piste«. Die Befahrung dieser Route ist nur mit ausdrücklicher, schriftlicher Sonderbewilligung sowohl der algerischen Behörden (auf der Wilaya in *Ouargla*; wird leider nur sehr selten erteilt) sowie der tunesischen Behörden (auf der Bezirksverwaltung in *Tataouine*; wird in der Regel erteilt) möglich.

Ungefähr bei km 291 sind wir auf Höhe des alten Forts von *Rebaa*, und bei km 311 passieren wir ein Militärcamp (evtl. Paßkontrolle) mit Wasserbohrstelle (gutes Wasser).

Auf der nun folgenden Strecke ist mit zunehmenden Problemen zu rechnen, da die Straße ab dem Camp praktisch nicht mehr geräumt wird. Wer schon bis hierhin mit dem Vorwärtskommen Schwierigkeiten hatte, sollte ernsthaft ans Umkehren denken. Die Straße führt zwar weiterhin dammartig durch die Dünen, und kleinere Dünenablagerungen auf dem Asphalt lassen sich häufig um- oder auch überfahren. Oft ist die Straße jedoch meterhoch verschüttet oder verschwindet für längere Strecken völlig unter den Sandmassen. In teilweise riskanten Manövern ist man dann gezwungen, den Damm zu verlassen und sich im Gelände einen Durch- oder Übergang zu suchen. Halbwegs akkurate Kilometerangaben sind für diese Strecke nicht mehr möglich. 8 km nach dem Camp zeigt eine kleine, unscheinbare Tafel nach rechts die Richtung zum Fort *Sif Fatima* an.

Abstecher nach Sif Fatima. Es liegt in ca. 6 km Entfernung (Luftlinie) westlich der Straße mitten in den Dünen. Da weder Pisten noch (von einigen Eisenstangen abgesehen) Wegmarkierungen und außer Dünen auch keine Landschaftsmarken für die Orientierung zur Verfügung stehen, ist eine detaillierte Anfahrtsbeschreibung nicht möglich. Die Zufahrt ist außerordentlich schwierig. Folgt man evtl. vorhandenen Spuren, ist Skepsis geboten: Schon mancher hat hier nach langen Kreuz-und-quer-Irrfahrten umgedreht oder sein Auto für einige Stunden (Schwerstarbeit) in Dünentrichtern »versenkt«. In jedem Fall gibt es keine »einfache« Spur nach *Sif Fatima*, bedeutet die Fahrt dorthin, in ständigem Slalom zwischen den Dünen hindurch und über sie hinweg nach Westen vorzudringen. Wer mit Satellitennavigation ausgerüstet ist, tut sich orientierungsmäßig leichter; hier die Koordinaten: 31°07′11″ Nord, 08°41′48″ Ost.

Sif Fatima – es versteckt sich bis zuletzt hinter den Dünen – ist eine gut erhaltene, kuppelgekrönte kleine Festung aus der Franzosenzeit neben einem Brunnen. Man sollte nicht ohne festes Schuhwerk in dem alten Gemäuer herumspazieren: Insbesondere außerhalb der Wintermonate und zur Mittagszeit suchen selbst wechselwarme Tiere wie Vipern (sehr giftig) in den Kammern und Gängen gelegentlich Zuflucht vor der extremen Sonneneinstrahlung.

Bei km 341 passieren wir eine aufgelassene Bohrstelle und bei km 370 eine verlassene Militärstation. Etwa bis km 480 setzt sich der Kampf mit und gegen den Sand fort. Das »Abenteuer« ist erst überstanden, wenn man urplötzlich freien Blick auf die Ebene südlich des Erg Oriental hat. Dann taucht die große ehem. Franzosenfestung *Bordj Messaouda* (ca. 1 km östlich der Straße) auf. Etwa sechs km weiter zweigt links eine Straße zum tunesischen *Bordj el Khadra* ab (Grenzübergang nicht möglich). Nach weiteren 3,5 km halten wir an einem militärischen Kontrollposten (Schranke, Aufnahme der Paß- und Fahrzeugdaten). Schließlich ist 17 km danach der kleine Ort Deb-Deb am Dreiländereck Algerien/Libyen/Tunesien erreicht.

Deb-Deb. Tankstelle, Wasser (warmes Wasser aus artesischem Brunnen links der Straße am nördlichen Ortseingang), Café/Restaurant, Post, beschränkte Versorgungsmöglichkeiten.
Der Grenzübergang nach Libyen (Ghadames) ist normalerweise passierbar.

Weiterfahrt ab Deb-Deb: 153 km unproblematische, landschaftlich reizlose Teerstraße bis zur Hauptstraße von *Hassi Bel Guebbour* nach *In Amenas*: ab dort 71 km bis *In Amenas* bzw. 51 km bis *Ohanet*, dort jeweils Tankmöglichkeit.

Die alte Kolonialpiste liegt nur noch auf kurzen Abschnitten frei.

Motorradfahrer-Info für Route 5:

FAHRZEIT: Von Hassi Messaoud bis zum Ausgangspunkt des Abstechers nach Sif Fatima: 2 Tage
Sif-Fatima-Abstecher: 0,5 bis 1 Tag
bis Deb-Deb: 2 Tage

ALLGEMEINES: Der in den 70er Jahren von Algerien unternommene Versuch, eine 500 km lange Staße quer durch den *Großen Östlichen Erg* zu bauen, hat die in der Sahara einmalige Möglichkeit geschaffen, eine Hunderte Kilometer lange Dünenstrecke ohne die sonst in Ergs zu bewältigenden Orientierungsprobleme zurückzulegen. Dies ist jedoch u. U. der einzige Unterschied zu einer straßen- und pistenlosen Ergdurchquerung, da die Straße von *Hassi Messaoud* nach *Deb-Deb* häufig – vor allem in ihrem letzten Viertel – unter Dünen begraben liegt.

FAHRERISCHE ANFORDERUNGEN: Bei vorhandener Fahrpraxis und sicherer Maschinenbeherrschung im Gelände sehr gut als »Enduro-Lehrpfad« für Sand- und Sahara-Neulinge geeignet: Auf der gesamten Route verläuft in Sichtweite die lange vor der Teerstraße von den Franzosen angelegte alte Piste. Dieser trassierte Fahrweg ist ab der Ölbohrstation *Rhourd el Baguel* immer wieder von Dünen bedeckt und bildet einen reizvollen »Übungsweg« für angehende Dünenfahrer. Auf der zweiten Hälfte des in Nord-Süd-Richtung verlaufenden Abschnitts der Route kann die alte Piste oft der leichtere Weg sein: Liegt die letzte Räumung der Teerstraße einige Zeit zurück, nehmen die Verwehungen dort enorme Ausmaße an: Auf den dammartig geführten Abschnitten der Teerstraße häufen sich mannshohe, Hunderte von Metern lange Dünen an, deren Kamm parallel zur Straßenrichtung verläuft. Ganze Serien zwar relativ kurzer, aber sehr steiler, bis über zwei Meter hoher Querdünen konfrontieren mit heimtückischen, da spät erkennbaren Steilabbrüchen. Bei Motorradfahrern kann der zur Durchquerung erforderliche Schwung zu weiten Sprüngen mit gefährlichen Landungen auf den dazwischenliegenden Teerstücken führen! Lassen sich solche Dünen nicht umfahren, sollte man sie im Zweifelsfalle erst mal zu Fuß abgehen: Eine gepäckbeladene Reise-Enduro ist schließlich kein Motocross-»Hüpfer«!

ORIENTIERUNG: keine Orientierungsprobleme im Bereich der Teerstraße. Eventuell große Orientierungsprobleme beim Abstecher nach *Sif Fatima*.

TREIBSTOFF: 520 km ohne Benzinversorgung. Rechnet man den Abstecher zur Festung von *Sif Fatima* mit, die Schlafplatzsuche und ein paar Extratouren »aus Spaß an der Freud'«, sind 600 km zu veranschlagen. Verbrauch im Sand einkalkulieren!

WASSER: Trinkwasservorrat für 3 Tage ausreichend. Vor Erreichen des schwierigsten Teilstücks, ebenso vor einem eventuellen Abstecher nach *Sif Fatima*, unbedingt Wasserreserven auffüllen. Letzte reguläre Möglichkeit dazu besteht beim Militär in *Rebaa*, eventuell auch noch bei einem (nicht immer vorhandenen) Kontrollposten rund 120 km südlich der *El-Borma*-Abzweigung.

FAHRZEUGWAHL: Die *Deb-Deb*-Strecke ist im Prinzip mit allen gut ausgerüsteten, nicht zu schweren oder zu schwachen Enduros zu befahren.

Route 6: Von Ain el Hadjadj nach Bordj Omar Driss
(von T. Troßmann)

1. Etappe: Von Ain el Hadjadj zum Gara Khanfoussa (ca. 111 bzw. 212 km)
2. Etappe: Vom Gara Khanfoussa nach Bordj Omar Driss (ca. 117 bzw. 90 km)

Die Route vom heutigen *Bordj Omar Driss*, dem ehemaligen (1898 gegründeten) *Fort Flatters*, über den *Gara Khanfoussa* und *Ain el Hadjadj* zum heutigen *Illizi* war von Anfang dieses Jahrhunderts bis in die frühen dreißiger Jahre der Haupt-Verbindungsweg zu den Kolonialforts im Südosten des heutigen Algerien. Erstmals wurde die Route im Mai 1908 erkundet und zwar von einer französischen Militärexpedition unter Leitung des Hauptmanns *Lapperine* – damals natürlich noch auf Kamelen. Dieses Unternehmen war der erste gezielte Vorstoß der Kolonialmacht in das von Tuareg beherrschte Gebiet des *Ajjer*-Plateaus und führte zur Gründung des *Fort de Polignac* – des heutigen *Illizi*. Noch immer zeugen zahlreiche Gräber – islamische wie christliche – vom erbitterten Widerstand der Tuareg gegen die französischen Besatzer. Relikte aus dieser frühen Zeit der Kolonialisierung (z: B. Konservendosen mit der Jahreszahlprägung »1916«) finden sich vielerorts. Am Brunnen *Ain el Hadjadj* läßt sich eine der Kampfhandlungen jener Zeit noch heute ganz gut nachempfinden. In den Ruinen einer kleinen, hinter einer Steinsäule gelegenen Festungsanlage zeugen davon Patronenhülsen, Kugeln und Granatsplitter, vor allem aber ein Friedhof. Im Tagebuch-Eintrag des Soldaten E. Raynaud-Lacroze[1] ist der dramatische Kampf in der Nacht des 13./14. Februar 1916 sogar genauestens überliefert: Es geschah am Tag vor der geplanten Auflösung des kleinen Außenpostens. Die Reste der von Skorbut und Überfällen dezimierten Mannschaft des wieder aufgegebenen *Fort de Polignac* hatten sich kurz vorher zum gemeinsamen Rückzug eingefunden. Da wurde das *Fortin* (»kleines Fort«) mitternachts noch einmal von Tuareg angegriffen. Viele von den Soldaten, die fast zwei Jahre lang unter unvorstellbar harten Bedingungen in *Ain el Hadjadj* und *Fort de Polignac* gelebt hatten, mußten noch kurz vor der ersehnten Abreise ihr Leben lassen.

Zu einer für Automobile machbaren »Piste« wurde die Route erst 1935 »ausgebaut«, zu einem Zeitpunkt, als *Fort de Polignac* – im Jahre 1919 wieder in Besitz genommen – schon längst etablierter Stützpunkt der Kolonisierung war. Der Bau der Piste wurde im Bereich der zu durchquerenden Dünengebiete mit beachtlichem Aufwand betrieben. Die Überreste der Dämme und Trassen aus Felsen und Strohballen dienen heute als Orientierungshilfen. Befahrbar sind sie in der Regel nicht mehr.

Leider wurde ein Teil dieser historischen Piste im Januar 1988 durch die Rallye »Paris-Dakar« untergepflügt. Den Dünen des Erg Issaouane hat das natürlich nicht geschadet. Das Reg-Tal östlich des *Djebel Mellene* ist jedoch noch heute, fünf Jahre später, verspurt wie ein Truppenübungsplatz. Schade, denn dort waren die Reste der alten Kolonialpiste mit langen Reihen neolithischer Reibschalen markiert! (Offenbar hatten die französischen Soldaten wenig Sinn für prähistorische Funde.)

Bild auf den Seiten 146/147: Blick vom Festungshügel des alten Ain el Hadjadj in Richtung Erg Issaouane: Zahlreiche Patronenhülsen, Konservendosen (siehe Jahreszahl-Einprägung) und andere Relikte aus kolonialhistorischer Zeit sind dort zu finden. Am Horizont (Bildmitte, bei den Bäumen) Brunnen und Wachhaus.

---

[1] Im Originaltext enthalten in dem Buch »Forts Sahariennes des Territoires du Sud« von Roger Delerive, Verlag »Librairie Orientaliste Paul Geuthner«.

1. Etappe: Von Ain el Hadjadj zum Gara Khanfoussa. Die von *Illizi* kommende Piste passiert den Brunnen *Ain el Hadjadj* (km 00) an seiner Nordseite, rechts von einem flachen Geröllhügel mit einer etwa zwei Meter hohen Säule aus aufeinandergeschichteten Felsen (dahinter die ehemalige Befestigungsanlage). Eventuelle auf den folgenden Kilometern nach Westen führende Spuren (Route 1) lasse man links liegen und folge der gut erkennbaren Piste nach Nordosten. Für die nächsten rund 25 km verläuft sie meist als relativ schmaler und steiniger Weg (abschnittweise wie gepflastert) zwischen dem im Westen gelegenen Bergzug des *Djebel Tahinaouine* und den Dünen des *Erg Issaouane* im Osten. Einige von Akazien bestandene Oueds werden durchquert (reichlich gutes Feuerholz). Nach Passieren des *Djebel Tahinaouine* wird der Blick nach Westen nur noch durch den rund zehn Kilometer entfernten schwarzen Bergzug des *Djebel Essaoui Mellene* begrenzt. Im Norden taucht bei guter Sicht der von hier als Doppelbuckel erscheinende Bergzug am Brunnen *Hassi Tabelbalet* auf. Eine von unzähligen Spuren auf Kilometerbreite zerwühlte Ebene ist erreicht. Entgegen seiner Optik ist der dunkle, sandig-kiesige Reg-Boden überall sehr weich und tief. Wer will, umfährt das Ganze in etlichen hundert Metern Abstand, muß allerdings noch mehr als auf der Hauptspur auf Auswaschungen, Gräben und tückische Sprungschanzen achten. In den relativ breiten, aber gut halbmetertiefen »Schienen« der weichsandigen Hauptspur kommen Autos und spurrinnengeübte Motorradfahrer recht flott voran. Bis kurz vor dem Brunnen *Tabelbalet* wechseln tiefe Weichsandspurrinnen mit dazwischenliegenden festeren Pistenabschnitten ab.

Die Möglichkeit, einige Kilometer weit rechts neben der Piste entlang der verlockend schönen Dünen des *Erg Issaouane* zu fahren, wird durch die im Bereich der Sandhänge fast durchgängig zu findenden halbmeterhohen Windrippen behindert. Selbst wer aufpaßt wie ein Wüstenfuchs, wird höchstwahrscheinlich irgendwann in eines der – je nach Lichteinfall oft nahezu unsichtbaren – Sicheldünen-Felder hineingeraten – hoffentlich nicht zu schnell!

Der Brunnen von *Tabelbalet*, rund hundert Meter links der Piste, ist etwa bei km 70 erreicht.

Die malerische große Palme rechts der Hauptspur wächst an einem extrem verschmutzten, übelriechenden Tümpel, in dem 1986 noch die Überreste eines toten Kamels herumtrieben. Uralte Akazien und einige Palmen überschatten das Areal um den gemauerten, im Gegensatz zu *Ain el Hadjadj* nicht abgedeckten Brunnen. Sein Wasser ist aufgrund der darin treibenden Vogelkadaver nur mit speziellen Entkeimungs-Filterpumpen sowie anschließender Behandlung mit Desinfektionstabletten zum Trinken geeignet. Reste eines kleines Forts. Nahebei ein gemauertes christliches Grab und ein islamischer Friedhof. Im Gestrüpp der Palmen hausen einige, schwach giftige, »Sandrenn-Nattern«.

Von der Mini-Oase schneidet man nach rechts ab, trifft einige hundert Meter weiter auf die Piste und folgt ihr entlang der Ostabdachung des *Djebel Ti-Issekfa* (dem Nordteil des *Djebel Essaoui Mellene*). Nach etwa einem Kilometer links am Hang ein präislamisches Schlüssellochgrab. Die trassierte Piste ist von den gelegentlich heftigen Regengüssen der Sahara gezeichnet: Nach flott befahrbaren Abschnitten tauchen immer wieder metertiefe Gräben und Auswaschungen auf! Etwa 12 km nach *Hassi Tabelbalet* (insgesamt km 82) liegt linkerhand, etwa 100 m entfernt, in einem kleinen Palmendickicht das nur etwa einen halben Meter tiefe Wasserloch *Hassi Touskirine*. Auch hier lebt allerhand Getier im Gestrüpp! Rechts neben der Palme eine Grube und die Reste eines schmiedeeisernen Kreuzes: kein geplündertes Grab, sondern der Versuch von Nomaden, eine besser zugängliche Wasserstelle zu graben – mit den Resten des ehemals auf dem christlichen Grab in *Tabelbalet* befindlichen Grabkreuzes!

Ein kurzes Stück nach *Hassi Touskirine* macht die Piste eine Linkskurve, erklimmt das sandverwehte »Nordkap« des Berges und erreicht nach einigen kurvig-sandig-steinigen Kilometern den Einstieg zur »*Khanfoussa*-Passage« (insgesamt ca. km 91). Der Anblick ist übrigens ebenso beeindruckend wie beunruhigend: Nach einer kurzen Talfahrt wird die Piste von den hohen Dünen des wie eine riesige Barriere vor uns liegenden *Erg Issaouane* verschluckt!

Eine reizvolle Alternative zur Piste über den Berg ist, in der Linkskurve nach *Hassi Touski-*

rine geradeaus nach Norden weiter zu fahren – auf die Dünen des *Erg Issaouane* zu. Nach etwa 2 km sind diese erreicht, gilt es nach einer kiesig-steinigen Senke am Fuß des Erg, seinen ersten nach Süden ragenden Ausläufer zu überqueren, einen etwa dreißig Meter hohen und recht steilen, oben aber abgerundeten Sandbuckel (bei Unsicherheit vorher zu Fuß sondieren). Bis hierher vielleicht noch vorhandene Spuren fehlen nun. Querfeldein fährt man die nächsten Kilometer am Fuß (oder auch höher) des Sandgebirges nach Westen. Aufpassen, daß man vor Dünen-Euphorie nicht die »Kreuzung« mit unserer rund 4 km weiter vom Berg herunter- und in den *Erg Issaouane* hinaufführenden Piste verpaßt! Wer auch nach links, zum »Djebel«, schaut, kann die Trasse normalerweise nicht übersehen. Ohnehin empfiehlt sich auch zu Fotozwecken, ein Stück den Berg hinaufzufahren: Etwas oberhalb des am westlichen Rand der Piste liegenden IGN-Markierungssteines 61 ist der Ausblick am eindrucksvollsten.

Alternativroute von Ain el Hadjadj zum Einstieg der »Khanfoussa-Passage«: über den Erg Tifernine (ca. 194 km). Von *Ain el Hadjadj* bis zum Fuß des *Erg Tifernine* (ca. 82 km) fährt man wie in Route 1 beschrieben. Ab hier geht es dann nach Norden weiter. Die Fahrt entlang der Riesendünen des *Erg Tifernine* ist ein Erlebnis besonderer Art: Über 100 km »fliegen« wir – mal am Fuß, mal in beindruckender Höhe – über die gewaltigen Hänge des Sandgebirges und erleben achterbahnähnliche Auf- und Abfahrten über die riesigen, abgerundeten Buckel der Erg-Ausläufer. Bis zu 350 m überragt der *Erg Tifernine* das *Oued Mellene*, in dessen Talgrund – vor allem im südlichen Abschnitt – mehlweicher, unter einer dünnen Reg-»Kruste« verborgener Schwemmton-Staub das Fahren schwierig machen kann und für atompilzartige Staubwolken sorgt. Bleibt man mit dem Auto dort stecken, sind gasmaskenpflichtige Entsandungs-Aktionen angesagt! An den Dünen fährt es sich weit besser. Nicht nur, wer die Hänge des Sandgebirges über den Fuß-Bereich hinaus erklimmt, sollte – trotz des herrlichen Fahrgefühls – immer mit größter Wachsamkeit das Gelände beobachten. Auch in scheinbar glatten Dünenhängen baut der Wüstenwind mörderische »Fallen« ein: Mit hohem Tempo über einen plötzlich auftauchenden Grat oder Abbruch zu schießen und in einen Trichter zu »fallen«, kann das Ende bedeuten – im günstigsten Fall nur des Fahrzeuges! Nach etwa 112 traumhaften Kilometern erreichen wir die »Kreuzung« mit der vom *Djebel Ti-Issekfa* herunterführenden Piste – den Einstieg der »Khanfoussa-Passage«. Motorradfahrer sollten von hier zum Auffüllen ihrer Wasservorräte die rund 10 km zum Brunnen *Hassi Touskirine* zurückfahren (hin über die Piste, zurück am *Erg Issaouane*?)

Nach der spätestens ab hier obligatorischen Luftdruck-Reduzierung wird man bei der Auf- und Einfahrt der »*Khanfoussa*-Passage« feststellen, daß die Sache bei weitem nicht so steil ist, wie sie aus der Ferne aussah. Der Sand gehört allerdings zur weichen Sorte. Im Sattel des Einstiegs wendet sich die Trasse nach rechts, kann auf ihr ohne Einsandungsgefahr angehalten werden, bevor sie in der ersten der drei zu überwindenden, nicht hohen, aber steilen und scharfgratigen Querdünen verschwindet. Autofahrer mit reichlich Kraft unter der Haube können eine Umfahrung der Steilauffahrten abseits der Pistentrasse – am besten rechterhand – versuchen. Dort sind in einigem Abstand die Kämme der zu überwindenden Dünen leicht abgerundet.

Nach der dritten »Sprungschanze« folgen wir den Resten der nun nicht mehr befahrbaren Pistentrasse durch ein kilometerweites, relativ ebenes Dünental nach Norden. Bei normalen Sichtverhältnissen ist der flache, teils dunkle, teils sand-»gepuderte« Geröllberg des *Gara Khanfoussa* von hier aus gut erkennbar.

Für Motorradfahrer ist die Weiterfahrt zum *Khanfoussa* in der Regel fahrtechnisch unproblematisch. Vorsicht allerdings vor Windrippen, Sicheldünen, versteckten Graten, Löchern und Kesseln: Sprünge und Abstürze bleiben wegen des in Dünen zwangsläufig höheren Tempos in der Regel nicht ohne Verletzungsfolgen. Bei ungünstigem Lichteinfall (fehlender Schattenwurf solcher »Sandfallen«) lieber auf Nummer Sicher fahren!

Vier im Prinzip flott befahrbare Kilometer weiter gabelt sich die Route vor einer leicht rippigen Schräghang-Einfahrt in ein engeres Dünental. Rechts fährt man – eventuell sichtbaren Spuren

Das Kamel-»Paradies« von Ahelledjem (südostalgerische Sahara).

folgend – noch ein kurzes Stück geradeaus und dreht hinter der Einfahrt scharf nach links ab. Wenige hundert Meter weiter ist ein tiefer Dünenkessel erreicht, den es nun zu durchfahren gilt. Hier haben sich schon viele (Autofahrer) die Zähne ausgebissen, denn der Anstieg auf der anderen Seite des Kessels hat es in sich. Am besten geht es, wenn man sich erstmal am linken, relativ hartsandigen Hang hält (nicht zu hoch hinauffahren: Umkippgefahr!), auf Höhe des letzten Kessel-Drittels ins Tal abdreht und mächtig Schwung holt. Nach der (Vollgas-)Durchquerung des sehr weichsandigen Grundes nimmt man den Ausfahrtshang dicht an der ihn rechterhand begrenzenden Düne in Angriff und hat es bei genügend Schwung und schnellen Schaltvorgängen normalerweise geschafft.

Wenn nicht, heißt es umdrehen, sich mit Untersetzung und Differentialsperre aus dem Kessel wühlen und das Ganze (mit versetzter Fahrspur!) noch einmal probieren. Klappt es wieder nicht, ist der Hang für den Erfolg eines weiteren Versuchs höchstwahrscheinlich schon zu zerwühlt. Man versuche – bei schwächerer Motorisierung höchstwahrscheinlich mit Hilfe von Sandblechen – bis zu dem Punkt zu gelangen, wo sich die »Piste« gegabelt hat: Die links abzweigenden Spuren umfahren die »Schlüsselstelle« und vereinigen sich rund 9 km weiter im Bereich der den *Khanfoussa* umgebenden Senke mit der ersten Route.

Bis dahin ist auf beiden Varianten von der alten Piste praktisch nichts mehr zu sehen. Fehlen zudem jegliche Spuren, was bei einer Befahrung im Frühherbst (keinerlei Verkehr im Sommer!) oder nach einem Sandsturm der Fall sein kann, muß man sich nach dem *Khanfoussa* bzw. dem Kompaß orientieren. Besonders schwierige Passagen gibt es nach der erwähnten Schlüsselstelle bis zum Berg nicht mehr – vorausgesetzt man bleibt im Bereich der Tälern und Einschnitten folgenden »Khanfoussa-Route«.

Hat man die letzten Dünen vor der Senke des Berges passiert, ist es sinnvoll, im Sand der sanft gerundeten Kleindünen am Westrand des Berges zu fahren. Die felsenübersäte Ebene an seinem

Die auf den Wurzeln von Tamariskenbäumen wachsende Schmarotzerpflanze Cistanchia purpurea; im Hintergrund der 2165 m hohe Berg Tazat (südostalgerische Sahara).

Fuß ist bei abgesenktem Luftdruck ein wahrer Reifen-Killer! An der nordwestlichen Seite des Berges treffen wir auf die gut sichtbare Fortsetzung der »*Khanfoussa* Passage« – die Reste des dammartigen Trassen-Unterbaus der alten Kolonial-Piste.

Abstecher auf den Gara Khanfoussa. Folgt man der Trasse nach rechts, erreicht man am Fuß des Berges den Beginn einer ihn erklimmenden, sehr schlechten, steinigen und steilen Piste. Auf dem *Khanfoussa* Reste einer kleinen Befestigungsanlage und andere koloniale Überbleibsel. Bei klarer Sicht eindrucksvolle Aussicht über den *Erg Issaouane*. Auch bei Orientierungsproblemen empfiehlt sich die Auffahrt.

2. Etappe: Vom Gara Khanfoussa nach Bordj Omar Driss (ca. 117 bzw. 90 km). Da der Anstieg auf die erste in Richtung Westen zu überquerende Düne im Bereich der alten Pistentrasse extrem weichsandig ist, überqueren Autofahrer schon kurz nach dem Verlassen des *Khanfoussa* die Reste des Pistendammes und fahren rechts und parallel zu ihm im Abstand von mindestens 100 m. Dort, wo die Düne (etwa 2 km nach km 00 = Beginn der Piste auf den *Khanfoussa*) überquert wird und die Trasse in ihr verschwindet, knickt die Route nach links ab. Wir halten uns am rechten Rand der nachfolgenden Senke (leichte Schräghangfahrt) und vermeiden die Weichsandzone ihres Grundes.

Mehrfach wechselt die Route im Laufe der nächsten 20 km ihre Richtung. Sie schlängelt sich in riesigen S-Kurven durch gigantische Dünentäler. Eisenstangen, Fässer, die Reste der alten Kolonial-Piste und Spuren sind Orientierungshilfen. Der Sand ist meist sehr weich. Vor allem Autos müssen in Schwung bleiben und sollten nur an Bergab-Passagen zu Orientierungspausen anhalten. Vorsicht vor den tiefsten Stellen der Senken: extreme Einsandungsgefahr, mühsamstes Wiederfreikommen! Wo sich der Erg allmählich nach Westen öffnet und die Trasse der alten Piste fast durchgehend erkennbar wird, beginnt die Zone der großen Windrippen: Soweit als möglich auf der Piste bleiben! Luftdruck erst erhöhen, wenn bei km 26 (ca.) eine Markierungsstange in einem Betonsockel, kurz darauf der Rand des Erg erreicht ist.

Hinweis für »Irrfahrer«. Wer nach rund 25 km immer noch nicht die Trasse der Kolonialpiste vor Augen hat – auf *Khanfoussa*-Fahrten durchaus nicht selten –, ist in einer der riesigen Kurven zu weit von der Route der Hauptpassage abgedriftet. Kein Grund zu Panik, ausnahmsweise auch nicht unbedingt einer, den eigenen Spuren entlang zurückzufahren (es sei denn bei Verlust der/des Reisepartner/s; siehe dazu »Motorradfahrer-Info zu Route 6): Denn der nach seinem Erreichen gut erkennbare Rand des Erg (es liegen dann im Westen keine Dünen mehr vor dem Fahrer, sondern nur noch die Reg-Ebene des *Oued Igharghar*) ist nur wenige Kilometer entfernt. Ist die Zone bodenlos weichen Sandes glücklich überwunden, fährt man die restliche Strecke bis dorthin besser nach Kompaß (Richtung Westen) statt umzukehren. Je nachdem, wo man sich befindet, sind bis zum Ende des *Erg Issaouane* gar keine oder nur wenige, zudem recht niedrige Dünenketten zu überwinden. Passable Durchfahrten lassen sich nach kurzem Suchen immer finden (gegebenenfalls ein Stück parallel fahren; Passagen vor Befahrung zu Fuß oder von einer »Aussichtsdüne« sondieren!).

Wir folgen dem Verlauf der Dünen nach Norden und passen wieder gut auf gelegentliche Windrippenfelder auf. Wer die nach wenigen Kilometern auftauchende rund 5 km tiefe und 7 km lange Einbuchtung des *Erg Issaouane* nicht ausfahren will, schneidet über die Reg-Fläche (uneben!) ab – in gerader Linie auf den linken Rand der westlichsten Düne zu. Ab hier (insgesamt ca. km 36) geht es knapp 40 km weit und in der Regel recht zügig über den Sand am Fuß der Dünen. Danach schneidet man ein weiteres Mal eine diesmal gut 8 km durchmessende Einbuchtung des *Issaouane* ab und hält auf den linken Rand der im Norden liegenden großen Düne zu. Sie ist die Nordwest-»Ecke« des Erg. An ihrer Nordseite (insgesamt ca. km 86) biegen wir nach Nordosten ab und folgen den allmählich von der »Igharghar-Piste« (Route 2) herüberkommenden Spurenbündeln in Richtung des vor uns liegenden, »Schichttorten-Abbruches« von *Tinrhert*. Am Fuß der bröckligen Steilwand dieses geologischen Bilderbuches finden sich Versteinerungen und durchsichtige Glimmerplatten, kristalline Kalkformen aller Art sowie schöne Übernachtungsplätze in den angewehten Dünen. Rund 16 km nach Umfahrung der »Nordwestecke« des Erg läßt sich eine angewehte Düne am besten direkt am Abbruch passieren (scharfe Rechtskurve; mit Schwung durch das Weichsandfeld!). Ca. 4 km weiter passiert man – bereits auf einer Piste – die Ruine des 1898, sechs Jahre vor *Fort Flatters*, gegründeten kleinen *Bordj Temassinine*, kurz darauf die letzte Düne vor der »Rückkehr in die Zivilisation«. Vorbei an den Riesen-»Maulwurfshügeln« fossiler Tamarisken-Wurzelstöcke gelangt man zu den Ausläufern der Oase und rollt plötzlich – beinahe ein Schock – auf die Teerstraße! Rechts geht es in den Ort *Zaouia Sidi Moussa*, links zur Kreuzung mit der Straße zwischen *Hassi Bel Guebbour* (nach links) und *Bordj Omar Driss* (nach rechts).

Alternativroute vom Gara Khanfoussa nach Bordj Omar Driss: über den Brunnen Hassi Touil durch den Erg Issaouane (ca. 85 km). Nordnordöstlich des *Gara Khanfoussa* befindet sich ein in diesem Teil des *Erg Issaouane* auffallend großes *Gassi*. Das Nordende dieses knapp 25 km langen und 3 bis 4 km breiten Tales liegt ca. 32 km vom *Khanfoussa* entfernt, das Südende etwa 21 km. Über dieses Tal führt die alte, 1908 auch von Hauptmann *Lapperine* auf seinem Weg zur Gründung von *Fort de Polignac* benutzte Meharisten[2]-Route von/nach *Fort Flatters*, dem heutigen *Bordj Omar Driss*. Im Gassi liegt der Brunnen, *Hassi Touil* – meist wasserarm oder gar trocken, eine sehr unsichere Versorgungsmöglichkeit. Dafür ist er der einzige punktgenau definierte »Markstein« auf unserer Querfeldein-Erg-Durchquerung, zugleich auch das Ende des schwierigsten Abschnitts der Route: Hohe Dünenketten liegen zwischen *Hassi Touil* und *Gara Khanfoussa*, dem Ausgangspunkt unserer Fahrt!

---

[2] Meharist = Soldat zu Kamel; während der vorautomobilen Zeit der Kolonisierung waren die mobilen Einheiten der französischen Kolonialtruppen – nach Feststellung der geringen Saharaeignung von Pferden – beritten zu Kamel.

Streckenbeschreibung. Schon die Umfahrung der Nordseite des *Gara Khanfoussa* ist mit einem gewissen Nervenkitzel verbunden. Zwischen dem Ende der alten, nach Westen führenden Trasse der »Khanfoussa-Piste« und der Schwemmtonsenke auf der Ostseite des Berges liegt eine Dünenkette, die nur in schwungvoller Auffahrt und achterbahnsteiler Abfahrt zu überwinden ist – natürlich nach vorheriger Zu-Fuß-Sondierung! Die südliche Umfahrung des *Khanfoussa* ist eine holprige und längere, aber leichtere Alternative zu diesem Einstieg.

Wir folgen dem linken Rand der Reg- und Schwemmtonflächen »hinter« dem *Khanfoussa*, treffen immer wieder auf viele historische, evtl. auch einige jüngere Fahrzeugspuren. Etwa bei *Position 27°36,40' Nord / 6°48,00' Ost* drehen wir von der bisherigen, grob *Kurs 90°* führenden Route nach Norden ab, suchen uns eine Einfahrt in die hier etwas niedrigeren Dünen. Rund 5 km weiter, etwas östlich einer freigewehten Senke von ca. 1 km Durchmesser, wechseln wir von *Kurs N (0°)* auf *Kurs NNO (rund 44°)*. Noch einmal ca. 5 km weiter drehen wir auf *Kurs 18°*, erreichen nach einer schwierigen Dünenpassage eine rund 6 km lange Sandebene. Wir überqueren die Fläche *Kurs 0°*, biegen vor einigen großen Dünenketten auf *Kurs 90°* ab, suchen uns einen Weg durch die nun vor uns liegende nordsüdlich verlaufende Dünenbarriere. Danach fahren wir, *Kurs 330°*, nach links in das Dünental hinein, erreichen kurz darauf *Position 27°46,29' Nord / 6°51,25 Ost*, von der wir auf das *Hassi-Touil*-Gassi hinunterschauen können. Nach einer letzten Dünenhürde rollen wir hinunter in die zerklüftete Schwemmton-Ebene zu unseren Füßen. Etwa in Nordrichtung unserer Einfahrt in das Tal liegt auf seiner anderen Seite der gemauerte Brunnen *Hassi Touil (Position: 27°48,75' Nord / 6°51,41' Ost)*.

Für die nächsten rund 18 km folgen wir der nordöstlichen Talseite *Kurs 320°*, also etwa NNW. Die relativ ebene Sandfläche sorgt mit vollbremsenden Weichsandpassagen, Windrippen und anderen Varianten des Themas Sandbeschaffenheit immer wieder mal für Abwechslung in der an sich problemlosen Fahrt. Am Nordende des Gassi heißt es dann wieder die Richtung wechseln: *Kurs 10°*! Bei der knapp 1 km weiter folgenden Dünenüberquerung muß wahrscheinlich davon abgewichen werden: Kurs anschließend wieder korrigieren!

Etwa 8 km weiter sind wieder größere Dünen zu überqueren Die *Position: 28° 2,57' Nord / 6° 46,52' Ost* sollte in nicht allzu großem Abstand passiert werden. Wir bleiben auf *Kurs 8 bis 10°*, blicken rund 4 km weiter von der letzten Dünenkette hinunter auf den Abbruch von *Tinrhert*, die Oase *Zaouia Sidi Moussa* – Nachbar von *Bordj Omar Driss*. Bei *Position 28° 7,69' Nord / 6° 46,92' Ost* stoßen wir auf die Teerstraße. Das Abenteuer ist überstanden.

Junge Targia im Dorf Tanarine.

Motorradfahrer-Info für Route 6:

FAHRZEIT: Ain el Hadjadj – Tabelbalet – Khanfoussa: 1,5/2 Tage
Ain el Hadjadj – Erg Tifernine – Khanfoussa: 2 Tage
Khanfoussa – Bordj Omar Driss: 1,5/2 Tage
FAHRERISCHE ANFORDERUNGEN: Anspruchsvolle Route für im Gelände jeder Art, vor allem aber im Sand geübte Endurofahrer. Zahlreiche hohe Dünen sind zu überwinden. Große Teile der Strecke führen durch weichen und tiefen, von Spurrinnen zerwühlten Sand.
ORIENTIERUNG: Sorgfältige Beachtung der Streckenbeschreibung, klare Sichtverhältnisse, guter Orientierungssinn und Übung im Umgang mit Kompaß und Karten (IGN Maßstab 1 : 200.000), sind Voraussetzung einer orientierungsmäßig problemlosen Befahrung dieser extremen Route. Bei Staubdunst, Sandwinden oder gar einem Sturm fällt im *Erg Issaouane* u. U. die wichtigste Orientierungshilfe, der Geröllberg *Khanfoussa*, aus. Verliert man auch noch die Trassenreste der alten Franzosen-Piste – mit Strohballen und Steinen dammartig befestigte Abschnitte –, die gelegentlichen Markierungen (Stangen, Fässer) und die Spurenbündel früherer Befahrungen aus den Augen, bleibt nur die Fahrt nach Kompaß. Dazu muß man allerdings auf wenigstens 5 km genau sagen können, wo man sich befindet. Also im Erg die eigene Position anhand zurückgelegter Entfernung und Himmelsrichtung regelmäßig und in nicht zu langen Abständen auf der IGN-Karte (1 : 200.000) bestimmen.

Mit den Reisepartnern sollte man unbedingt vereinbaren, daß bei einem Sich-Verlieren an dem Punkt, an dem alle das letzte Mal gemeinsam angehalten haben, gewartet und daß keinesfalls »abgekürzt«, sondern entlang der eigenen Spur zurückgefahren wird!

Für die »*Hassi-Touill*-Variante« der 2. Etappe – eine reine Dünen-Querfeldeinfahrt ohne die Orientierungshilfen der »*Khanfoussa*-Passage« – wird die Verwendung eines GPS-Satelliten-Navigationsgerätes dringend empfohlen und bei der Beschreibung vorausgesetzt.
TREIBSTOFF: In der längsten der beschriebenen Varianten werden zwischen *Illizi* (siehe Route 1) und der Oase *Bordj Omar Driss* ca. 500 km zurückgelegt. Dazu addieren sich 80 (Straßen-)km bis zur nächsten regulären Tankstelle in *Hassi bel Guebbour* (siehe Route 2). Nur in Einzelfällen besteht in Bordj Omar Driss eine auf geringe Mengen begrenzte Benzinversorgungsmöglichkeit (im Café erfragen). Wegen der u. U. schwierigen Orientierung sollte für den Routenabschnitt im *Erg Issaouane* ein Entfernungszuschlag von 100 % (!) einkalkuliert werden. Auch der Benzinverbrauch ist für diesen Teil der Strecke um mindestens 50 % über normal zu veranschlagen!
WASSER: Trinkwasservorrat für vier Tage, Entkeimungsfilter und Desinfektionstabletten erforderlich. Siehe auch »Motorradfahrer-Info Route 1«.
FAHRZEUGWAHL: Mit drehmoment- und leistungsschwächeren Enduros (unter 500 ccm Hubraum) ist diese Strecke ab Einfahrt in den *Erg Issaouane* nur bei geringer Beladung und unter leichtgewichtigen Fahrer(inne)n problemlos machbar.

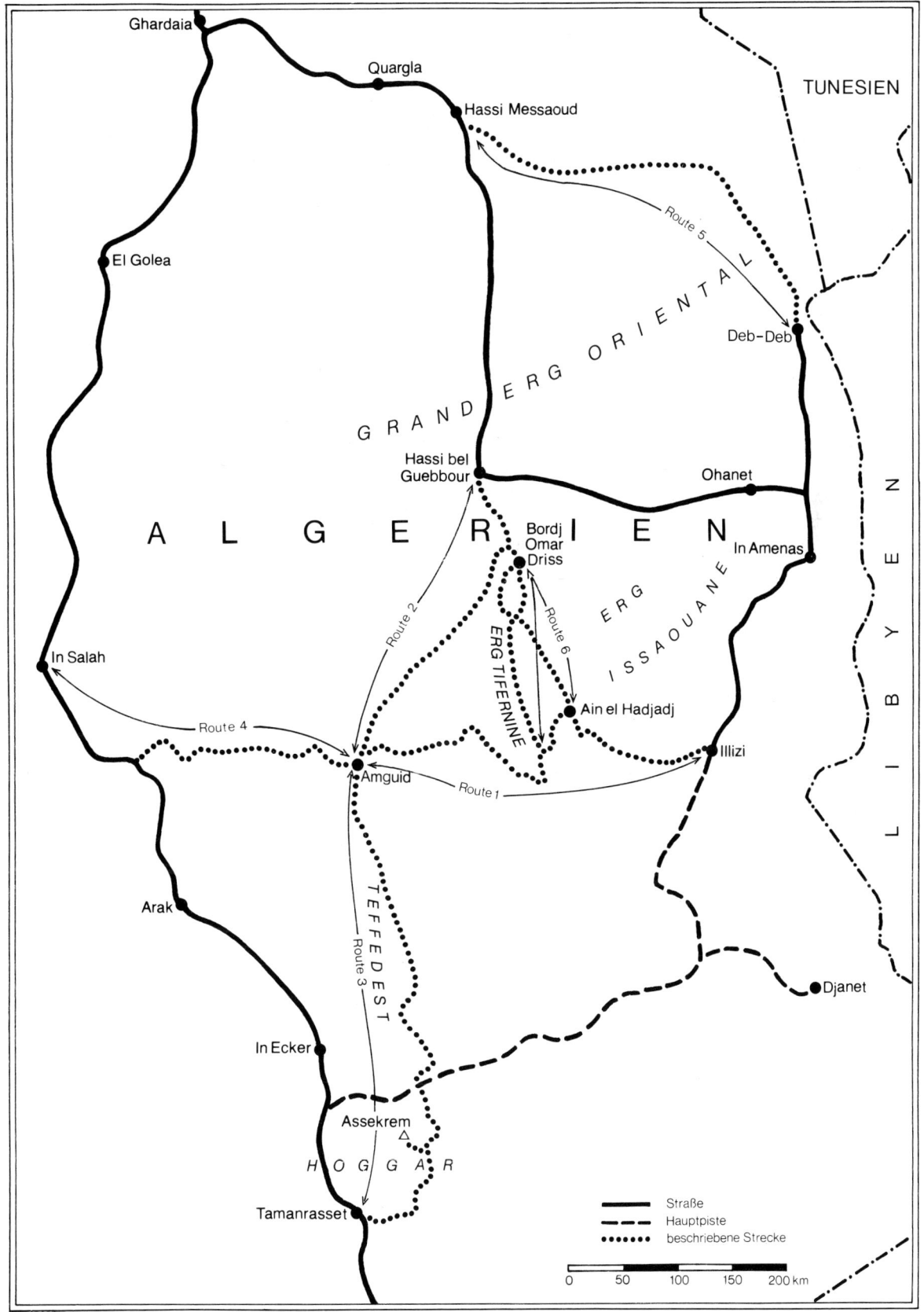

Der Wüste begegnen

Notsituationen auf Saharareisen

Reportage
Feuer

Vielleicht stimmt doch, was uns der alte Tuareg-Führer *Abdelkader* vor unserer Abfahrt von *In Salah* erzählt hat: Noch nie soll jemand den *Erg Tifernine* überquert haben. Nicht einmal Kamele könnten ihn passieren. Zu weich sei der Sand, zu steil die Dünen im höchsten aller Sandgebirge. Er hatte recht. Wir hätten die Geschichte nicht als Herausforderung, sondern als Warnung verstehen sollen!

Der erste Tag. Seit heute vormittag sind wir in einem der einsamsten und unzugänglichsten Gebiete der Erde, seit heute mittag als »Schiffbrüchige« in einem Meer ohne Wasser. Eines unserer beiden Motorräder ist nur noch qualmender Schrott, das andere fahruntüchtig. Mindestens drei Tagesmärsche trennen uns vom nächsten Brunnen, kaum mehr als zwei vom letzten Schluck Wasser.

Warum alles passiert ist? Genau wissen wir es nicht, können es jetzt auch nicht mehr feststellen: Vorboten der Katastrophe waren wahrscheinlich ein im Sand versunkener Seitenständer, auslaufendes Benzin und ein überhitzter Motor, Ursache ein am Auspuffkrümmer des umgestürzten Motorrades entflammter Schal oder Handschuh, vielleicht auch Marios Jacke.

Als wir auf unserer Aussichtsdüne die Katastrophe bemerken, ist es jedenfalls schon zu spät: Marios umgefallene Maschine brennt lichterloh, Flammen schlagen über dem Gepäck zusammen. Dann die Explosion: ein dumpfer, ohrenbetäubend lauter Schlag, eine dreifach mannshohe, schwarzgelbe Feuersäule, durch die Luft sirrende Metallteile! Ich werfe mich in den Sand, rapple mich gleich wieder auf, renne den Hang hinunter, vorbei an rauchenden Plastiktrümmern und brennendem Gepäck. Ein Dutzend Schritte neben einem qualmenden Feuerpilz liegt mein Motorrad im Sand – gesprenkelt mit zahllosen brennenden Flecken auf Reifen, Kotflügel, Sitzbank, Verkleidung und Gepäck: durch die Detonation herumgeschleudertes Benzin! Der Tankrucksack steht in Flammen, aus dem geschmolzenen Kanister der rechten Tanktasche rinnt Wasser, verdampft zischend am heißen Motor. Sand! Mit Händen und Füßen schütten und schaufeln wir wie die Berserker unser einziges Löschmittel auf das Feuer. Ewigkeiten scheinen zu vergehen, bis alle Brandherde auf den Motorrädern, auf dem überall verstreut herumliegenden Gepäck erstickt sind. Erschöpft und wortlos hocken wir im Sand.

»Verdammt, verdammt, verdammt....« Mario flucht nur leise vor sich hin. Tränen stehen in seinen Augen. Von seinem Gepäck und Motorrad ist nichts mehr zu retten. Alles, aber auch alles ist verbrannt, geschmolzen, verkohlt oder durch die Explosion zerfetzt. Auch seine Papiere sind zusammen mit der Jacke ein Raub der Flammen geworden.

Es stinkt nach Benzin. Der Tank meiner flachliegenden Maschine! Nicht noch einmal! Wir springen auf, zerren mein Motorrad aus dem Sandhaufen, unter dem es halb begraben ist, in die Senkrechte. Die ganze rechte Seite der Honda sieht aus wie nach einem Treffer aus einem Flammenwerfer. Mein Tankrucksack muß einen ganzen Spritschwall abbekommen haben. Er ist vollkommen verbrannt. Fotoapparat, Taschenlampe und Peilkompaß – alles nur noch verkohlter Schrott in einem Berg blättriger Asche: die Landkarten!

Einmal, zweimal, dreimal trete ich den Kickstarter durch: nichts! Noch einmal... und noch einmal.... und immer wieder. Kein »Muckser« entspringt dem Motor. Sie muß einfach laufen, sie *muß*...! Mit einem Ruck reißt Mario das völlig verschmorte Plastikteil des Seitendeckels ab. »Das war's dann wohl«, ist alles, was er sagt. Ich beuge mich über die Sitzbank und schaue in das Rahmendreieck meines Motorrades. Es muß brennendes Benzin hinter den Seitendeckel geflossen sein: Der Luftfilterkasten hat ein faustgroßes Brandloch. Die darüberliegende »Elektronikbox« der Zündung sieht aus wie ein kleines Kohlebrikett!

Die Reserve-Zündbox! Sie war auf Marios Maschine. Vielleicht ist sie nur weggeschleudert worden und hat die Explosion überlebt. Fieberhaft suchen wir nach der Weichplastikschachtel mit den Elektrik-Ersatzteilen. In etwa dreißig Meter Entfernung befördere ich sie aus einer der zahlreichen Lösch-Sandhaufen ans Tageslicht – ein Klumpen zerflossenen Kunststoffs und her-

Eine kleine Unachtsamkeit kann fatale Folgen haben.

ausstehender Drähte. Es ist endgültig: Wir besitzen keinen fahrbaren Untersatz mehr! Wie ein Fieber spüre ich sie in mir aufsteigen, lähmend und panisch zugleich: die Angst, daß es diesmal aus sein könnte!

Alles war seit *In Salah* hervorragend gelaufen: Problemlos hatten wir die Strecke nach *Amguid* in zweieinhalb Tagesetappen hinter uns gebracht und vor Erreichen des Dorfes sogar den kleinen Erg davor überquert – ein traumhaftes Erlebnis, das die Idee wachsen ließ, das zwischen hier und *Illizi* gelegene Bilderbuch-Sandgebirge des *Erg Tifernine* zu befahren. Nur: Woher das Benzin für einen solchen Dünentrip nehmen? Die sechzig in *In Salah* aufgetankten Liter reichen bis *Illizi* nur ohne Extratouren. Als wir *Abdelkaders* Brief bei seinen *Amguid*-Verwandten abgeben, sehen wir ein 200-l-Faß im kleinen Garten stehen. Ob da wohl Benzin drin ist? Es ist. Freudig nehmen wir das Angebot an, unsere mittlerweile ziemlich leeren Tanks aufzufüllen: Die Fahrt vom Brunnen *Hassi Ntsel* nach Osten, querbeet durch das »Dreieck der Riesendünen«, ist beschlossene Sache.

Benzin – wie unwichtig ist auf einmal alles, was nicht zum Trinken geeignet ist. Ein kleiner Plastikkanister und der in meine Endurojacke eingearbeitete Wasserbeutel sind alles, was wir noch haben – und die Chance, gesucht zu werden: Das Telex, das ich vor unserer Abfahrt von *In Salah* nach *Illizi* schickte, könnte unsere Rettung bedeuten:

*»Lieber Ahmed, sind heute in In Salah eingetroffen. Morgen brechen wir auf, werden über Oued Habadra und Amguid nach Illizi fahren, spätestens in einer Woche ankommen.
Herzliche Grüße Thomas«*

Die Antwort hatte gelautet:

»Wir freuen uns auf Euren Besuch. Hoffentlich bleibt Ihr ein paar Tage, denn am 15. Oktober heiratet mein Bruder. Bis bald. In Freundschaft Ahmed«

Übermorgen abend ist die Woche um. Spätestens am Morgen danach wird Ahmed mit einem Suchtrupp starten. Hoffentlich! Er kennt mich nach unseren gemeinsamen Reisen, weiß, daß ich eine vereinbarte Zeit nicht zum Spaß überschreite – schon gar nicht auf einer so einsamen Strecke. Nein, kein Zweifel: Sie werden uns suchen. Es muß einfach so sein, ist unsere einzige Hoffnung! Wenn alles gutgeht, wenn nicht frische Spuren anderer Motorradfahrer auf dem ersten, befahreneren Abschnitt der »Gräberpiste« für Verwirrung sorgen, sind die 370 km Pisten-Kilometer von *Illizi* nach *Hassi Ntsel* ein »Klacks« für Ahmed, auf jeden Fall problemlos an einem Tag zu schaffen. Am Brunnen müßte er auf unsere Spuren, die markanten Abdrücke der *Desert*-Reifen, stoßen und ihnen über die Tonfläche des *Oued Tifernine* nachfahren, bis sie im Dünensand verschwinden. Dann allerdings wäre Schluß – selbst wenn unsere Spuren im Erg noch sichtbar wären. Auch ein so guter Dünenfahrer wie Ahmed könnte ihnen dort nicht mehr folgen: Zu hoch, zu steil und zu eng sind die Sandberge im Südteil des *Erg Tifernine*, waren selbst mit unseren leichten und leistungsstarken Motorrädern nur schwer zu überqueren.

Wo wir jetzt sind, kann uns jedenfalls nichts und niemand finden – kein Suchtrupp, keine anderen Touristen, auch keine Nomaden, denn die nehmem *Abdelkaders* Geschichte sicherlich ernst. Wir müssen Ahmed entgegenlaufen!

»Wo ist der ›Satnav‹?!« Ohne das kleine Gerät sind wir verloren, bleiben nur die Spuren unserer Herfahrt als Orientierungshilfe für den Rückmarsch – und die können schon in ein paar Stunden unsichtbar sein, vom Wüstenwind verweht. Kurz vor der Explosion hatte ich das Gerät auf unserem Aussichtspunkt noch in der Hand, um unsere jetzige Position zu speichern. Zum Glück, sonst wäre der Satelliten-Empfänger im selben Zustand wie der restliche Inhalt des Tankrucksacks! Ich muß ihn beim Löschen verloren, versehentlich eingegraben haben. Auf halbem Weg zum Gipfelgrat unserer Aussichtsdüne finde ich das taschenrechnergroße Gerät. Nur die Antenne ragt aus dem Sand!

Ich rufe die in *Hassi Ntsel* genommene Position ab. 51,8 km ist der Brunnen von unserem jetzigen Standpunkt entfernt. Eigentlich gar nicht so weit! Aber es sind Luftlinien-Kilometer, zwei Drittel davon in einem Erg, dessen Dünen so hoch und steil sind, daß ich mir nur die Strapazen eines Fußmarschs, nicht aber seine Länge vorstellen kann. Mein Motorrad-Tageskilometerzähler! Er müßte die zu laufende Entfernung eigentlich halbwegs richtig anzeigen: 219 km! Das kann nicht stimmen – ich habe vergessen, in *Hassi Ntsel* auf Null zu stellen. Mit einem Montiereisen zerschlagen wir das zu einer braunen, undurchsichtigen Masse verkohlte Plastikglas von Marios Tachometer. Auch die Skala darunter ist angeschmort, doch ablesbar: 94,7 km, fast die doppelte Luftliniendistanz! Dabei waren wir dank »Satnav« relativ geradlinig gefahren. Das LCD-Display zeigt schon kleinste Kurs-Abweichungen an.

Fast 100 km müssen wir laufen, wahrscheinlich gut siebzig davon im Erg! Zwei, vielleicht auch drei Tage werden wir bis zum Rand des Dünengebirges benötigen, bis zur Schwemmtonebene des *Oued Tifernine*, dem ersten Punkt, wo man uns finden, wo nur ein Regen die Spuren unserer Motorräder verwischen kann. Nochmal ein Tag mehr bis zum Brunnen *Hassi Ntsel* – oder dem Eintreffen Ahmeds. Nur wenn wir nachts marschieren und die hohen Tagestemperaturen dieses ungewöhnlich heißen Oktobers bewegungslos im Schatten überdauern, haben wir eine Chance, mit dem Rest unseres Wassers so lange zu überleben. Sieben Liter sind es noch – auf der bisherigen Reise haben wir an einem Tag mehr verbraucht! »*March' ou crev' (Marschier' oder Krepier')*«, ein Lied aus einem alten Film über die Fremdenlegion, kommt mir in den Sinn. Es paßt nur zu gut auf das, was vor uns liegt.

Wir haben bei der Graberei viel Energie und Körperflüssigkeit verbraucht, müssen uns endlich vor der Sonne schützen. Ich packe das Zelt aus meiner versengten Campingrolle. Trotz eines großen Loches spendet die Überplane, aufgespannt zwischen meinem Motorrad und zwei Sandheringen, genügend Schatten. Bewegungs- und wortlos liegen wir auf dem Rücken. Wir wissen beide, auch ohne es auszusprechen, daß wir unseren Energieverbrauch ab jetzt auf ein Minimum reduzieren müssen – zumindest solange, bis die Sonne untergeht.

Um sechs Uhr wird es endlich spürbar kühler. Der Sonnenball steht nur noch eine Handbreit über dem Horizont. Wir können beginnen, zusammenzupacken, was wir für den Marsch brauchen.

Die Liste existiert seit Stunden in meinem Kopf. Viel darf es nicht sein, denn jedes Kilogramm verringert unsere Chancen durchzukommen. Mein Grundsatz, nie ohne Rucksack in die Sahara zu reisen, macht sich nun tatsächlich bezahlt – ein kleiner Trost, zumindest für den von uns beiden, der das mit dick gepolsterten Hüft- und Schultergurten ausgerüstete Behältnis gerade schultern darf. Der andere muß mit einer von Spanngurten zusammengehaltenen Rolle vorlieb nehmen. Von Marios Rucksack ist nichts Tragbares mehr übrig, ebenso wenig von seinen Turnschuhen. Die Bade-»Schlappen«, die ich ihm geben könnte, sind für lange Märsche noch weniger geeignet als seine Cross-Stiefel, doch barfuß würde der Sand seine Füße schon bald mit riesigen Blasen verzieren. Wenigstens kann er in die Motorrad-»Botten« nicht so leicht hineinrieseln wie in meine nur knöchelhohen Trekking-Schuhe.

Die erste Nacht. Als die Sonne zur Hälfte hinter den Sandbergen im Westen des *Erg Tifernine* versunken ist, brechen wir auf, folgen den Spuren unserer Motorräder nach Osten. Wo sie hinter dem nächsten Dünengrat verschwinden, werfen wir einen letzten Blick zurück auf das Bild der Verwüstung hinter uns. Den Anblick werden wir im Leben nicht mehr vergessen – auch wenn es noch länger dauern sollte als die nächsten paar Tage.

Gegen Mitternacht ist der noch etwas magere, schon am frühen Nachmittag aufgegangene Halbmond hinter den Dünen versunken. Es wird so dunkel, daß wir die Motorradspuren ein paar Mal verlieren, vor allem, wenn sie über freigewehte Senken führen, sich nur leicht in den dort harten Boden gedrückt haben. Immer öfter können wir den Reifenabdrücken nur mit der Taschenlampe folgen. Doch lieber das, als schon jetzt einen der beiden für den Betrieb des »Satnav« erforderlichen Akkusätze zu verbrauchen. Mit einem läuft das Gerät bei Dauerbetrieb nur etwa vier Stunden – tagsüber, ohne Display-Beleuchtung. Das Auftanken im kleinen Solar-Lader dauert hingegen 14 Stunden, eine ganze Sonnenscheinperiode! Noch haben wir die »Ariadne-Fäden« unserer Motorradspuren.

Noch ist es windstill – ungewöhnlich zu einer Jahreszeit, wo das Temperaturgefälle vom Tag zur Nacht so hoch ist wie jetzt. Geradezu kühl ist es geworden, schätzungsweise kaum 15 Grad. Was für ein Gegensatz zur Gluthitze des vergangenen Tages! Wenigstens ein bißchen Glück im Unglück.

»Laß uns endlich was trinken«, krächzt Mario hinter mir, »ich kann bald nicht mehr!« Mir geht es genauso, doch keiner von uns hatte gewagt, seit dem Verlassen unseres Unglücksplatzes auch nur einen Tropfen Wasser anzurühren. Wir lassen uns gegen den Dünenhang fallen, mittlerweile todmüde von der kräftezehrenden Sand-Stapferei. Schluckweise, das Wasser lange im Mund hin und her rollend, trinken wir erst den Rest der Elektrolyt-Lösung in meinem Jackentrinkbeutel, dann zwei große Becher aus dem Kanister. Als kleinen »Snack« gibt's eine Handvoll Müsli dazu, der einzige, weil relativ zu seinem Gewicht nahrhafteste Proviant, den wir außer Vitamin- und Mineralsalztabletten mit auf den Marsch genommen haben: Zwei Kilo Körner und Rosinen, keine Delikatesse, aber genug, um notfalls ein bis zwei Wochen zu überdauern – wenn wir den Brunnen erreichen.

Wir tauschen den Rucksack. Was für eine Wohltat, nur mehr das leichte Bündel aus Zelt, Proviant und dem unverbrannten Schlafsack auf dem Rücken zu haben. Für Mario ist es erst einmal umgekehrt: Unser Wasservorrat drückt auf seine Schultern – und die Rauchsignal-»Ausrüstung«: fünf Liter Benzin und drei Reifenschläuche!

Nach einer halben Stunde Marsch relativiert sich das Tragegefühl: Mir schneiden die dünnen Spannriemen schmerzhaft in die Schultern. Mario hat mit dem Rucksack keine Schwierigkeiten mehr. Bis jetzt auch keine großen mit den Stiefeln: Nur eine wundgescheuerte Stelle auf dem Rist des rechten Fußes. Ein großes Pflaster beseitigt das Problem vorerst.

Erst um halb fünf Uhr morgens ist er dann zum ersten Mal da – der »tote Punkt«. »Ich kann nicht mehr«, reißt mich Marios Krächzen aus meiner Lethargie, der erste Satz seit einer Stunde. Im Umdrehen sehe ich ihn zu Boden fallen. Als ich bei ihm bin, ist er schon eingeschlafen. Ich nehme ihm den Rucksack ab, rolle die Alu-Folie aus und Mario darauf, decke uns beide mit dem Schlafsack zu. Die Kälte macht es ein wenig leichter, aufs Trinken zu verzichten.

Der zweite Tag. Was mich aus dem letzten einer Reihe von Alpträumen aufweckt, ist seine Fortsetzung in der Realität: Wie tausend Nadeln trifft das Sandstrahlgebläse der Sturmböen mein Gesicht, brennt in den Augen, knirscht zwischen den Zähnen. Das einzig Gute: Wir sind geweckt worden, denn längst ist die Sonne aufgegangen, steht als blasse Scheibe hinter den riesigen Sandfahnen der Dünenkämme. Schon sind die Vorboten der Hitze zu spüren. Hätte ich doch nur gleich heute nacht das Zelt aufgebaut!

Der Wind ist so stark, daß unser Zelt, Marke »freistehende Kuppel«, platt auf den Boden gedrückt wird. Keine Chance, es zu verankern: Selbst die halbmeterlangen U-Profile der Sandheringe werden von der wild peitschenden Plane im selben Moment wieder herausgezogen, in dem Mario sie mit seinen Stiefeln in den Sand rammt. Verzweifelt knien wir auf dem Zelt und schieben mit beiden Armen Sand darauf. Erst als wir es rundherum fast einen halben Meter hoch eingegraben haben und der Nylonstoff durch das Gewicht zum Zerreißen straff gespannt ist, kann das Gestänge die Form des Zeltes halten. Während Mario unser Gepäck hineinwirft, fädle ich die »Rettungsdecke« zwischen Über- und Unterzelt. Außen können wir die reflektierende Folie bei diesem Sturm nicht befestigen, und ohne sie würden wir unter der dunklen Zeltplane im eigenen Saft kochen.

37,6 Luftlinien-Kilometer sind es laut »Satnav« noch bis *Hassi Ntsel*. Wir müssen heute nacht rund dreißig Kilometer durch die Dünen gestapft sein! Mario verzieht das Gesicht zu einem matten Grinsen, als ich ihm die Peilung zeige. »Wir schaffen es. Du wirst schon sehen«, sagt er mit von durstkratziger Stimme entstelltem Optimismus. Ein dünnes Blutrinnsal läuft aus seiner an vielen Stellen aufgesprungenen Unterlippe, und blaue Ringe umschatten seine tiefliegenden Augen. Ich sehe bestimmt nicht besser aus, fühle mich wie ein ausgetrockneter Schwamm. Ich nehme ein Stück Haut meiner rechten Handoberseite zwischen linken Zeigefinger und Daumen und ziehe daran. Nur langsam glätten sich die Falten wieder, ein sicheres Zeichen für hohen Wassermangel. Auch dunkle Färbung des Urins wäre ein solches Indiz, doch zum Pinkeln haben wir unserem Körper wohl nicht genug Flüssigkeit zugeführt. Es ist ein Teufelskreis: Wir müssen unser Wasser so rationieren, daß es noch einmal zwei Tage reicht. Wenn wir das tun, sind wir aber höchstwahrscheinlich zu schwach, um den Rest der Strecke in dieser Zeit zu schaffen. Schon bald »singt« uns das mahlende Heulen des Sturms, das schleifende Prasseln der Sandböen wieder in den Schlaf.

Als ich aufwache, ist es ruhig und windstill. Unerträgliche Hitze herrscht im Zelt. Ich bekomme kaum Luft, habe das Gefühl, ein großes Stück Holz statt einer Zunge im Mund zu haben. Mario röchelt im Schlaf wie ein Erstickender. Schweißbäche ziehen glänzende Spuren durch sein staubverkrustetes Gesicht. Der Zeltboden ist zentimeterhoch mit feinstem Sand bedeckt. Es ist merkwürdig hell. Sollte das Überzelt.....? Der Reißverschluß am Eingang klemmt. Mit einem Ruck reiße ich ihn auseinander. Ein kleiner Sand-»Wasserfall« rieselt herein, ein angenehm kühler Luftzug ist zu spüren.

»Mario, wach auf! Schnell raus hier!« Ich rüttle ihn, doch er ächzt nur. An den Beinen ziehe ich ihn aus dem Zelt, bzw. dem, was davon übriggeblieben ist. Das Überdach ist weg, ebenso die Alu-Folie. Meterhohe Dünen haben sich um unseren Lagerpatz gebildet. Es ist nicht kühl hier draußen – kann es gar nicht sein, am frühen Nachmittag –, es ist nur nicht so gnadenlos heiß wie in unserer Zeltsauna. Ich schütte ein wenig Wasser zwischen Marios aufgesprungene Lippen und benetze seine heiße Stirn. Dann versuche ich, das Zelt aus dem neu entstandenen Dünentrichter zu heben, um es als Schattenspender auf die Seite zu legen. Doch es steht fest wie einbetoniert, hängt offenbar an den Resten des Überzelts. Je mehr ich ziehe, desto mehr kommt von der grünen Plane zum Vorschein: Sie ist nicht weggeflogen, sondern nur an zwei Zeltecken abgerissen und umgeklappt. Ein kleiner Sandberg liegt auf ihr – und auf dem Knäuel der Alu-Folie. Allah sei Dank!

Wir haben kein Fieberthermometer dabei, doch allzu hoch ist Marios Fieber wohl nicht. Er ist bei sich, fragt nach Wasser und will wissen, was »jetzt schon wieder los ist«. Wir trinken jeder fast einen Liter. Dann warten wir im Schatten des Zeltbodens auf den Abend.

Erst nach Sonnenuntergang brechen wir auf – das spart Energie.

Die zweite Nacht. Gegen drei Uhr morgens zeigt das Display »Battery low« an und schaltet kurz darauf die Skalenbeleuchtung aus. Ich setze den zweiten Satz Akkus in den »Satnav« ein. Wenn er zu Ende ist, bleibt uns nur noch der Reststrom aus den Taschenlampen-Batterien. Wir sind ganz gut vorangekommen bis jetzt, trotz des Fehlens jeglicher Spuren, trotz zunehmender Erschöpfung. Wir reden kaum mehr miteinander, stapfen nur wortlos hintereinander her, wechseln bei Erreichen jedes neuen Dünengrates den Rucksack, trinken einen Schluck und warten mit dem Abstieg bis wir wieder ruhig atmen können. Solange der heute schon etwas kräftigere Halbmond am Himmel steht, schalte ich den »Satnav« nur auf erhöhten Punkten ein und suche in der von kaltem »Neonlicht« beschienenen Erglandschaft den nächsten auf »Kurs *Hassi Ntsel*« gelegenen Zielpunkt. Es ist immer eine Dünenspitze – was denn sonst, eine von vielen. Nur mit größter Konzentration gelingt es bei solchen Sichtverhältnissen, den »Zielpunkt« nicht aus den Augen zu verlieren. Einmal wegschauen, stolpern oder stürzen – schon muß der »Satnav« wieder aktiviert werden. Manchmal liegt mehr als eine halbe Stunde zwischen zwei Dünenpassagen. Wir wechseln uns ab, können nicht ständig beide auf die Richtung aufpassen und brauchen die geistigen Ruhepausen des »Nur-Hinterher-Laufens«.

Nach dem Monduntergang können wir nur noch bei Satnav-Dauerbetrieb auf Kurs bleiben, kommt für den jeweils Vorauslaufenden eine neue psychische Belastung hinzu: das deprimierend langsame Schrumpfen der Entfernungsangabe auf dem LCD-Display!

Als um halb sechs die ersten Dünenkonturen vor dem sich langsam rötenden Himmel sichtbar werden, bin ich am Ende. Kurz vor Erreichen eines Grates lasse ich mich einfach hinfallen, will nur noch eines: schlafen. Meinetwegen auch sterben – im Moment ist mir alles egal.

Marios Schrei mobilisiert die letzten Energien, die noch in mir stecken. »Juhu!« ruft er plötzlich, mit sich beinahe überschlagender Stimme. »Wir haben's geschafft!« Auf allen vieren krabble ich die letzten Meter im Zeitlupentempo durch den watteweichen Sand unterhalb des Dünenkammes. Dann sehe ich sie auch, beleuchtet vom diffusen Licht des ersten Morgengrauens: eine weite, bis zum Horizont reichende Ebene. Wir haben das Ende des *Erg Tifernine* erreicht. »Wie weit noch, Mario?« flüstere ich, bringe keinen richtigen Ton heraus. »25,3..., nur noch geradeaus..., endlich Schluß mit der Schinderei!«

Der dritte Tag. Nur noch knapp 26, vielleicht 27 km zu laufen – weit weniger, als wir in jeder der letzten beiden Nächte marschiert sind – unter den denkbar mühsamsten Bedingungen! Trotz aller Müdigkeit verspüren wir beide den Wunsch, weiter zu gehen – bis zum Brunnen. Doch das wäre Selbstmord: In einer Stunde setzt die Hitze ein. Wir sind ausgedörrt bis zum Umfallen und haben noch zwei oder drei Zentimeter Bodensatz in unserem Wasserkanister.

Also wenigstens noch die Motorradspuren finden, nur ein kleines Stück in die Ebene rauslaufen, weg von diesem gottverdammten Erg! Wir torkeln und fallen den Dünenhang hinunter, stapfen über die flachen Hügel der letzten *Tifernine*-Ausläufer in die Ebene hinaus. Makellos und unberührt ist sie, so weit das Auge reicht. Wahrscheinlich sind wir an einer ganz anderen Stelle in das Dünenmeer hineingefahren.

Das *Oued Tifernine*: Ein Tausende von Quadratkilometern großes Netzwerk aus feinen Erdreich-Rissen – so gleichmäßig, daß es eigentlich schön aussieht: Ornamente der Dürre – ästhetisch und bedrückend zugleich. Ob unsere Motorradspuren nördlich oder südlich von hier verlaufen? Es hat keinen Zweck, danach zu suchen, könnte uns das entscheidende Quentchen dessen kosten, was wir für die letzte Etappe brauchen, aber kaum noch haben: Kraft und Wasser.

Langsam löst sich der letzte Schatten auf. Mehr und mehr Sonnenstrahlen gleißen über die Kämme der hinter uns liegenden Dünenketten – höchste Zeit, Schluß zu machen. Ich lasse den Zeltsack auf den Boden plumpsen und drehe mich noch einmal um die eigene Achse. An einer winzigen, dunklen Erhebung nördlich, beinahe schon nordöstlich unseres Standpunktes bleibt mein Blick hängen. Mario sieht sie auch: »Mensch, das könnte doch das Kamel sein, an dem wir vorbeigekommen sind!« Eine Viertelstunde später bauen wir ein Stück neben dem mumifizierten Kadaver das Zelt auf – auf den Spuren unserer Motorräder!

Trotz aller Müdigkeit kann ich nicht einschlafen. Es ist die Angst, kurz vor dem Ziel doch noch kapitulieren zu müssen. Unser Wasser reicht einfach nicht aus, um noch einmal sieben oder acht Stunden zu marschieren, auch nicht nachts. Bis heute abend werden wir die letzten paar Schlucke, die noch im Kanister schwappen, aufgebraucht haben und werden uns trotzdem vor Flüssigkeitsmangel kaum mehr auf den Beinen halten können.

Wir haben nur das Unterzelt aufgebaut, die Rettungsfolie darüber gelegt und beide Eingänge weit geöffnet. Kein Lüftchen bringt Erfrischung. Es ist windstill – jetzt, wo uns selbst ein Sturm nicht stören würde, weil weit und breit kein Sand aufgewirbelt werden könnte. Wenn ich die Augen öffne, sehe ich durch den Zelteingang neben mir das tote Kamel. Es liegt da, als wäre es im Schlaf gestorben, im Sitzen einfach umgekippt. Kein Schakal hat an dem Kadaver gezerrt und gefressen. Die vollkommen vegetationslose Sterilität dieser Schwemmton-Ebene lockt keine Tiere an. Ob das Kamel verdurstet ist? Vielleicht kannte es Abdelkaders Geschichte nicht und kam wie wir zu schwach aus dem *Erg Tifernine*, um es bis zur nächsten Wasserstelle zu schaffen.

Ich frage mich, ob wir nicht einfach liegenbleiben sollen, warten bis Ahmed uns holt. Morgen nachmittag könnte er da sein. Eine Nacht und einen Tag ohne zu trinken – eigentlich sollte der Mensch das überleben. Doch es ist schon der dritte Tag, daß wir viel zuwenig Flüssigkeit zu uns nehmen. Wenn wir morgen doch nicht gerettet werden, wenn Ahmed erst in zwei Tagen kommt oder gar nicht...? Nein, wir *müssen* weiterlaufen, bis zum schönsten Ort, den ich mir vorstellen kann, zum Brunnenloch von *Hassi Ntsel*.

Die dritte Nacht. »Wach auf, Thomas! Es ist schon mitten in der Nacht, wir müssen los«, höre ich eine Stimme, die mit der Marios keinerlei Ähnlichkeit mehr hat. Der Prügel in meinem Mund ist noch größer, noch trockener und härter geworden. Mein ganzer Rachen scheint aus Holz zu bestehen. Wasser! Wenigstens einen Schluck. Mit zitternden Fingern drehe ich an dem Plastikdeckel, lasse zwischen meine schmerzhaft span-

Kamelskelett.

nenden Lippen laufen, was noch in dem Kanister drin sein mag. Ich schmecke nichts, spüre nur die Kühle des Wassers, den Schmerz des Schlukkens. Erschrocken setze ich ab. Nicht alles, um Gottes willen nicht alles trinken! Ich schaue Mario an.

»Ist schon o.k., Thomas, ich hab' schon 'nen Schluck gehabt«, flüstert er.

Es ist 11 Uhr abends. Ich weiß nicht mehr, wie lange ich heute früh noch wach gelegen bin, doch eines ist sicher: Wir haben mindestens 14 Stunden geschlafen. Langsam packen wir zusammen. Könnte uns jemand sehen, hätte er ein gespenstisches Bild vor seinen Augen: Zwei sich in Zeitlupe bewegende »Zombies« und ein im Mondlicht unheimlich grinsendes Kamelskelett.

Unser Erschöpfungsschlaf hat zunichte gemacht, was das Solar-Ladegerät den ganzen Tag über geleistet hat. In den vier Stunden, die die Akkus seit Einbruch der Dunkelheit darin verblieben sind, haben sie den aufgetankten Strom wieder abgegeben – ins Nichts: Der »Satnav« ist tot. Zum Glück versinkt der Mond erst spät hinter dem Horizont. Keine hohen Dünen, keine Berge rauben uns Minuten seines wertvollen Lichts. Etwa eine halbe Stunde können wir den im harten Boden nur schwach sichtbaren Motorradspuren mit dem Strahl meiner

Taschenlampe folgen. Dann sind die beiden Batterien endgültig leer. Sosehr wir uns auch konzentrieren, das Licht reicht selbst unter dem sternklaren Wüstenhimmel nicht aus, die Reifenabdrücke sichtbar zu machen.

Wir lassen uns hinfallen, wo wir gerade sind. Verzweifelt und apathisch zugleich schaue ich in die Nacht. Die tief am Horizont stehenden Sterne flackern in den Verzerrungen der Atmosphäre. Wäre doch nur ein menschliches Licht darunter!

Phantasiere ich schon, beginne zu sehen, was ich mir wünsche? Oder ist da wirklich ein Stern, der erst aufgeht, dann wieder unter, dann wieder auf? Ich rüttle Mario – wie tot liegt er auf der Erde –, ziehe ihn in eine sitzende Haltung. Wort- und bewegungslos starrt er in die Dunkelheit und röchelt plötzlich aufgeregt: »Da ist was..., ein Feuer oder ein Scheinwerfer!«

Fieberhaft suche ich im Rucksack nach dem kleinen Schußstift und knalle zwei »Signalpatronen« in den Himmel. Nur zu gut kenne ich ihren bescheidenen Leuchtradius. Das einzige in den Saharastaaten nicht verbotene Signal-Abschußgerät ist kaum mehr als ein Spielzeug. Schon in ein paar Kilometern Entfernung wird der vermeintlich taghelle Leuchtball von jeder Sternschnuppe an Leuchtkraft übertroffen. Wir müssen einen wirklichen »Feuerzauber« veranstalten, wenn wir gesehen werden wollen!

Mit letzter Kraft baue ich das Zelt auf, werfe die Motorradschläuche hinein und den Schlafsack oben darauf. Dann schütte ich das ganze Benzin aus dem 5-l-Blechkanister darüber und schieße aus etwa zwanzig Meter Abstand eine Leuchtpatrone auf die Nylonkuppel ab. Wie »damals« - es scheint Ewigkeiten zurückzuliegen, daß Marios Motorrad explodierte – schießt die Stichflamme in den Himmel und rast hinter ihrer grellroten, wabernden Rauchwolke her. Kurz darauf beginnt das Zelt von innen heraus Feuer zu fangen, verändert sich vom Miniatur- »Atompilz« zur Fackel. *Hoffentlich* haben sie uns gesehen!

Noch immer tanzt das Licht am Horizont, nicht heller, aber schneller als zuvor: Ist das ein Blinken? Einmal, zweimal, dreimal. Rasch hintereinander schieße ich vier Signalpatronen in den Himmel. Wieder schnelles Flackern – es ist eindeutig: Sie haben uns gesehen! Mit einem unbeschreiblichen Gefühl der Erleichterung fallen wir uns um den Hals.

Lange Minuten später ist unser Feuer fast erloschen, brennen und qualmen nur noch die Schläuche. Zum ersten Mal hören wir ein Motorengeräusch und können den tanzenden Punkt vor uns allmählich als zwei Lichtquellen, zwei Scheinwerfer ausmachen. Ich beginne damit, Signalpatronen abzuschießen, eine nach der anderen, in Minutenabständen. Im Schein der letzten Leuchtkugel sehe ich endlich einen Wagen.

Geblendet starren wir in die schnell größer werdende Lichtflut der beiden Scheinwerfer. Immer lauter wird das sonore Brummen. Zehn, fünfzehn Meter vor uns kommt das Auto mit blockierenden Rädern zum Stehen. Aufgewirbelter Staub treibt durch das Licht. Beide Wagentüren öffnen sich, die Silhouetten zweier Männer in langen Gewändern und *Chech* zeichnen sich vor dem Wagen ab. Einer hält ein Gewehr in der Armbeuge, gibt einen erschrockenen Ausruf in Tamaschek von sich. Als ich vor ihnen stehe und den entsetzten Ausdruck in ihren Augen sehe, wird mir klar, daß wir wohl nicht mehr sehr lebendig aussehen.

»*Merci, Ahmed!*« ist alles, was ich herausbringe.[1]

---

[1] Ahmed und Bilal waren am späten Nachmittag losgefahren, wollten uns eigentlich nur ein paar Kilometer entgegenfahren – sozusagen zur Begrüßung. Als sie 150 km nach Illizi immer noch nicht auf unsere Spuren gestoßen waren und auch die Bewohner des Dorfes *Tanarine*, nichts von uns wußten, war ihnen klar, daß wir höchstwahrscheinlich Probleme haben.

Ratgeber
Notfälle verhindern und bewältigen

Wer verunglückt in der Wüste?

Trotz aller Aufklärung, trotz der seit Anfang der achtziger Jahre stark angestiegenen Publizität der Sahara kommen noch immer erschreckend viele Wüstenreisende um. Die für vermißte Ausländer zuständigen Behörden von gut organisierten Saharastaaten wie Algerien verzeichnen jedes Jahr aufs neue eine Vielzahl von Fällen. Durch die deutschsprachige Presse gehen diese Unglücke natürlich nur, wenn es sich bei den lebendig, verstorben oder gar nicht mehr aufgefundenen Personen um Deutsche, Österreicher oder Schweizer handelt.

Der Großteil dieser Unglücksfälle ereignet sich allerdings nicht unter Touristen, sondern unter einer Gruppe von Saharafahrern, die sich für Land und Leute höchstens am Rande interessiert: den sog. »Autoschiebern«. Wer wie ich selbst schon mal eine Transsahara-Autoüberführung praktiziert hat – und das sind auch unter »normalen« Wüstenfahrern weit mehr, als zugegeben wird –, der kennt den ebenso unerklärlichen wie unwiderstehlichen Reiz eines solchen Trips – auch wenn an seinem Ende nur ein ungewöhnliches Erlebnis, eine Sahara-Durchquerung unter erschwerten Bedingungen, als Erfolg zu verzeichnen ist[1]. Vom Frühsommer bis Anfang Herbst, wenn südlich der Sahara die – unter »Schiebern« recht unbeliebten – »Urlaubskassen-Aufbesserer« nicht mehr Preis und Profit verderben, düsen die franco-algerischen und italienischen Konvois der Profi-Dealer über *Hoggar*- und *Tanezrouft*-Piste – und eben immer wieder ein paar unerfahrene »Abenteurer«, die ein gutes Geschäft wittern, ohne zu ahnen, was sie riskieren. Es ist die Zeit der »Schieber«-Dramen, denn bei hohen und höchsten Temperaturen verzeiht die Wüste keine Fehler – schon gar nicht bei einem Fahrzeug, dessen Geländegängigkeit nur bei Rallye-Fahrstil erkennbar, dessen Zustand aber kaufpreisbedingt nicht gerade der beste ist. Wer dann auf den orientierungsmäßig so tückischen, zig Kilometer breiten »Transsahariennes« nicht wie zuhause, wer schlecht ausgerüstet oder nur mit »schieber«-üblich knappen Wasserreserven ausgestattet ist, der ist Kandidat für eine Hauptrolle in einer der alljährlichen Wüstentragödien.

Natürlich können auch erfahrene, gut ausgerüstete und sicherheitsbewußte Saharafahrer in lebensbedrohende Situationen geraten (siehe die vorstehende Erzählung »Feuer«). Niemand, ist er auch noch so gut ausgerüstet, vorbereitet und routiniert in der Durchführung einer Wüstenfahrt ist zu hundert Prozent sicher vor einem echten Notfall. Oft ist dann nicht unbedingt das Problem selbst die eigentliche Ursache einer Katastrophe, sondern irrationales Verhalten. Nur wer einen klaren Kopf behält, wird mit der eigentlich größten Gefahr fertig, die es für den Menschen in der Sahara gibt: der Todesangst, der lähmendsten und zugleich verwirrendsten Form der Panik. Nachstehend daher ein Ratgeber zur Bewältigung, vor allem aber auch Vermeidung typischer Sahara-Notsituationen.

Notfallsituation 1: Zurücklassen eines Verletzten oder Kranken

Vorsichtsmaßnahmen. In diese Lage kommen in der Regel nur Motorradreisende ohne Autobegleitung. Grundsätzlich sollten zweirädrige Wüstenfahrer auf Routen mit extrem dünner, bzw. nicht existenter Verkehrsdichte in einem Konvoi von wenigstens drei, besser sogar vier Motorrädern unterwegs sein. Ein transportunfähiger Verletzter muß dann nicht in jedem Fall allein zurückgelassen werden. Ein Mitglied der Gruppe kann ihn betreuen, während der (die) andere(n) Hilfe holen. Ein leicht Verletzter oder der Fahrer einer ausgefallenen Maschine kann auf dem Beifahrersitz eines Reisepartners weiterfahren, das Gepäck wird auf die Maschinen der anderen verteilt.

---

[1] Jedenfalls gewiß nicht der bei Risiko-Profit-Abwägung geradezu lächerliche Verdienst, den man in den Sahel-Staaten durch Gebrauchtwagen-Verkauf herausholen kann – nach mehr oder weniger vielen Verhandlungstagen mit abgefeimten Aufkäufern und ihren Mittelsmännern, nach nervtötendem Spießrutenlauf durch das Raubritter-Heer korrupter Uniformträger.

Bewältigung. In bestimmten Situationen kann es allerdings auch trotz eines Dreierkonvois erforderlich sein, einen transportunfähigen Kranken oder Verletzten allein zurückzulassen, z. B. wenn Nahrungsmittel oder Trinkwasser (siehe dazu auch Kapitel »Ratgeber für Motorradreisen / Wasser«) bis zum Eintreffen von Hilfe nicht für Kranken *und* Helfer ausreichen würden, oder wenn es aufgrund der gesamten Umstände (z. B. besonders weite, einsame oder schwierige Strecke) zu riskant wäre, den Hilfeholer allein fahren zu lassen. Folgendes ist in einem solchen Fall unbedingt zu beachten:

- bestmögliche Versorgung von Verletzungen.

- ausreichend Medikamente, insbesondere Schmerzmittel.

- geschützten Lagerplatz auswählen: sicher vor Flutwellen (nach Regenfällen in Wadis!), Steinschlag (an Felswänden!) und eventuellen Verkehrsteilnehmern (auf Pistenspuren!).

- effektiven Schutz vor Hitze und Kälte einrichten (Zelt, Schatten durch Baum oder Felsblock, reflektierende Rettungsfolie, wärmster vorhandener Schlafsack).

- reichlich Trinkwasser. Ein Kranker braucht mehr als ein Gesunder: im Winter mindestens drei Liter täglich, im Herbst und Frühjahr fünf Liter. Im Zweifelsfall sollte(n) der (die) Hilfeholer vor Abfahrt einen ausreichenden Wasservorrat von der nächstgelegenen Versorgungsmöglichkeit (Brunnen, Wasserloch, Guelta) herbeiholen.

- ausreichend Nahrung.

- Signalausrüstung: Leuchtpatronen mit Abschußgerät, einige Liter Benzin zum Anzünden eines, falls vorhanden mehrerer Motorrad-, besser noch Autoreifen (auch auf einsamen Pisten häufig auffindbar): starke, lang andauernde Rauchentwicklung und heller Feuerschein!

- als Waffe zum Schutz gegen Tiere geeignetes Instrument: Montiereisen, Messer, einige Steine als Wurfgeschosse usw.

- Licht: Taschenlampe, Batterien.

- Feuerzeug und Zündhölzer; falls möglich, kleine Feuerstelle mit Brennholzvorrat einrichten.

- Lektüre, Landkarte, KW-Empfänger, Walkman, Schreibzeug usw. zur Bekämpfung von Depression und Panik.

- Die Lagerstelle muß gut markiert werden und/oder an markanter Stelle liegen, damit sie sicher (auch bei schlechter Sicht!) wiedergefunden werden kann. Ist dies nicht möglich (z. B. im Erg), ermöglicht nur die (auf jeden Fall vorzunehmende!) exakte Positionsbestimmung ein Wiederfinden. Mit dem Zurückgelassenen Zeiten (Uhrenvergleich nicht vergessen!) vereinbaren, an denen er Signalpatronen abschießt (z. B. ab Dämmerung zu jeder halben Stunde drei Leuchtkugeln) oder den (einen der) Reifen anzündet. Falls sie nicht durch Sturzeinwirkung zerstört sind, sollte man Scheinwerfer und Batterie des zurückgelassenen Motorrades ausbauen und so präparieren, daß der Zurückbleibende damit Lichtsignale geben kann: Bei Dunkelheit in den Himmel zu leuchten, hat in der Sahara wegen des Staubgehalts der Luft laserstrahlähnliche Signalwirkung.

- Zur Vorbeugung von Benzinknappheit sollte der Hilfeholer vor der Abfahrt aus der Maschine des Zurückgelassenen nachtanken.

Nach Erreichen der nächsten Ortschaft kommt es vor allem darauf an, möglichst rasch effektive Hilfe zu organisieren. Der Hilfeholer sollte sich also nicht bei Polizei oder Militär mit dem Ausfüllen von Formularen und der Aufnahme eines Unfall-Protokolls aufhalten. Ist der Unfallort sehr abgelegen und nur mit geländegängigen Fahrzeugen erreichbar, wendet er sich am besten an eine der größeren Reise-Agenturen. Diese sind spezialisiert auf das Befahren schwieriger und abgelegener Pisten (im Gegensatz zu den lokalen Behörden, deren Personal in der Regel aus anderen Landesteilen kommt), besitzen die entsprechenden Fahrzeuge und Ortskenntnisse und sind geübt in der Durchführung von Rettungsaktionen, da sie auch bei offiziellen Suchaktionen von der Polizei beauftragt werden. Der Preis für die Miete eines Geländewagens mit Fahrer/Führer liegt zwischen 1000 und 1500 französischen Francs pro Tag oder dem Gegen-

Autobegleitung mag auf einer Saharareise per Motorrad den »Touch des Abenteuers« ein wenig verringern. Für weniger erfahrene Wüstenreisende, wie auch abseits der »0815«-Routen, birgt sie allerdings entscheidende Vorteile, was Sicherheit und Fahrspaß betrifft.

wert in Landeswährung (diese Bergungskosten werden in der Regel von Auslandskranken- oder Reiserückholversicherungen erstattet). Besteht die Möglichkeit oder ist sicher, daß der Zurückgelassene ernsthaft krank oder verletzt ist (z. B. Verdacht auf innere Verletzungen, offene Brüche, Auskugelungen, schwere Verbrennungen, Schlangenbiß, Vergiftung usw.), muß dem Hilfstrupp ein Arzt angehören. In den meisten Saharastaaten ist allerdings die Qualifikation des medizinischen Personals nicht in jedem Fall ausreichend für eine effektive Behandlung, zumal auch das Material der Krankenhäuser mangelhaft sein kann. Gute medizinische Versorgung ist meist im den Hospitälern von Städten mit oder nahe bei petrochemischer Industrie gewährleistet (häufige Arbeitsunfälle). Der Hilfeholer sollte sich in jedem Fall kurz auf dem Campingplatz oder im Hotel (so vorhanden) des Ortes vergewissern, ob unter den Touristen nicht ein Arzt (Rettungssanitäter, Krankenpfleger) zu finden ist, evtl. auch ein »Dolmetscher«, falls er selbst die landesübliche Amtssprache nicht beherrscht.

Bild auf den Seiten 172/173: Gueltas heißen die manchmal äußerst üppigen Wasservorkommen der Sahara, die in Schluchten und Wadi-Oberläufen zu finden sind.

Notfallsituation 2: Ausfall der Fahrzeuge

Vorsichtsmaßnahmen. Daß alle Fahrzeuge eines Konvois (Autoreisen: mindestens 2; Motorradreisen: mindestens 3) ausfallen, passiert in der Regel nicht gleichzeitig (außer bei einem Fall wie dem oben geschilderten oder auch bei Zusammenstößen), sondern zeitlich versetzt: durch irreparable Defekte, durch Fahrzeugaufgabe in extrem schwierigem Gelände (z. B. nach »Absturz« in einen steilen Dünentrichter) und – mit Abstand am häufigsten – durch Treibstoffmangel. Entweder wurde die Gesamtlänge einer versorgungslosen Strecke und der Durchschnittsverbrauch zu niedrig angesetzt, oder Umwege wurden aufgrund von Such- oder Irrfahrten nicht einkalkuliert.

Wenn man für Sahara-Offroad-Langstrecken 20% Verbrauchszuschlag (gegenüber dem Straßen-Anreiseverbrauch) und 10 % Entfernungsaufschlag (Schlafplatzsuche, Abstecher, »Verfahrer«) mit einrechnet, ist man auf der sicheren Seite! Für orientierungsmäßig besonders schwere Routen-Abschnitte (z. B. Querfeldein-Etappen durch Dünen-Gebiete) sollte wegen der Möglichkeit, ja Notwendigkeit von Erkundungs- oder auch Irrfahrten und wegen des stark erhöhten Verbrauchs mit einer zusätzlichen Sicherheitsreserve von 100 % kalkuliert werden!

Beispiel: Per Motorrad von Illizi nach In Ecker
Gesamtstrecke (laut Beschreibung): ca. 790 km
Effektiv zu fahrende Strecke (+ 10 %): ca. 870 km
Querfeldein-Strecken: ca. 50 km
Dünenstrecken: ca. 50 km
Verbrauch: bei der Anreise: 5,4l/100km
Zu erwarten: + 20 %: 6,48l/100km ~ 6,5 Liter
Benzinmenge: (8,7 + 0,5 + 0,5) x 6,5 ~ 63 Liter

Bewältigung. Eine der Grundregeln für Notfälle in der Sahara lautet: Bei dem (den) Fahrzeug(en) warten, bis Hilfe eintrifft. Sie gilt, solange Ort, Jahreszeit und Umstände das Eintreffen anderer Menschen in einer Zeitspanne erwarten lassen, die man mit den vorhandenen Nahrungsmittelreserven, vor allem aber Wasservorräten überleben kann (man verdurstet wesentlich schneller als man verhungert). Auf Querfeldeinstrecken weitab jeder Piste besteht hingegen keine begründete Hoffnung auf Hilfe von außen, wäre jeder Tag, den man mit Warten verbringt, eine Verschwendung wertvollen Trinkwassers.

Schwierig einzuschätzen kann die Lage auf selten befahrenen Pisten sein, z. B. touristisch interessanten, aber verkehrstechnisch bedeutungslosen Strecken. Hier geht das Fahrzeugaufkommen von Anfang Mai bis Ende September u. U. gegen Null und ist schon einen Monat davor oder danach extrem dünn: Die Wartezeit kann auch zu dieser Zeit durchaus über eine Woche betragen. Im Zweifelsfall sollte man sich hier für einen Marsch entscheiden, wenn eine Versorgungsmöglichkeit mit dem vorhandenen Wasser zu Fuß erreichbar ist: eine Siedlung, Hauptpiste, Straße oder Wasserstelle[2].

Ein Verbleiben am Fahrzeug kann auch dann zu einer tödlich endenden Entscheidung werden, wenn man am äußersten, selten befahrenen Rand einer breiten Hauptpiste liegenbleibt, ebenso auf einer *»piste contrebande«*, einer sog. Schmugglerpiste (erstens selten befahren, zweitens halten ihre Benutzer u. U. auch bei einem deutlich erkennbaren Notfall nicht an!).

Auch auf einem »blinden« Abzweig, einer *»piste recherche«* (geologische, petrochemische, archäologische Expeditionen; häufig mit dünnen Holzstangen oder Drähten markiert) oder einer *»piste trompie«* (entsteht bei der Falsch- und anschließenden Rückfahrt mehrerer Fahrzeuge; häufig nach Rallyes) ist mit Hilfe kaum zu rechnen.

Wenn man sich nun entschlossen hat, loszumarschieren, sind eine Reihe von Punkten unbedingt zu berücksichtigen (glücklich wird sich übrigens preisen, wer für eine solche »Wanderung« geeignete Schuhe und einen guten Rucksack dabei hat):

- Immer den eigenen Spuren entlang zurückgehen, nicht »abkürzen«. Einzige Ausnahme: eine sichere Wasserversorgungsmöglichkeit auf der weiterführenden Strecke, die deutlich näher liegt als die letzte, auf der bisherigen Strecke passierte.

- Nicht während hoher Tagestemperaturen laufen.

---

[2] Nur wenn ihr Wasserstand sicher, am besten auf der Herfahrt selbst überprüft ist: Viele Brunnen der Sahara sind nur periodisch wasserführend!

Satelliten-Navigationsgeräte sind eigentlich für die Seefahrt entwickelt worden, daher auch für Saharabetrieb in der Regel robust genug: gut abgedichtet (wasserdicht = staubdicht) und stoßfest (rauhe See = Pistengerüttel).

Von Anfang April bis Ende Oktober sollte man zwischen etwa 10 Uhr 30 und 16 Uhr 30 möglichst bewegungslos im Schatten liegen. Wer es orientierungsmäßig sicher bewältigen kann (helles Mondlicht, deutlich erkennbare eigene Spuren, eindeutige Piste, Satelliten-Navigationsgerät), spart viel Wasser, wenn er nachts marschiert.

Von ca. Mitte Mai bis Mitte Oktober ist dies die einzige Möglichkeit, den Teufelskreis aus hoher Anstrengung und hohem Wasserverbrauch zu durchbrechen.

- Nicht mehr als 15 bis 20 Liter Wasser (je nach körperlicher Verfassung) mitschleppen. Alles, was darüber liegt, kompensiert nur noch den durch die hohe Last verursachten zusätzlichen Wasserverbrauch.

- Folgende Ausrüstungsgegenstände nicht vergessen:

1. Erste-Hilfe-Ausrüstung: Verbandszeug, Desinfektionsmittel, Medikamente
2. Orientierungs-Ausrüstung: Kompaß, Detailkarten, Routenbeschreibungen, »Satnav«, Fernglas
3. leichten und nahrhaften Proviant: Müsli, Vitamintabletten, Elektrolytpulver, »Energieriegel« usw.; keine Konserven
4. Signal-Ausrüstung: Leuchtpatronen und Abschußgerät; etwas Benzin zum Anzünden eines der im Bereich von Pisten zahlreich zu findenden Reifen (starke, lang andauernde Rauchentwicklung und heller Feuerschein!)
5. »Brunnen-Ausrüstung«: Wasserentkeimungsmittel, Seil, Schöpfbehälter.
6. Schutz gegen Hitze und Kälte: Alu-Rettungsfolien(n), Zelt, Schlafsack, Isoliermatte
7. Sonnenschutz: Kopfbedeckung (optimal: ein *Chech*, die Kopfbedeckung der Tuareg), Sonnenschutzmittel, Lippenbalsam.

Nur selten sind an den Brunnen der Sahara Seil und Schöpfgefäß zu finden. Bei Tiefen von 30 Metern und mehr muß man zudem damit umgehen können.

Notfallsituation 3: Verirrt

Vorsichtsmaßnahmen. Bei schlechten Sichtverhältnissen (Staubdunst, Sandwinden oder gar Sandsturm) fallen im Bereich von Pisten die künstlichen Orientierungshilfen aus (Stangen, Schienen, Fässer, Reifen, Autowracks, Blechhütten, mit Steinen, Strohballen und Maschendraht befestigte Trassenreste, Spurenbündel, »Wellblech« usw.), ebenso die natürlichen des Geländes (Bergketten, Dünenzüge, Zeugenberge, Vegetationsketten von Wadis). In diesem Fall ist eine Weiterfahrt in die gewünschte Richtung – ob mit oder ohne Streckenbeschreibung – nur nach Kompaß möglich. Dazu muß man allerdings einigermaßen genau sagen können, wo man sich befindet.

Grundsätzlich ist für Reisen abseits geteerter Sahararouten der sichere Umgang mit Kompaß und Detail-Karten (I.G.N. 1:200.000) vorauszusetzen. Bei regelmäßiger Positionsbestimmung ist damit in reliefreichem Gelände und bei normalen Sichtverhältnissen sichere und exakte Orientierung möglich:

- Zwei auf der Landkarte zu identifizierende Geländeobjekte werden mit der Visiervorrichtung des Kompasses angepeilt. Bei Prismen- oder Fernglaskompassen ist die Gradzahl direkt ablesbar. Bei Kompassen mit drehbarer Skala muß die Kompaß-Nadelspitze mit der Nordmarke in Deckung gebracht werden, bevor der Winkel abgelesen werden kann (in der Regel über die Verlängerungslinie der Visiervorrichtung).

- Auf der *eingenordeten* (= nach Norden ausgerichteten) Karte werden die ermittelten Winkel in Form zweier von den angepeilten Punkten wegführenden Geraden eingezeichnet, am besten mit Hilfe eines »Geo-Dreiecks«. Der Schnittpunkt der beiden Geraden ist der Punkt, von dem aus die Peilung vorgenommen wurde, also der aktuelle Standort.

Sind die Sichtverhältnisse schlecht und ist das Gelände ohne markante Erhebungen, ist eine Einhaltung der gewünschten Fahrtrichtung nur mit Hilfe eines während der Fahrt ablesbaren Kompasses möglich. Das Gerät muß entweder mit einer Einstellvorrichtung zur Kompensation der Störeinflüsse von Fahrzeugmetall und -elektrik ausgestattet oder »selbstkompensierend« sein, sonst ist es aufgrund hoher Anzeigeabweichungen wertlos. Für den Einsatz an Motorrädern bewähren sich nur optimal gedämpfte und gelagerte Auto-Kompasse, z. B. der rallyetaugliche Silva 70 BC.

Ein sog. Sonnenkompaß ist eine einfache, bei ausreichender Übung recht zuverlässige Kurskontrolle für Autofahrer:

- Auf die Motorhaube wird ein Kreis gemalt oder mit Isolierband aufgeklebt und ein etwa 80 cm langer Stab in der Mitte befestigt (gut geeignet: CB-Funkantennen mit Magnethalterung).

- Zuerst wird der Kurs festgelegt. Es ist die zwischen aktuellem Standpunkt und gewünschtem Zielpunkt auf der eingenordeten Karte mit dem Geo-Dreieck gemessene Gradzahl.

- Da wegen der schlechten Sichtverhältnisse oder des relieflosen Geländes kein anpeilbarer Punkt existiert, muß zur Voreinstellung des Sonnenkompasses ein künstlicher Punkt geschaffen werden. Zweckmäßigerweise ist dies der Reisepartner. Er stellt sich in etwa 20 Meter Entfernung auf und wird solange nach rechts oder links dirigiert, bis er in der Zielvorrichtung des Kompasses in Richtung der gemessenen Gradzahl zu sehen ist. Danach geht er in gerader Linie auf den Peiler zu. An der Linie seiner Schritte – dem gewünschten Kurs – wird das Auto ausgerichtet.

- Auf dem Kreis des Sonnenkompasses wird an der Stelle des Antennenschattens mit Isolierband eine Markierung angebracht und anschließend losgefahren.

- Zuerst lenkt man den Wagen so, daß der Schatten ein kleines Stück vor der Markierung steht (in etwa 5 cm Abstand)

- Nach 15 Minuten (es können auch 10 oder 20 sein) ändert man die Fahrtrichtung so, daß der Schatten im selben Abstand auf der anderen Seite der Markierung verläuft. Anschließend lenkt man den Wagen so, daß der Schatten für dieselbe Zeitspanne wie zuvor an dieser Position verbleibt.

Im Orientierungsstreß.

Durch den für Hitec-Elektronik typischen Preisverfall werden Satelliten-Navigationsgeräte auch für Gelegenheits-Wüstenfahrer immer interessanter. Die aktuelle Position ist dann jederzeit per Knopfdruck mit höchster Genauigkeit abrufbar. Moderne Geräte sind handlich, robust und bedienerfreundlich und bieten eine Vielzahl von Navigations-Optionen bis hin zu analogen Kursabweichungsanzeigen: Mittels in Deckung zu bringender Pfeile werden sogar Kursabweichungen von nur zehn Metern angezeigt!

Unangenehm ist der Ausfall eines »Satnavs« ganz besonders in Gegenden, in die man sich ohne das Gerät nicht so leicht gewagt hätte. Da gewinnt man den längst vergessenen Respekt vor der einstmals gefürchteten Sahara-Navigation schnell wieder zurück.

Für ausgesprochene Extremstrecken, z. B. lange Erg-Durchquerungen, sollte man sich daher nicht nur auf Orientierungs-Elektronik verlassen, sondern weiterhin auch mit Karte und Kompaß arbeiten – sei es auch nur, um nichts zu verlernen.

Bewältigung. Wenn längst erwartete Geländeerhebungen gar nicht oder in »falschen« Himmelsrichtungen auftauchen, wenn am Ende eines Tales keine Passage, sondern unbefahrbares Geröll wartet, wenn die Spuren, denen man gefolgt ist, plötzlich aufhören oder gar umdrehen – spätestens dann liegt man mit seinen Orientierungskünsten falsch und mit dem Entschluß, umzukehren, richtig.

In keinem Fall sollte man der Versuchung nachgeben, »abzukürzen«.

Will man nicht in »Teufels Küche geraten«, heißt die Regel, an die man sich in der Sahara halten muß: den eigenen Spuren entlang zurückfahren, bis man wieder weiß, wo man ist, und eine Positionsbestimmung durchführen kann. Hat man sich an das im vorstehenden Abschnitt »Notsituation 3: Verirrt/Vorsichtsmaßnahmen« Stehende gehalten, dürfte das normalerweise nicht allzuweit sein. Wenn doch, ist es immer noch besser, in einer bekannten Gegend liegenzubleiben, als auf einer Irrfahrt den Tank leer zu fahren.

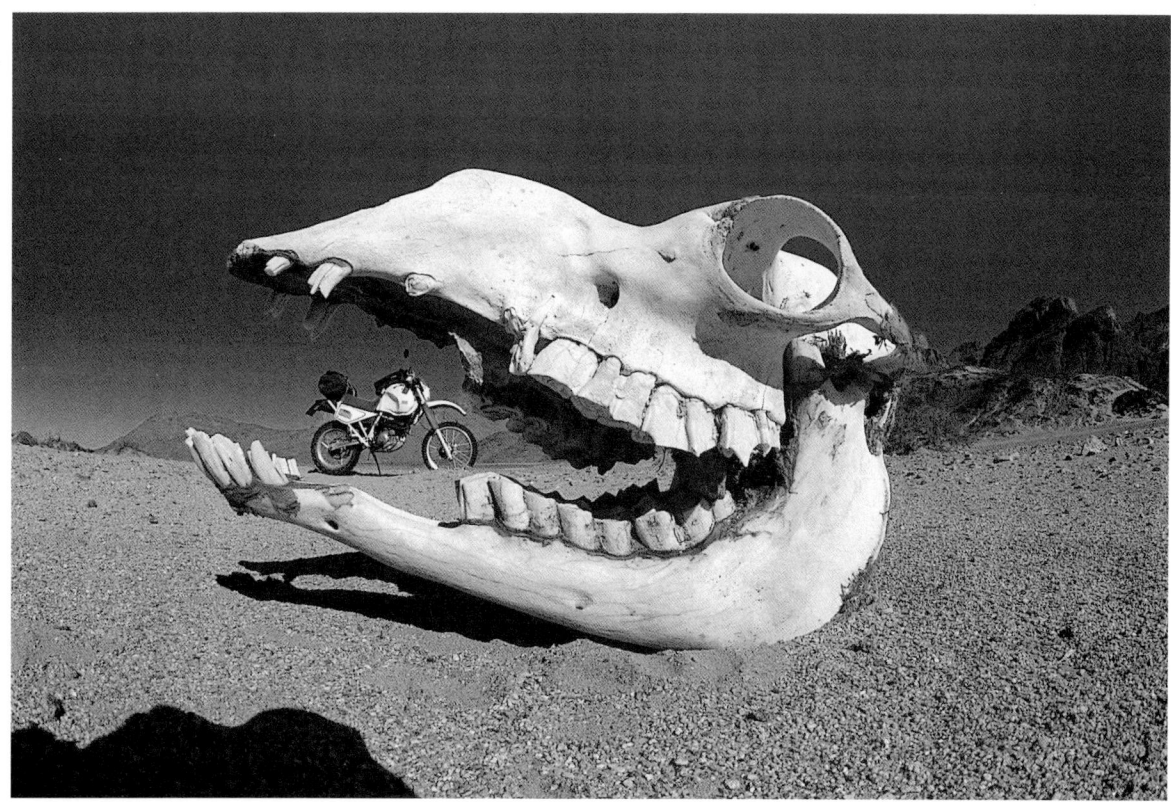

»Zahn-Rad«.

Notfallsituation 4: Wassermangel

Vorsichtsmaßnahmen. In diese Situation kann im Normalfall nur geraten, wessen Fahrzeug nicht mehr funktioniert, wer leichtsinnigerweise zuwenig Wasserreserven mitgeführt hat oder wer über nur knappe Transportkapazitäten verfügt. Letzteres trifft vor allem für Motorradfahrer zu. Für sie ist, insbesondere auf selten befahrenen Nebenstrecken, das Problem Wasser nicht leicht zu bewältigen – in puncto Sicherheit wie auch Gewicht. Grundsätzlich sollte gelten: Wo im Notfall nicht auf Hilfe durch Dritte gehofft werden kann, errechnet sich der Trinkwasservorrat aus der Fahrzeit für die längste versorgungslose Etappe, *plus* dem Trinkwasser für den Zeitraum, den ein Verunglückter warten muß, bis der Reisepartner Hilfe geholt hat. Insbesondere kleine Reisegruppen sollten daher keine Möglichkeit, ihre Wasserkanister aufzutanken, auslassen und ihre Benzinvorräte so kalkulieren, daß auch Brunnen, Gueltas (natürliche Wasserbecken in Felsschluchten) oder Dörfer, die einige Kilometer abseits liegen, angefahren werden können. Ein Entkeimungsfilter, Desinfektionstabletten, ausreichend Brunnenseil (30 m) und ein Schöpfgefäß ([Falt-]Eimer) sind für Motorradfahrer abseits von Hauptrouten unerläßlich.

Bewältigung. Realistisch betrachtet gibt es für einen in Trinkwassernot befindlichen Saharafahrer keine vernünftigen Möglichkeiten der Wassergewinnung. Die oft angepriesene Methode des Baus eines »Schwitz-Loches« (Wassergewinnung aus Pflanzen in einem mit Folie abgedeckten Erdloch) ist nicht mehr als praxisfremde Theorie, bestenfalls Zeitvertreib für die Teilnehmer von »Survival«-Kursen. Einem Verdurstenden würden solche Grabarbeiten lediglich die Überlebenszeit verkürzen – durch die Strapazen und den damit verbundenen Flüssigkeitsverbrauch. Alles was er tun kann, ist tagsüber bewegungslos im Schatten zu liegen (z. B. unter dem Auto), um seine Wasservorräte zu strecken. Siehe auch Kapitel »Notfallsituation 2: Ausfall der Fahrzeuge/Bewältigung«.

Notfallsituation 5: Reisepartner verloren

Vorsichtsmaßnahmen. Mit den Reisepartnern unbedingt *vorher* besprechen, ob eine Reise oder eine »Rallye« gefahren wird. Vernünftigerweise sollte ersteres der Fall sein, da es jeder Reisegemeinschaft eine Menge Ärger und Probleme erspart.

Folgende Spielregeln sind dann von allen Mitgliedern einzuhalten:

- Grundsätzlich in Sichtweite fahren. Muß wegen der Pistenbeschaffenheit hintereinander oder wegen eventuell starker Staubentwicklung in größerem Abstand gefahren werden, sollte der jeweils Vorausfahrende spätestens dann anhalten, wenn er die Staubwolke seines Hintermanns auch in übersichtlichem, ebenen Gelände nicht mehr erblickt.

- An Abzweigungen und orientierungstechnisch kniffligen Teilstücken sollte der Vorausfahrende ebenso auf seinen Reisepartner warten wie an oder nach fahrtechnisch schweren Passagen.

- Für den Fall, daß man sich doch verliert, muß eine für alle gültige Regelung vereinbart werden. Diese sollte sinnvollerweise lauten, daß an dem Punkt, an dem alle das letzte Mal gemeinsam angehalten haben, gewartet wird, und daß auf dem Weg dorthin zurück keinesfalls »abgekürzt«, sondern entlang der eigenen Spur zurückgefahren wird!

Bewältigung. Ist ein vermißter Reisepartner so lange nicht zum vereinbarten Treffpunkt zurückgekehrt, daß mit einer Panne oder einem anderen, seine Fortbewegungsmöglichkeit verhindernden Zwischenfall zu rechnen ist, muß er systematisch gesucht werden. Vor Abfahrt sollte für ihn eine deutlich erkennbare Nachricht (ein »Steinmännchen« und/oder ein in den Boden geritzter großer Kreis mit zwischen Steinen festgeklemmtem Zettel) mit Informationen hinterlassen werden (z. B: hier oder nach einer bestimmten Kilometerzahl zu warten). Wurden vor Reisebeginn die oben erwähnten Vereinbarungen getroffen, können bei der Suche nach dem Vermißten grobe Fehlfahrten erst einmal ausgeschlossen werden.

Der (die) Sucher sollte(n) zuerst davon ausgehen, daß er sich im Bereich der planmäßigen Route befindet, aber durch das Gelände verdeckt ist (Vegetation, Senken, Hügel, Felsen, Düne usw.).

Bei Motorradfahrern muß immer damit gerechnet werden, daß der Vermißte sich aufgrund einer Sturzverletzung möglicherweise nicht selbst bemerkbar machen kann.

Eidechse in Lauschstellung.

Notfallsituation 6: Skorpionstich, Schlangenbiß

Vorsichtsmaßnahmen.
(1) Skorpione. Diese zur Gattung der Spinnentiere gehörenden Gliederfüßler existieren in der Sahara in knapp zwanzig Arten. Sie sind nachts aktiv und verstecken sich tagsüber unter Steinen, in Höhlen oder anderen Schlupfwinkeln. Sie sind nicht aggressiv und stechen einen Mensch nur dann mit ihrem Schwanzstachel, wenn sie wirklich bedroht werden, etwa durch Anfassen, versehentliches Darauftreten oder Daraufsetzen. Auch der Stich der besonders giftigen Arten, der Dickschwanz-Skorpione (lat. *Androctonus*; am giftigsten *Androctonus australis*: Scherenspitzen und Schwanzende dunkel, Rest des Tieres hell), ist in der Regel für einen gesunden Menschen guter Konstitution nicht tödlich. Wurde überhaupt bei dem Stich Gift abgegeben (was nicht unbedingt der Fall sein muß, da es drei bis vier Wochen dauert, ehe ein entleerte Giftblase wieder aufgefüllt ist), treten als Symptome starke Schmerzen, Übelkeit und Schweißausbruch auf, bei schwereren Vergiftungen auch Lähmungen und Krämpfe.

Um die geringe Möglichkeit, von einem Skorpion gestochen zu werden, völlig auszuschalten, sollte man in der Dämmerung und nachts nicht barfuß gehen, zumindest, wenn man nicht sieht, wo man hintritt (Taschenlampe benutzen!). Zelteingänge sollten geschlossen, Schlafsäcke zusammengerollt bleiben, solange man sie nicht benutzt. Im Freien liegende Rücksäcke und Taschen sollten übernacht ebenfalls zu sein, Schuhe und andere Kleidungsstücke in oder auf dem Fahrzeug (so vorhanden) deponiert, ansonsten vor dem Anziehen ausgeschüttelt werden.[3]

In vegetationsreichen Wadis, dem bevorzugten Biotop von Skorpionen, sollte vorsichtshalber im oder auf dem Auto bzw. im Zelt genächtigt werden. Daß ein unter freiem Himmel schlafender Mensch *in* seinem Schlafsack nächtlichen Skorpion-»Besuch« erhalten könnte, ist allerdings Unsinn. Möglich ist natürlich, daß er z. B. seinen außerhalb des Schlafsacks auf dem Boden liegenden Arm im Schlaf bewegt und damit einen gerade vorbeilaufenden Skorpion berührt oder erschreckt.

Man sollte einen im Bereich des abendlichen Lagerplatzes entdeckten Skorpion nicht erschlagen, sondern einfangen (Gefäß darüberstülpen, Landkarte o. ä. zwischen Gefäß und Boden schieben, hochheben und umdrehen). Läßt man das Tier in hundert Metern Entfernung wieder

---

[3] Auf einer Saharatour im Frühjahr 1991 fuhr ein Skorpion tatsächlich zig Kilometer im Jackenärmel eines Mitreisenden als blinder Passagier mit, bedankte sich erst beim Ausziehen der Jacke mit einem Stich für diesen »Lift«. Die Folgen waren zum Glück nicht schlimmer als die eines Bienenstichs und nach einem halben Tag wieder abgeklungen.

Skorpion in Angriffsstellung.

Kleidungsstücke vor dem Anziehen wegen eventueller »Besucher« ausschütteln!

laufen, ist eine eventuelle Gefahr wirksam beseitigt, ohne daß ein faszinierendes Wüstenlebewesen sinnlos vernichtet wurde.

(2) Schlangen. Die einzigen für den Menschen gefährlichen Schlangen der Sahara sind die in zwei Arten dort vorkommenden Vipern. Die »Hornviper« wird etwa 60 cm lang, wirkt aber kurz und plump, weil ihr Körper im Verhältnis zur Länge recht voluminös ist. Der deutlich abgesetzte Kopf ist dreieckig. Die Augen besitzen senkrechte Pupillen und sind meist von zwei kleinen Hörnern überragt. Die »Avicenna-Viper«, vom Laien allgemein als »Sandviper« bezeichnet, hat schrägsitzende Augenlider und in keinem Fall Augenhörnchen. Sie ist von ihrer »Statur« her geringfügig schlanker und nur etwa halb so groß wie die Hornviper. Beide Schlangen leben in Dünengebieten und anderen sandigen Wüstenregionen. Etwa von Anfang April bis Ende Oktober entfalten sie ihre größte Aktivität zur Zeit der Abenddämmerung und in den ersten Nachtstunden. Tagsüber liegen sie versteckt und vor der Sonne geschützt unter Steinen, im Sand eingegraben, in verlassenen bzw. von ihnen geplünderten Nagetierbauten oder zwischen Baum- und Strauchwurzeln. In den kalten Wintermonaten verlagert sich die Aktivität der Schlangen, wie die aller wechselwarmen Tiere der Wüste, in die letzten Sonnenscheinstunden jeden Tages. Beide Schlangen bekommt man im Gegensatz zu ihren charakteristischen, im Sand gut sichtbaren Spuren[4] nur sehr selten zu Gesicht, da sie in der Regel vorher die Flucht ergreifen, aufgeschreckt durch die Erschütterungen der menschlichen Schritte. Ihr Biß ist für den Menschen lebensgefährlich, wird von Afrikanern nur selten und von gesunden, gut konstitutionierten Europäern nur bei Verabreichung von

---

[4] Im Sand bewegen sich sowohl Horn- wie Avicenna-Viper nicht in Kriechrichtung, sondern quer dazu, rutschen so auch an steilen Dünenhängen kaum ab und erreichen erstaunliche Geschwindigkeiten. Das Spurenbild ist leicht zu erkennen, sieht aus, als hätte man mit einem Finger eine Reihe etwa 20 cm langer, zueinander parallel verlaufender S-förmiger Linien gezeichnet.

Walzenspinne: Biß schmerzhaft, aber ungefährlich.

Schlangenserum und/oder rascher und effektiver Erstversorgung überlebt. Erst wenn ein Mensch in den sog. Fluchtkreis einer Schlange eindringt (bei Vipern je nach Art und Größe ca. 3 bis 5 m Radius) und sich weiterhin bewegt, fühlt sie sich bedroht. Horn- und Avicenna-Viper reagieren dann äußerst aggressiv und beißen blitzartig zu, verfolgen einen sich rasch entfernenden Menschen aber nicht.

Im Prinzip gelten die gleichen Vorsichtsmaßnahmen wie die im Kapitel »Skorpione« genannten. Dazu folgende Empfehlung: In Dünengebieten und Wadis nicht rennen oder springen (z. B. von einem Felsen herunter), fest auftreten, sich nicht direkt an Büschen oder Bäumen auf den Boden oder unbesehen auf einen großen Stein, Baumstamm usw. setzen. Beim Feuerholzsammeln festes Schuhwerk (Motorradfahrer fühlen sich da mit Cross-Stiefeln zu Recht sicher) und Handschuhe anziehen, in abgestorbenem Gezweig und Gehölz erst mal mit einem langen Gegenstand herumstochern, um eine eventuell darin versteckte Viper (natürlich auch anderes Getier) zu vertreiben. Bei hohen Temperaturen sollte man auch in einem großflächigen, vor direkter Sonneneinstrahlung geschützten Platz mit einer Viper rechnen. Vor einem Mittagsschläfchen im Schatten eines großen Baumes, Felsens oder alten Bauwerks also immer erst gründlich »auskehren«!

Bewältigung. Falls vorhanden, sollte sofort »Nordafrikaserum« injiziert werden (Firma Pasteur, Frankreich; bestellbar in Apotheken; Lieferzeit 3 Wochen; ca. 180,- DM). Ständige Kühlhaltung (8° C) muß gewährleistet sein. Für Motorradfahrer kommt das Serum wegen der bei richtigem Verhalten sehr geringen Gefahr eines Skorpionstiches oder Schlangenbisses kaum in Frage, zumal auch die kleinsten erhältlichen Kühlboxen eine Menge Platz benötigen. Ohne Serum ist schnellste(!) Erste Hilfe die einzige, möglicherweise lebensrettende Maßnahme:

- Den Gestochenen/Gebissenen psychisch und physisch beruhigen (Aufregung und Bewegung beschleunigt den Blutfluß und damit das Eindringen des Giftes in den Körper).

- Den betroffenen Körperteil (ein oder zwei punktförmige Wunden von etwa Stecknadelkopfgröße) tieflagern (vom Herzen abwärts) und möglichst rasch an der betroffenen Extremität etwas oberhalb der Stich-/Bißstelle eine Blutstauung anlegen: mit einem zusammengerollten Tuch oder einem Riemen so fest abbinden, daß das betroffene Glied blau wird (nicht weiß! Alle zehn bis zwanzig Minuten den Stau kurz lösen).

- Gestochenen/gebissenen Körperteil kühlhalten (z. B. in feuchte Tücher wickeln).

- Die Stich-/Bißwunde vorsichtig (!) mit einem sauberen Skalpell, einer Rasierklinge oder einem scharfen Messer ein wenig vergrößern. Durch leichte Massage den Blutaustritt fördern. Die Wunde nicht mit dem Mund aussaugen: Vergiftungsgefahr über Zahnfleischwunden oder durch Schlucken! Eventuell mit einer in sog. »Schlangenbiß-Sets« enthaltenen Saugpumpe Blut absaugen. Umstritten, aber von Einheimischen (auch aufgeklärten und gebildeten Personen) als wirksam betrachtet, ist der sog. »Schwarze Stein der Weißen Vä-

Dornschwanz-Agamen-Baby.

ter«. Er wird auf die Biß- oder Stichwunde gelegt, hat möglicherweise aufgrund seiner mikroporösen Materialbeschaffenheit eine gewisse »Saug«- bzw. giftbindende Wirkung. In keinem Fall sollte durch den Einsatz des »Pierre noir« die oben genannte Erste Hilfe verzögert oder behindert werden.

- Schnellstmögliche ärztliche Versorgung organisieren.

- Den Betroffenen Wasser oder schwachen Tee trinken lassen. Kein Kaffee, kein Alkohol!

Notfallsituation 7: Raubüberfall

Vorsichtsmaßnahmen. Von allen auf einer Saharareise denkbaren Notsituationen ist dies die mit Abstand unwahrscheinlichste. Sie als eine für Wüstenfahrten generell denkbare Gefahr abzuhandeln, tut daher eigentlich der immer wieder überwältigenden Gastfeundschaft und Hilfsbereitschaft der Menschen der Saharastaaten unrecht. Der Vollständigkeit halber den-

Auch Schlangen suchen Schutz vor der Sonne.

noch einige, eigentlich selbstverständliche Empfehlungen. Keine Saharareisen:

- in Regionen mit kriegerischen Auseinandersetzungen.

- in Regionen, wo Menschen hungern bzw. ums nackte Überleben kämpfen.

- in Regionen, die von offizieller Stelle gesperrt oder verboten sind.

- Sog. »Schmugglerpisten« (in größerem Abstand – oft bis zu 100 km – parallel zu Hauptpisten verlaufende Pisten) nicht in kleinen Konvois oder gar alleine befahren.

Bewältigung. Wer tatsächlich so wagemutig (oder blauäugig?) genug ist, eine Schußwaffe durch Afrika zu schmuggeln, sollte diese bei einem Überfall endgültig und schleunigst vergessen. Alles, was er durch ihren Gebrauch erreichen wird, ist, daß er zusätzlich zum materiellen Verlust auch noch Gesundheit und Leben, auch das seiner Mitreisenden, schädigt oder gar verliert.

Die einzige eventuell wirksame Möglichkeit, den Diebstahl oder gewaltsamen Raub des in der Sahara Wichtigsten, des Fahrzeugs, zu unterbinden, ist, mit geistigen Waffen zu arbeiten. Dazu sollte man bereits zuhause einen gut im Innenraum des Wagens versteckten und bei jedem längeren Ausschalten des Motors zusätzlich aktivierten Zündstrom-Unterbrecher eingebaut haben.

Banditen, ob sie sich nun gleich »auf die Brutale« zu erkennen geben oder erstmal als »Besucher« die Lage sondieren, läßt sich dann je nach schauspielerischer Begabung und Sprachkenntnissen durchaus plausibel erzählen, man würde hier mit einer Panne festsitzen und stündlich mit dem Eintreffen der Reisepartner rechnen. Die wären nämlich losgefahren, um in der nächsten Militärgarnison, wo der Onkel einer angeheirateten Tante (z. B.) als Colonel arbeitet, Hilfe zu holen.[5]

---

[5] Im Sommer 1992 von einem pfiffigen Autoschieber auf der südlichen Tanezrouftpiste so praktiziert. Die »Banditen«, eine unter dem Deckmantel der Tuareg-Freiheitsbewegung agierende Räuberbande, hatten es daraufhin plötzlich sehr eilig, gaben sich mit ein paar Ausrüstungsgegenständen und etwas Geld zufrieden.

Gesamtregister

Adrar Telremt 126
Aheggar-Massiv 133
Ahounahamt 130
Ain el Hadjadj 119, 121, 145, 148
Ain Kerma 122
Ain Tidjoubar 138 f.
Akar-Akar 130
Allradantrieb 51 f.
Amguid 119, 122, 126, 129, 132, 134, 138
Assekrem 118, 129 ff.
Atlas-Rallye 101
Ausgleichsgetriebe 52
Ausrüstung 53
Ausrüstung, Brunnen 175
Ausrüstung, Erste Hilfe 19, 175
Ausrüstung für Tageswanderungen 19
Ausrüstung, Orientierung 19, 175
Ausrüstung, Signal 19, 175
Automatikgetriebe 51
Äxte 21
Azalai's 30

Beladung 53, 104, 107
Benzin 104
Benzinmotor 52
Bißwunde 184
Bordj el Khadra 142
Bordj Messaouda 142
Bordj Omar Driss 45, 50, 126, 145, 151 ff.
Bordj Temassinine 152

Campingausrüstung 105
Chameliers 30
Chech 31, 33, 175

Daiet el Kahla 139
Deb-Deb 141 f.
Dieselmotor 52
Differentialsperre 52
Djanet 118, 132
Djebel Essaoui Mellene 121, 148
Djebel Idjerane 139
Djebel Mellene 145
Djebel Tahinaouine 121, 148
Djebel Ti-Issekfa 148
Djellabah 31, 33
Djoua-Tal 126
Dromedar 35, 37
Dünen 115
Dünenfahrten 52 f.
Durchquerung, erste 54

Edjeleh 134
Edjif Mellene 131
El Borma 141
El Hamma 141
Enduro-Bekleidung 110
Erg Amguid 122, 126, 138
Erg Issaouane 44, 49, 120, 126, 141, 146 ff., 152
Erg Kranguet el Hadid 138
Erg Tahinaouine 121
Erg Telachchimt 134
Erg Tifernine 121, 149, 160
Ersatzteile 90
Ezernene 130

Fahrtechnik 113
Fahrzeugtechnik 51
Faustkeile 20
Feuerstellen, prähistorische 22
Flüssigkeitsmangel 18
Fort de Polignac 145, 152
Fort Flatters 126, 145, 152
Freilichtmuseum 20
Fremdenverkehrszentren Algeriens 30
Funde, prähistorische 20

Gara Khanfoussa 121, 145, 149, 151 f.
Garet el Djenoun 133
Gepäck 104
Gepäckunterbringung 106
Ghadames 142
GPS-Gerät, siehe Satelliten-Navigationsgerät
Grand Erg Oriental 141
Guelta Ahor 132
Guelta Issakkarassene 131
Guelta Tin Esselmakene 122
Gueltas von Afilal 130
Gueltas von Imeleoulaouene 130
Gueltas von n'Tsita 122

Hassi Bel Guebbour 122, 126, 141, 152
Hassi el Krenig 139
Hassi Jnifel 55
Hassi Messaoud 141
Hassi Ntsel 119, 122, 160
Hassi Tabelbalet 148
Hassi Ta-N-Mellelt 122
Hassi Touil 45, 152
Hassi Touskirine 148
Hirhafok 129 ff.

Hoggargebirge 57, 108, 118, 129
homo erectus 20
homo sapiens sapiens 20
Hornviper 182

Ideles 130, 132
Iharen 130
Illizi 44, 118 ff., 145, 160
Imadouzene, Felsgruppe des 131
In Acoulmou 133
In Amenas 142
In Ecker 132
Iniadj, Bergkette 133
In Salah 54 f., 138 f., 160
In Tedjert 122
In Tirhaouine 121
Issakkarassene 131
Issaouane

Kamel
– , einhöckriges 33, 35
– , zweihöckriges 35
– , wildes 33
Lastkamel 30, 33
Reitkamel 30, 35
Lasttier 31, 33
Reittier 30, 33
Brunftzeit 33, 35
Kamel-Reitkurs 31
Kamelsattel 33
Kastration 32, 35
Physiologie 35, 37
praktische Tips 31
Ur-Kamel 35
Karawane 30
Khanfoussa 44 f., 49
Khanfoussa-Passage 148
Kombiprotektor 110
Kompaß 83 ff.

Lanzenspitzen 21 f
Luftdruck 52
Luftfeuchtigkeit 18

Mehareés 26 f., 30
Meksoum el Djenoun 138
Mertoutek 129, 132
Mesolithikum 20
Mikrolithen 21
·Moosgummi 88
Motorradwahl 83
Motorseilwinden 53

187

Nationalpark 21
Neandertaler-Menschen 20
Neolithikum 20
Nordafrikaserum 183
Notfall-Ausrüstung 88f.
Notfallsituation 169, 174, 177, 179ff.
Notsender 67, 89

Ohanet 142
Ouargla 54f., 57, 141
Oued Amassine 122
Oued Arialet 134
Oued Dehine 133
Oued el Botha 139
Oued et Tiris 138
Oued Habadra 139
Oued Igharghar 122, 126, 133, 152
Oued Iskaouene 122
Qued Mellene 149
Qued Mertoutek 132
Oued Samene 44, 120
Oued Tadjeradjeri 120
Oued Tifernine 122
Oued Ti-n-Ekert 133

Paläolithikum 20
Parc National de l'Ahaggar 129
Paris-Dakar 81f., 94
Pfeilspitzen 21f.
Pharaonen-Rallye 81f., 100
Pipeline-Piste 141
Positionsbestimmung 177
prähistorische Feuerstellen 22
Prolog 64

Räder 88
Rallye-Ablauf 91
Rallye-Ausrüstung 84
Rallye-Ergonomie 90

Raubüberfall 184
Rebaa 141
Reibschalen 20
Reibstein 20
Reifen 52, 88, 109
Rennfahrer-Lizenz 64
Rhourd el Baguel 141
Roadbook 67, 82, 84f., 91, 93
Roadbook-Leser 84f., 91

Sahara-Langstrecken 105
Sahara-Rallye 81
Salzkarawane 30
Sand 113
Sandbleche 53
Sandviper 53
Sarouel 31, 33
Satelliten-Navigationsgerät 44, 82f., 85, 175, 178
Satnav 85, 88, 91
Schaber 22
Schaltgetriebe 51
Schlangen 182
Schlangenbiß 181
Schutzbekleidung 110
Seitenkoffer 106
Sif Fatima 141
Skorpionstich 181
Sonnenkompaß 177
Sonnenschutz 175
Source Tahabort 130
Sponsoring 64, 82
Spurrinnen 114
Steinzeitliche Werkzeuge 20
Steinwerkzeuge 22
Stichwunde 184
Streckenbeschreibungen 118

Tahat 129
Tahifet 130
Tamanrasset 30, 57, 118, 130

Tanarine 44, 120
Tank 88
Tassili 18
Tassili n'Ajjer 20, 118, 122
Tataouine 141
Teffedest-Ostumfahrung 132f.
Teffedestgebirge 133
Thala-Massiv 122
Tin et Terait 138
Tinrhert 152
Tinrhert, Abbruch von 153
Tinrhert-Plateaus 126
Tizouyadj 131
Tizouyadj, Massiv des 131
Trampeltier 35
Tripmaster 82, 84f., 91
Tunesien-Rallye 64, 81f., 101

Untersetzungsgetriebe 52

Verbrauch 105
Vergiftung 181
Verirren 177
Voraussetzungen 82
Vorbereitung, technische 83
Vormenschen 20

Wadi 26
Waschbrettpisten 113
Wasser 89, 105
Wassermangel 179
Wellblechpisten 105
Werkzeug 53, 89
Werkzeuge, steinzeitliche 20
Wirbelsäulenprotektor 110

Zaouia el Kahla 126
Zaouia Sidi Moussa 152
Zeit, neolithische 20

Reiseratgeber
Faszinierende Reiserouten, spannende Reportagen,
Hintergrundinformationen, Farbfotos

Dieter Kreutzkamp
Durch West-Kanada und Alaska
Die schönsten Nordlandrouten
mit Auto, Bahn, Boot und zu Fuß.
Reihe: Straßen in die Einsamkeit.
ISBN 3 89405 303 8

Dieter Kreutzkamp
Im Westen der USA
Zwischen Pazifik und Arizona.
Die schönsten Routen mit Auto, Motorrad,
Kanu und zu Fuß.
Reihe: Straßen in die Einsamkeit.
ISBN 3 89405 309 7

Thomas Troßmann
Der Wüste begegnen
Mit Motorrad, Auto, Kamel
und zu Fuß durch die Sahara.
ISBN 3 89405 319 4

Bildbände
Atemberaubende Bilder und Berichte über die Wunder der Welt

Felix R. Paturi
Geister, Götter und Symbole
Ein Atlas der geheimen Botschaften.
312 Seiten, 404 Farb-, 45 s/w-Fotos,
Format 23,5 × 29,5 cm,
geb. mit Schutzumschlag
ISBN 3 89405 308 9

Geheimnisvolle Monumente und Erscheinungen – wo Menschen Kontakt zu Göttern und Geistern suchten

Jennifer Westwood
Sagen, Mythen, Menschheitsrätsel
Ein Atlas der heiligen Orte, geheimnisvollen Kultstätten und versunkenen Kulturen.
240 Seiten, 86 Farb-, 124 s/w-Fotos,
Format 23 × 29,5 cm,
geb. mit Schutzumschlag
ISBN 3 89405 301 1
Eine Reise zu den großen Rätseln dieser Erde

Harvey Arden/Steve Wall
Hüter der Erde
Begegnungen mit Indianern Nordamerikas.
128 Seiten, 57 Farb-, 23 s/w-Fotos,
Format 20 × 31,5 cm,
geb. mit Schutzumschlag
ISBN 3 89405 307 0
Ein farbig bebildertes Buch von Indianern heute

Reihe »Reiseabenteuer«

Spannende und informative Berichte von ungewöhnlichen Reisen mit zahlreichen Farb- und Schwarzweißfotos.

Die bisher erschienenen Titel:

Jean-Louis Etienne
Transantarctica
Expedition durchs Eis
(Antarktis)
ISBN 3 89405 310 0

Bill Irwin
David McCasland
**Dunkle Nacht
am hellen Tag**
Ein Blinder auf
dem Appalachian Trail
(USA)
ISBN 3 89405 317 8

Werner Kirsten
Westcoast-Story
Auf dem Pazifik-
Highway nach Süden
(Nordamerika)
ISBN 3 89405 314 3

Dieter Kreutzkamp
Husky-Trail
Mit Schlittenhunden
durch Alaska
ISBN 3 89405 312 7

Carmen Rohrbach
**Jakobsweg – Wandern
auf dem Himmelspfad**
ISBN 3 89405 305 4

Carmen Rohrbach
Botschaften im Sand
Reise zu den rätsel-
haften Nazca-Linien
(Peru)
ISBN 3 89405 313 5

Albrecht Schaefer
Sarimanok
Eine Seereise wie
vor 2000 Jahren
(Südostasien)
ISBN 3 89405 306 2

Rainer M. Schröder
**Zwischen Kapstadt
und Kalahari**
Spurensuche im
südlichen Afrika
ISBN 3 89405 318 6

Mark Shand
Auch Elefanten weinen
Auf einem Dickhäuter
durch Indien
ISBN 3 89405 311 9

WÜSTENFAHRER
REISE GMBH

MOTORRADREISEN ZWISCHEN URLAUB UND EXPEDITION

**THOMAS TROSSMANN · FRIEDENSTR. 26 8012 OTTOBRUNN
TELEFON 089 / 609 77 07 · TELEX 52 90 89 WUEFA-D**

WÜSTENFAHRER ist das Reiseunternehmen von Thomas Troßmann, Motorradjournalist und Autor der Bücher „Motorradreisen zwischen Urlaub und Expedition", „Wüstenfahrer" und „Wüstenzeit".

WÜSTENFAHRER organisiert Expeditionsreisen durch die schönsten und unberührtesten Teile der Sahara, im **Team** statt in der Reisegruppe, **mit** der Wüste und ihren Menschen statt gegen sie. Wir sind der richtige Partner für anspruchsvolle Motorradfahrer, denen das Touristen-Ghetto der Hauptpisten zu langweilig, der extreme Solo-Trip zu gefährlich und pseudosportlicher „Rallye-Tourismus" zu stumpfsinnig sind.

WÜSTENFAHRER – Extreme Touren ohne extreme Torturen: Geländewagen transportieren das Gepäck, Fahrer/in und Motorrad sind optimal vorbereitet, die Tagesetappen kurz, die Pausentage reichlich, Offroad-Fahrtraining ist inklusive: Unsere Reiseleiter sind exzellente Endurofahrer und zeigen Ihnen alle Tricks des „Wüstenfahrens".

Bitte fordern Sie unseren kostenlosen Farbprospekt an.

Von Thomas Troßmann sind im Verlag Frederking & Thaler bereits erschienen:

Wüstenzeit – Sahara grenzenlos
Erlebnisse und Reportagen aus
1000 Tagen Motorradfahrt
202 Seiten, 45 s/w-Fotos,
1 Karte, Reisetips,
Paperback
ISBN 3 89405 053 5
(Reihe „Reisen · Menschen · Abenteuer")

Wüstenfahrer
Mit dem Motorrad durch
das Land der Tuareg
224 Seiten, 38 s/w-Fotos,
1 Karte, Reisetips,
Paperback
ISBN 3 89405 040 3
(Reihe „Reisen · Menschen · Abenteuer")